現場の疑問に答える
会計シリーズ❶

棚卸資産の会計実務

EY新日本有限責任監査法人［編］

発刊にあたって

　日本企業を取り巻く経済情勢は，グローバル化のさらなる進展とともに，各国間の貿易問題，人口減少等のさまざまな問題が発生し，難しいかじ取りが必要な時代となっています。

　一方，企業会計の分野においては，国際会計基準（IFRS）の任意適用企業が2019年6月現在で180社を超えるなど，会計の国際化が進展しています。日本の会計基準においても「収益認識に関する会計基準」が企業会計基準委員会より2018年3月に公表され，2021年4月1日以降開始する事業年度より全面適用されることになるなど，国際会計基準および米国会計基準とのコンバージェンスが進んでいます。

　このような中，EY新日本有限責任監査法人は，「現場の疑問に答える会計シリーズ」を刊行することとしました。本シリーズは棚卸資産，固定資産，金融商品，研究開発費・ソフトウェア，退職給付，税効果，純資産，組織再編等の各テーマにおける会計論点を全編Q&A形式で解説し，基本的な論点から最新の会計論点，実務で問題となる事項までわかりやすく説明しております。また，各巻に巻末付録として「IFRSとの差異一覧」と「Keyword」を設けて読者の皆様の便宜に供しております。

　本「現場の疑問に答える会計シリーズ」はEY新日本有限責任監査法人の監査現場の経験が豊富な公認会計士が執筆しております。本シリーズが各企業の経理担当者の方々，また，広く企業会計を学ぼうとしている方々のお役に立つことを願っております。

2019年7月

EY新日本有限責任監査法人

理事長　片倉　正美

はじめに

　「棚卸資産」は，商品や製品を販売することを事業として営む企業にとっては，事業活動の根幹となる重要な資産です。棚卸資産へ投資することにより企業は利益を生み出すことが可能となる一方で，販売不能な棚卸資産や，価格が下落した棚卸資産を保有する場合は，企業に損失をもたらします。

　昨今，個人の趣味嗜好が多様化するなか，製品ライフサイクルは短縮化し，企業はトレンドに合わせて機動的に製品を市場投入することが必要になっています。その結果，不良棚卸資産が生じる可能性は高まります。また，事業活動のグローバル化に伴い棚卸資産を異なる環境下で販売する状況は増加し，数量の管理方法や棚卸資産の評価は複雑になります。このような面から，棚卸資産の管理は企業にとってより重要な管理分野となってきています。

　棚卸資産に関する会計分野では，これらの経済実態を財務諸表に適切に反映させるために，棚卸資産の受払いを会計帳簿に正確に記帳することのみならず，その評価の手法がより重要な課題となっています。企業会計基準第9号「棚卸資産の評価に関する会計基準」は，棚卸資産の評価方法，評価基準および開示を定めた会計基準です。他の会計基準と比較すると規定数は少なく，シンプルな会計基準となっています。しかし，それゆえに実務処理を行うにあたっては経営環境や棚卸資産の内容によって，個別に判断することが必要となります。

　本書は，実際の業務の流れに沿って会計基準と関連する内部管理体制のポイントを解説しています。在庫の受払記録等の記録から数量を管理する，いわゆる在庫管理および実地棚卸，原価計算による製品原価の算定，棚卸資産の収益性低下の観点からの評価，決算業務，開示書類作成といった業務ごとに章立てしています。小売業，建設業，不動産業に関する会計上の論点については別途章立てして取りまとめて記載しています。各章においては，このような会計基準の解説を基本としながら，内部管理体制の観点，税務との相違の観点を踏まえて論点を幅広く検討いたしました。特に，実務上判断に迷うことが多い棚卸資産の評価の解説には特に力点をおいています。

また，実務上の参考となるように，可能な限り執筆者の経験した実務において検討されることが多いポイントをQ&Aの形式で具体的に記載しています。

　さらに，本書の特徴として，棚卸資産に関する不正事例とこれに対する内部管理体制構築の留意点に関する解説を行った点が挙げられます。棚卸資産に関連する領域は過去から不正が発生しやすい領域です。経済環境が変わり，ITによる管理が可能になった現在においても，常にこの領域で不正の事例が発生しています。各章の内部管理上のポイントとあわせて，典型的な不正事例をご確認いただくことにより，いっそう理解が進むことを期待しています。

　本書が，企業で実務を行うご担当者様が経営管理上の意思決定や会計処理を判断する際の一助となることを執筆者一同心から祈念しています。また，棚卸資産の会計と内部管理について広く学びたい方々のお役に立てればと願っております。

　最後に，本書の出版にあたりご支援およびご協力いただいた関係者の皆様，および進捗の遅れに辛抱強くご対応いただいた中央経済社の皆様に心から感謝しております。この場を借りて御礼を申し上げます。

2019年7月

EY新日本有限責任監査法人

執筆者一同

目　次

第1章　棚卸資産の概要

Q1-1　棚卸資産の定義 …………………………………………… 2
Q1-2　棚卸資産の範囲 …………………………………………… 4
Q1-3　関連する会計基準 ………………………………………… 6
Q1-4　棚卸資産の会計上の考え方 ……………………………… 7
Q1-5　事業運営上の留意点 …………………………………… 10
Q1-6　棚卸資産と税務 ………………………………………… 12

第2章　在庫管理

Q2-1　在庫管理の必要性 ……………………………………… 16
Q2-2　在庫管理者の視点 ……………………………………… 18
Q2-3　適正在庫の考え方 ……………………………………… 20
Q2-4　棚卸資産数量の管理方法 ……………………………… 24
Q2-5　棚卸資産の取得原価 …………………………………… 26
Q2-6　付随費用の処理 ………………………………………… 27
Q2-7　評価方法 ………………………………………………… 29
Q2-8　棚卸資産の計上時期 …………………………………… 33
Q2-9　外貨建取引 ……………………………………………… 35
Q2-10　デリバティブ取引 ……………………………………… 37
Q2-11　棚卸資産の減少の時期 ………………………………… 40
Q2-12　売上原価の算定方法 …………………………………… 42
Q2-13　評価基準・評価方法の税務上の届け出 ……………… 44
Q2-14　会計上と税務上の廃棄処理の相違 …………………… 45

Q2-15	内部管理体制(1)	在庫の保管管理	47
Q2-16	内部管理体制(2)	外部倉庫，支給在庫	49
Q2-17	内部管理体制(3)	滞留管理と廃棄処理	51
Q2-18	内部管理体制(4)	棚卸資産の取得	53
Q2-19	内部管理体制(5)	特殊な仕入	57
Q2-20	内部管理体制(6)	棚卸資産の出庫	59
Q2-21	内部管理体制(7)	特殊な出庫	63
Q2-22	内部管理体制(8)	棚卸資産管理規程	65

第3章　実地棚卸

Q3-1	実地棚卸の目的	72
Q3-2	実地棚卸の実施時期・範囲	73
Q3-3	実地棚卸の実施方法	77
Q3-4	実数のカウント方法	80
Q3-5	棚卸差異の取扱い	82
Q3-6	税務上の取扱い	83
Q3-7	実地棚卸の準備	85
Q3-8	カウントおよび記録時の留意点	87
Q3-9	外部保管在庫の確認	88
Q3-10	立会者の視点	90
Q3-11	実地棚卸の総括	92
Q3-12	実地棚卸要領	94

第4章　原価計算

Q4-1	原価計算の目的	100
Q4-2	原価計算の概念	102
Q4-3	原価計算の種類	104

Q4-4	費目別計算	106
Q4-5	部門別計算	108
Q4-6	標準原価計算	110
Q4-7	原価差異	112
Q4-8	評価損の製造原価算入	114
Q4-9	原価差異の会計処理	116
Q4-10	材料支給の会計処理	118
Q4-11	税務上の留意事項	122
Q4-12	内部管理体制(1) 原価計算プロセスにおける留意事項	124
Q4-13	内部管理体制(2) 原価差異分析	126
Q4-14	内部管理体制(3) 規程の整備	130

第5章 在庫評価

Q5-1	棚卸資産の評価の趣旨	134
Q5-2	損益計算書上での表示区分の考え方	135
Q5-3	棚卸資産のグルーピング	137
Q5-4	棚卸資産の保有目的ごとの評価基準	138
Q5-5	正味売却価額の算定方法	141
Q5-6	正味売却価額の具体的な算定方法	142
Q5-7	販売実績を用いて正味売却価額を算定する際の留意点	143
Q5-8	販売活動および一般管理活動目的で保有する棚卸資産	145
Q5-9	複数の市場がある場合の正味売却価額の算定方法	146
Q5-10	棚卸資産の評価の際の原価差異の処理	148
Q5-11	見積販売直接経費の算定方法	149
Q5-12	長期的には回収可能と評価される棚卸資産の評価	150

Q5-13	長期契約により原価が回収される場合	151
Q5-14	収益性の低下に関する新製品の取扱い	152
Q5-15	非常に短期に販売される棚卸資産	153
Q5-16	正味売却価額がマイナスの場合	154
Q5-17	再調達原価により評価する場合	155
Q5-18	為替変動がある場合の原材料の評価	157
Q5-19	品質低下・陳腐化評価損の計上区分（仕入先や運送業者に責のある品質低下）	158
Q5-20	有償支給を受ける場合の評価	160
Q5-21	連結グループ内取引による棚卸資産の評価方法	161
Q5-22	簿価切下額の戻入れ	163
Q5-23	税務上の評価基準の取扱い	164
Q5-24	税務上の評価損の取扱い	165
Q5-25	税務上の棚卸資産の評価基準の届け出	167
Q5-26	棚卸評価損の税効果会計上の取扱い	168
Q5-27	内部管理体制(1)　棚卸資産評価の管理面における留意事項	170
Q5-28	内部管理体制(2)　その他の棚卸資産評価の管理	173
Q5-29	内部管理体制(3)　棚卸資産に関する評価規程，評価ルール	177

第6章｜決算処理，開示

Q6-1	棚卸資産に関する決算処理	180
Q6-2	収益性の低下による簿価切下額の開示	181
Q6-3	簿価切下額と相殺する戻入額	184
Q6-4	注　記	185
Q6-5	棚卸資産除却損の表示	187
Q6-6	トレーディング目的で保有する棚卸資産の開示	189

目　次　*v*

Q 6 - 7	会計方針の変更	*191*
Q 6 - 8	内部管理体制(1)　決算・開示プロセス	*195*
Q 6 - 9	内部管理体制(2)　決算早期化	*197*

第7章　四半期における処理

Q 7 - 1	年度決算と四半期決算の相違点	*200*
Q 7 - 2	四半期特有の会計処理——原価差異の繰延処理	*202*
Q 7 - 3	四半期の簡便的な会計処理①　実地棚卸の省略	*206*
Q 7 - 4	四半期の簡便的な会計処理②　簿価切下げにあたっての簡便的な会計処理	*208*
Q 7 - 5	四半期の簡便的な会計処理③　原価差異の配賦方法における簡便的な会計処理	*210*
Q 7 - 6	棚卸資産の簿価切下げに係る洗替え法と切放し法	*212*
Q 7 - 7	四半期報告書における開示	*213*

第8章　業種固有の論点

Q 8 - 1	小売業における棚卸資産	*216*
Q 8 - 2	売価還元法	*218*
Q 8 - 3	売価還元低価法	*221*
Q 8 - 4	建設業における棚卸資産	*225*
Q 8 - 5	建設業における会計処理	*227*
Q 8 - 6	収益認識会計基準の影響	*233*
Q 8 - 7	工事損失引当金	*236*
Q 8 - 8	建設業における税務上の処理との相違	*239*
Q 8 - 9	建設業における開示上の留意点	*241*
Q 8 -10	不動産業における棚卸資産	*243*
Q 8 -11	販売用不動産等の正味売却価額	*245*

Q8-12　販売用不動産等の評価に係る留意点 ………………… *250*

Q8-13　販売用不動産等の保有目的の変更 ……………………… *252*

第9章 | 不正事例

Q9-1　総論①　概論 ……………………………………………… *256*

Q9-2　総論②　内部統制 ………………………………………… *258*

Q9-3　個人不正①　資産流用——在庫を利用した資金着服 … *262*

Q9-4　個人不正②　資産流用——返品処理を利用した小口現
金着服 ……………………………………………………………… *264*

Q9-5　組織不正①　架空発注（購買）——外注費の架空発注
による不正 ………………………………………………………… *266*

Q9-6　組織不正②　架空発注（購買）——架空のリベート契
約 …………………………………………………………………… *269*

Q9-7　組織不正③　引渡し偽装（販売）——引渡時期の偽装
……………………………………………………………………… *271*

Q9-8　組織不正④　引渡し偽装（販売）——直送取引 ……… *273*

Q9-9　組織不正⑤　引渡し偽装（販売）——循環取引による
不正 ………………………………………………………………… *275*

Q9-10　組織不正⑥　在庫水増し（棚卸）——棚卸結果の改ざ
ん …………………………………………………………………… *278*

Q9-11　組織不正⑦　在庫水増し（棚卸）——外部倉庫の残高
確認 ………………………………………………………………… *280*

Q9-12　組織不正⑧　原価付替（原価計算）——工事進行基準
による不正 ………………………………………………………… *282*

Q9-13　組織不正⑨　原価付替（原価計算）——原価の付替え
による不正 ………………………………………………………… *284*

Q9-14　組織不正⑩　原価付替（原価計算）——原価計算シス
テムの操作による不正 …………………………………………… *286*

目　次　*vii*

Q 9 -15　　組織不正⑪　棚卸資産評価（評価）──評価の改ざん
　　　　　　　　……………………………………………………… *289*

Q 9 -16　　組織不正⑫　棚卸資産評価（評価）──売価還元法計
　　　　　　　算の操作 ……………………………………………… *291*

Q 9 -17　　組織不正⑬　連結子会社──飛ばし …………………… *293*

巻末付録

1　**IFRSとの差異一覧** ──────────── *298*

2　**Keyword** ──────────────── *300*

凡例

法令，会計基準等の名称	略　称
財務諸表等の用語，様式及び作成方法に関する規則	財規
「財務諸表等の用語，様式及び作成方法に関する規則」の取扱いに関する留意事項について（財務諸表等規則ガイドライン）	財規ガイドライン
連結財務諸表の用語，様式及び作成方法に関する規則	連規
四半期財務諸表等の用語，様式及び作成方法に関する規則	四半期財規
四半期連結財務諸表の用語，様式及び作成方法に関する規則	四半期連規
会社法	会
会社法施行規則	会施規
会社計算規則	会計規
企業会計基準第9号「棚卸資産の評価に関する会計基準」	棚卸資産会計基準
「企業会計原則注解」（企業会計審議会）	企業会計原則注解
企業会計原則と関係諸法令との調整に関する連続意見書第四　棚卸資産の評価について（企業会計審議会）	連続意見書第四
原価計算基準（企業会計審議会）	原価計算基準
企業会計基準第29号「収益認識に関する会計基準」	収益認識会計基準
企業会計基準適用指針第30号「収益認識に関する会計基準の適用指針」	収益認識適用指針
企業会計基準第10号「金融商品に関する会計基準」	金融商品会計基準
会計制度委員会報告第14号「金融商品会計に関する実務指針」	金融商品会計実務指針
「固定資産の減損に係る会計基準」（企業会計審議会）	減損会計基準
企業会計基準適用指針第6号「固定資産の減損に係る会計基準の適用指針」	減損会計適用指針
「外貨建取引等会計処理基準」（企業会計審議会）	外貨建取引会計基準
「研究開発費等に係る会計基準」（企業会計審議会）	研究開発費等会計基準
企業会計基準第22号「連結財務諸表に関する会計基準」	連結会計基準

凡　例　　*ix*

企業会計基準第12号「四半期財務諸表に関する会計基準」	四半期会計基準
企業会計基準適用指針第14号「四半期財務諸表に関する会計基準の適用指針」	四半期適用指針
企業会計基準第15号「工事契約に関する会計基準」	工事契約会計基準
企業会計基準適用指針第18号「工事契約に関する会計基準の適用指針」	工事契約適用指針
企業会計基準第24号「会計上の変更及び誤謬の訂正に関する会計基準」	過年度遡及会計基準
法人税法	法法
法人税法施行令	法令
法人税基本通達	法基通
消費税法施行令	消令
消費税法基本通達	消基通

※本書の記述は，2019年7月1日現在の法令等によります。

第1章

棚卸資産の概要

Point

- 棚卸資産とは，販売，その他の目的のために保管されている物のことをいいます。
- 棚卸資産の計上額は企業の業績に大きな影響を与えます。
- 棚卸資産の適正な管理は，経営判断のために必要な情報を数値化することで，事業経営の円滑な遂行に寄与します。

Q1-1 棚卸資産の定義

Q	棚卸資産とはどのような資産でしょうか。
A	販売，その他の目的のために保管されている物のことをいいます。

解 説

棚卸資産とは，販売され，または販売活動および一般管理活動に関連して費消されることを主な目的として保有される財貨等と考えられます。

1．棚卸資産とは

棚卸資産は会計上，取得した金額により帳簿に記録され，将来販売によって短期的に資金に転化するまで企業が保有するものとして捉えられます。会計は企業が営む経済事象を数値で表す技術です。そのため，財務諸表に記録するために，実際の品物に金額を付して把握することが必要になります。

一般的に「在庫」という用語が，企業が販売や製造のために倉庫などに保有する品物のこと，もしくは，その保管する数量のこととして使われています。在庫を表現する会計上の用語が棚卸資産であり，その対象は在庫が意味するところと概ね同様と考えられます。在庫は実際の品物や数量のことを示すケースがありますが，それを金額をもって会計上把握したものが棚卸資産と整理することも可能と考えられます。

2．会計基準における定義

棚卸資産会計基準では，棚卸資産とは，商品，製品，半製品，原材料，仕掛品等の資産であり，企業がその営業目的を達成するために所有し，かつ，売却を予定する資産であると定義されています。また，販売活動および一般管理活動において短期的に消費される事務用消耗品費も含まれるとされています（棚卸資産会計基準3）。

3．個々の棚卸資産の意味

個々の棚卸資産の意味は，以下のように考えられます。

商　　品	商業を営む会社が販売の目的をもって所有する物品であって，当該企業の営業目的に係るもの（製品とされる物品は除く）
製　　品	工業，鉱業その他商業以外の事業を営む会社が販売の目的をもって所有する製造品その他の生産品であって，当該企業の営業目的に係るもの
副産物，作業くず	副産物とは，主産物の製造過程から必然的に派生する物品であり，作業くずとは，皮革くず，裁断くず，落綿，その他原材料，部分品，または貯蔵品を製造に使用したために残存するくずもの
半製品	中間的製品としてすでに加工を終わり現に貯蔵中のもので販売できる状態にあるもの
仕掛品，半成工事	仕掛品とは，製品，半製品または部分品の生産のため現に仕掛中のもの。半成工事とは，長期にわたる注文生産または請負作業について仕掛中のもので仕掛品以外のもの
原料および材料	製品の製造目的で消費される物品で未だその用に供されないもの
購入部品	製品または半製品の組成部品として当該製品または半製品に取り付けられる物品で他から購入したもの
補助材料	燃料，油等で製品の生産のために補助的に使用されるもの
貯蔵品	燃料，油，釘，包装材料その他事務用品等の消耗品，耐用年数1年未満または耐用年数1年以上で相当額未満の工具，器具および備品のうち取得の時に経費または原材料費として処理されなかったもので貯蔵中のもの
預り品	得意先と売上の合意はしたものの，物品を得意先へ出荷せずに留めたままにするもの

4

Q1-2 棚卸資産の範囲

Q	棚卸資産の具体的な範囲を教えてください。
A	棚卸資産の範囲は連続意見書第四に規定されています。具体的な範囲は，企業が営む事業内容により異なります。

解 説

　企業が行う事業の内容により，棚卸資産の範囲は異なります。性質は同じ資産であっても，その保有目的によっては，会計上処理する勘定科目は異なります。そのため，会計上の棚卸資産の範囲は企業が行う事業内容や資産の保有目的により異なってくることになります。

1．棚卸資産の範囲

　「企業会計原則と関係諸法令との調整に関する連続意見書第四　棚卸資産の評価について」では，以下のように棚卸資産の範囲が規定されています（第一　七）。

---

(1)　通常の営業過程において販売するために保有する財貨または用役
(2)　販売を目的として現に製造中の財貨または用役
(3)　販売目的の財貨または用役を生産するために短期間に消費されるべき財貨
(4)　販売活動および一般管理活動において短期間に消費されるべき財貨

2．範囲の検討

(1)　事業目的として販売するための資産

　企業の業態に応じて営業循環過程で販売する財貨は，棚卸資産として把握されます。製造業における製品がその代表的なものです。建設業者が請負契約に基づき建設する場合の工事中もしくは引渡し前の工事原価は未成工事支出金として棚卸資産に含まれます。不動産販売業者が販売目的で保有する土地，建物等は販売用不動産として棚卸資産に含まれます。また，金融業者が販売を目的

として保有する有価証券等も棚卸資産に含まれます。

(2) 製造や加工のための用役，間接費

　有形の財貨に限らず無形の用役は棚卸資産に含まれることになります。例えば，加工のみを委託された場合や支給された原材料に加工を施す場合の労務費や間接費は，仕掛品または半成工事として棚卸資産に該当します。ソフトウェアの制作のように請負契約により無形の製品を制作する場合の原価に含まれる労務費や間接費は，仕掛品として棚卸資産に該当します。

(3) 販売目的の財貨および用役を生産するために短期的に消費する財貨

　販売目的の財貨または用役を生産するために短期的に消費される財貨は，原材料等として棚卸資産に含まれます。

(4) 生産目的以外で短期的に費消する財貨

　販売活動および一般管理活動において消費される財貨は，貯蔵品として棚卸資産に含まれます。

(5) 物理的に保有していない財貨

　自社で現物を保管していない場合であっても，所有権を有する財貨は棚卸資産に含まれます。輸入取引においてすでに船荷証券により所有権を獲得している場合の物品は，到着して実際に占有していない場合であっても，棚卸資産に含まれ，会計上は未着品として把握されます。実質的に所有権が移転する前の出荷済みの物品や，委託販売先に引き渡した販売前の物品は棚卸資産に含まれます。

販売用不動産	不動産販売を事業内容とする不動産業者が，販売目的で保有する土地・建物等
未成工事支出金	建設業者が請け負った工事契約のうち未完成の工事原価
未着品	現物は受領していないが，契約により所有権を獲得し，または輸入取引において貨物代表証券を受領している場合の購入物品
積送品	出荷後も依然として所有権を有する物品，委託販売において委託先に引き渡した物品

Q_{1-3} 関連する会計基準

Q	関連する会計基準を教えてください。
A	連続意見書第四，棚卸資産会計基準が該当します。

解説

1．棚卸資産に関連する会計基準

我が国の企業会計においては，「企業会計原則と関係諸法令との調整に関する連続意見書第四　棚卸資産の評価について」，「棚卸資産の評価に関する会計基準」に経理処理が定められています。ただし，他の会計基準により取扱いが定められている場合は，その取扱いに従います。具体的には，売買目的有価証券は「金融商品に関する会計基準」に準拠して会計処理を行い，市場販売目的のソフトウェアは「研究開発費等に係る会計基準」に準拠して会計処理を行います。

請負契約に基づき棚卸資産として計上された工事原価は，「工事契約に関する会計基準」に準拠して収益性の低下が反映されている場合，棚卸資産会計基準における簿価切下げの処理を適用する必要がありません。

2．棚卸資産の表示規則

棚卸資産は，「財務諸表等の用語，様式及び作成方法に関する規則」（ガイドラインを含みます）に基づき区分して表示します。同規則による棚卸資産の区分は以下のとおりとなります。

【財務諸表等規則に基づく棚卸資産の表示（財規17）】
1．商品および製品（半製品を含む）
2．仕掛品
3．原材料および貯蔵品

実務上は，上記区分に沿って業種業態に応じた適切な勘定科目を設定して開示することになります。

第1章　棚卸資産の概要　　**7**

　上場会社は，財務諸表を広く投資家に開示する必要があります。その際に準拠すべき財務諸表の表示規則として財務諸表等規則が制定されています。実務においては，金融庁が開示するタクソノミの勘定科目リストから使用する勘定科目を選択します。また，勘定科目の実態や他社の事例を参照して，より適切な勘定科目を設定することも可能です。

3．会社法における棚卸資産

　会社法では，「会社計算規則」に棚卸資産に関する規定があります。会計との間で，棚卸資産の定義，範囲，処理や表示について実質的に相違はありません。

　会社法第431条では「株式会社の会計は，一般に公正妥当と認められる企業会計の慣行に従うものとする」と規定されています。

【会社計算規則に基づく棚卸資産（会計規74Ⅲ①）】
1．商品
2．製品，副産物および作業くず
3．半製品
4．原材料および材料
5．仕掛品および半成工事
6．消耗品，消耗工具，器具および備品その他の貯蔵品であって，相当の価額以上のもの

Q1-4　棚卸資産の会計上の考え方

Q	棚卸資産の会計上の考え方を教えてください。
A	棚卸資産は，企業が販売を目的として購入または製造のために投下した資金の未回収部分を，翌期以降の費用として繰り越すために貸借対照表に計上する会計上の概念と考えられます。

解説

1．企業活動の拡大

　企業は利益を獲得することを目的として事業を営みます。製造業を前提とすると，資金を集めて材料や設備を購入し，労働力を確保して製品を生産します。生産した製品を顧客に販売して代金を回収し，回収から得た資金で新たに原材料を仕入れ，生産，販売を行うことにより企業の事業活動は継続的に拡大していきます。このような営利を目的とした経済活動が，企業が営む事業活動といえます。

2．投下資金の回収計算

　企業会計においては，棚卸資産の購入のために支出した金額を費用として記録し，販売を経て再び資金として企業に還流する棚卸資産の給付に対する収入の金額を収益として記録します。利益は収益から費用を控除した差額として計算されます。企業活動の全期間を通じた収入・支出の合計は会計上の利益の合計と一致することが企業会計の利益計算の前提となっています。その意味においては，企業会計の利益計算の仕組みは投下資金の回収計算としての意味合いを有しています。

3．期間損益計算

　企業が継続的に事業運営を行うことを前提とすると，一定の期間に区切った損益計算が必要になります。そのため，期間損益計算を適切に行う観点から取得原価基準が採用されています。取得原価基準とは，棚卸資産の取得に際して記録された実際購入原価または実際製造原価を基礎として，原価配分を行うことにより，損益計算期間中の売上原価を算定するとともに，期末棚卸原価を算定して期末評価額とする評価基準をいいます。

　適正な期間損益の算定を行うために，購入または生産した棚卸資産の取得原価を一期間の実現収益に合理的に対応させることが必要となります。実現収益に対応する棚卸資産の原価を確定するためには，棚卸資産の取得（購入または生産）に要した現金支出額またはその等価額を集計し，これを販売活動を通じて給付された棚卸資産と未給付の棚卸資産とに配分する手続をとる必要があり

ます。給付済みの棚卸資産に配分された取得原価は当期間の売上原価（費用）とし，未給付の棚卸資産に配分された取得原価は将来の期間に係る費用として繰り越すことになります。すなわち，未だ給付されていない棚卸資産への配分額（支出済・未回収の支出）は，貸借対照表に計上され，翌期に繰り越します。

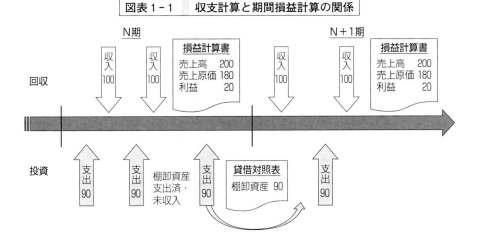

> **ポイント**
>
> 　企業会計の利益計算が投下資本の回収計算を前提にしていることから，その投下額の回収が見込まれる範囲で，貸借対照表に計上され翌期以降へ繰り越すことが求められます。
> 　現行の棚卸資産会計基準における棚卸資産の評価基準は，投下資本の回収計算の前提，取得原価主義，費用配分の原則の考え方を踏襲しつつ，収益性の低下による損失を将来に繰り延べないことを意図して規定されています。

Q1-5　事業運営上の留意点

Q	棚卸資産の事業運営上の留意点を教えてください。
A	棚卸資産を実態に応じて適時に記帳する管理は，事業運営において重要な意味合いをもちます。

解 説

1．棚卸資産と事業運営

棚卸資産は将来の収入の源泉を示します。販売する棚卸資産がなければ売上はつくれません。棚卸資産は過去の支出を記帳したものですが，その意味においては，需要が見込まれる場合，多くの棚卸資産の確保は将来のより大きな収益獲得に貢献します。事業を運営する上では，機会損失を回避するために欠品が生じないように棚卸資産を確保することが合理的な企業活動となります。欠品が生じないように需要予測に基づき購買管理，生産管理を行うことが棚卸資産管理の重要なポイントとなります。

一方で，販売不能な棚卸資産は調達した資金の欠損をもたらします。滞留在庫の存在は企業の資金の固定化を意味し，過大な在庫の保有は企業の資金繰りに影響を与えます。長期間販売が見込まれない棚卸資産は適時に廃棄し，税金の減額により固定化したコストの一部を回収することも，事業運営上の重要な判断となります。このように，事業運営上は最適な在庫量を維持することが重要な課題となります。

2．在庫と経営成績の関係

棚卸資産の貸借対照表への計上は，期間損益計算上，投資した原価（費用）を翌期へ繰り越すことを意味します。そのため，売上高が一定の場合，棚卸資産が積み増されるとその年度の利益は増加します。すなわち，棚卸資産を過大に計上すると短期的に期間損益を増加させることが可能になります。棚卸資産は販売が見込まれる金額のみ翌期に繰り越すことが必要ですが，販売価格の下落や品質の劣化が生じているにもかかわらず，簿価の切下げを行わない場合は，

期間損益が歪められることになります。

3．棚卸資産管理の必要性

　棚卸資産は，投下した資金の未回収分を示すものです。そのため，棚卸資産は現金同様，厳格な管理が必要になります。在庫量が多い場合，倉庫料等の保管費用が余計にかかるとともに，管理が煩雑となり目に見えない事務コストが生じる点にも留意が必要です。

　棚卸資産の管理として，現物管理と数量管理，金額管理が必要になります。まず，物理的な劣化を生じさせないように現物管理を行う必要があります。また，欠品による機会損失を回避し，余計な事務コストを生じさせないために数量の管理を行う必要があります。さらに，適正な期間損益計算を行うために，貸借対照表に計上して繰り越す棚卸資産の金額の妥当性について毎期検証する必要があります。

4．経営意思決定のための情報の入手

　経営者は，需要予測，投資する製品の判断，サプライチェーンの決定，個別の取引契約の締結，物流拠点の設置や工場の建設等の経営判断を適時に行う必要があります。棚卸資産の適切な管理は，経営意思決定に資する情報を提供します。どの製品がどの程度の期間で，どれだけ販売されているかの情報が適時に得られない場合，個人の経験と感覚による経営判断の域を脱することは難しいと考えられます。物流管理に関するシステム投資を行うことはもちろんのこと，日々の受払業務や棚卸の実施により常に棚卸資産の実際の動きと帳簿上の動きが整合するような運用を行う必要があります。適切な帳簿の記帳とこれにより生成される情報は，財務会計目的のみならず，経営意思決定のための管理会計においても重要な意味合いをもちます。

| **Q** | 棚卸資産と税務 |

Q1-6 棚卸資産と税務

Q	会計基準と税法で，棚卸資産の範囲に相違はありますか。
A	会計基準と法人税法の間に，棚卸資産の範囲の重要な相違はありません。

解 説

　連続意見書第四に示される会計上の棚卸資産の範囲と，法人税法の規定による棚卸資産の範囲は，基本的に同様と考えられます。

1．法人税法における棚卸資産の定義

　法人税法においては，棚卸資産は，商品，製品，半製品，仕掛品，原材料その他の資産で棚卸しをすべきものとして政令で定めるもの（有価証券および短期売買商品を除く）と規定されています（法法2⑳）。政令で定めるものとは，商品または製品（副産物および作業くずを含みます），半製品，仕掛品（半製工事を含みます），主要原材料，補助原材料，消耗品で貯蔵中のもの，これに準ずるものと規定されています（法令10）。

　法人税法では，上記の棚卸資産について，個々の資産の内容に関する規定は設けられていません。会計で認識されるそれぞれの棚卸資産と税法のそれは，内容に相違はないと考えられます。

【法人税法第2条第20号】
　商品，製品，半製品，仕掛品，原材料その他の資産で棚卸しをすべきものとして政令で定めるもの（有価証券および短期売買商品を除く）をいう。

【法人税法施行令第10条】
① 商品または製品（副産物および作業くずを含む）
② 半製品，仕掛品（半製工事を含む）
③ 主要原材料
④ 補助原材料
⑤ 消耗品で貯蔵中のもの
⑥ ①〜⑤に準ずるもの

2．会計基準と法人税法における棚卸資産の範囲の相違

　短期売買商品については，法人税法では棚卸資産の範囲から除外しています。一方で，棚卸資産会計基準では，トレーディング目的のものを棚卸資産として会計処理を定めており，この点は両者は相違しています。なお，法人税法では，短期売買商品について別途規定を設けています。

3．会計処理の相違

　棚卸資産の範囲について，会計基準と法人税法の間に重要な相違はありませんが，会計処理については，評価損の認識のタイミングが相違することがあります。棚卸資産会計基準が常に回収可能な価額による貸借対照表計上を求めることから，会計上の見積りにより簿価の切下げを行う実務が浸透しています。一方で，法人税法では，一部の例外を除いて資産の評価替えによる評価益は益金の額に含めず（法法25Ⅰ，Ⅱ，法令24），評価損は損金の額に含めません（法法33Ⅰ，Ⅱ）。法人税法上は特定の事実が生じた場合に，損金経理によりその評価額を事業年度の終了時に時価まで減額することが認められます（法法33Ⅱ，法令68）。詳細については，「第5章　在庫評価」で解説しています。

第2章

在庫管理

Point

- 在庫管理は，在庫を適正水準に維持しながら，売上や利益を最大化するための重要な管理です。
- 在庫管理によって得られた情報を他部門に共有し，企業の業績向上，改善活動につなげることが重要です。
- 在庫の入出庫，返品に関する根拠資料を適切に保管することが重要です。
- 直送取引などの特殊な仕入，出庫の各パターンの特徴に対応する統制を整備，運用することが重要です。
- 棚卸資産管理規程は現物の荷動き，帳簿管理を統制できる内容であること，その運用が継続して担保されていることをモニタリングする仕組みも重要です。

16

Q2-1 在庫管理の必要性

Q	在庫管理およびその必要性を教えてください。
A	在庫管理とは，適時に在庫コストを抑えて売上の最大化を図り，継続的に経営活動を行うための重要な経営管理活動です。 在庫管理にあたって管理単位・保管場所を検討することが重要です。

解 説

在庫管理とは
適時に在庫コストを抑えて売上の最大化を図り，継続的に経営活動を行うにあたって欠かせない重要な経営管理活動

1．在庫管理の必要性

　在庫管理とは，企業が在庫の販売量である売上・利益を最大化するために適正な保有在庫量を把握して適切な水準にコントロールしながら，在庫を仕入れ，または製造するために支出する資金を最少化することといえます。

　在庫は，売上を上げるために必要である一方で，いったん購入または製造すると，販売されて資金が回収されるまで短期的には資金繰り上で資金の固定化の状態を作ります。そのため，企業が事業の継続・成長を続けながら，最終的に企業になるべく多くの利益と資金が残るように経営活動を円滑に行うためには，どのような種類の在庫をどのタイミングでどれくらい保有するかを管理することが重要だといえます。資金を気にしないで売上を最大化しようとすれば，在庫は増加するのが通常であり，資金繰りを気にしすぎると在庫を適時に仕入れることが遅れ，売上の機会を失う可能性もあることから，在庫管理は適時に在庫を抑えて売上の最大化を達成するために必要だといえます。

　以上の観点から，在庫管理は企業が継続的に経営活動を行うにあたって欠かすことのできない重要な経営管理活動だといえます。

２．在庫管理にあたって検討すべき項目

⑴ 在庫の管理単位

　在庫管理は販売される最小単位で管理すること，製造過程では各工程で投入される単位を考慮して管理単位を決定することが適切だと考えられます。

　在庫は販売して売上を最大化するという目的があるため欠品を避ける必要がある一方で，不要な在庫まで保有して無駄に仕入れ，製造コストまたは管理コストがかかることがないようにする必要があります。また，製造工程では「重さ」，「個数」，「長さ」などさまざまな単位で各工程に投入することから，前工程がボトルネックとなって製造工程を止めないように製造工程への投入単位を基準として管理単位を検討することが適切だと考えられます。在庫は業種・業態により種類や大きさも異なることから在庫管理の方法はさまざまですが，上記の視点で在庫の管理単位を検討することが考えられます。

⑵ 在庫の保管場所

　在庫の保管場所については，①倉庫等の拠点，立地の観点，②倉庫の中の現物管理の観点が考えられますが，「払出し」，「棚卸」を見据えて検討することが考えられます。

　上述したように，在庫は販売することが目的なので，いつか「払出し」が行われる可能性が高いことから，払出し先になるべく近い立地で保管することにより在庫の状態をすぐに確認でき，搬送時間や搬送コストを考慮しても効率的です。また，製造現場でも該当工程の機械等にすぐに「払出し」ができる場所で保管，現物管理するのが効率的です。

　また，「棚卸」は在庫管理の一環で定期的に行われるため，「棚卸」のしやすいように在庫管理をすることが効率的です。これは同時に「払出し」がしやすいことにもつながるため，在庫を探す手間の削減や滞留管理にも有効と考えられます。

Q2-2　在庫管理者の視点

Q	在庫管理を行うにあたって，在庫管理者が持つべき視点としてどういったものがあるのでしょうか。
A	在庫管理が経営全体の最適化につながるように，以下の視点を持つことが重要です。 • 在庫状況の正確な把握 • 適正在庫の計算・調整 • 在庫管理から得られた情報の関係部門への共有と提案

解説

1．在庫管理者の視点

　在庫管理は企業が在庫を適正水準に維持しながら，売上・利益を最大化することといえますが，組織内には経営者，販売現場，発注部門，営業部門，製造部門，管理部門などさまざまな部門が各部門の視点を持ちながら経営に関与しています。

　例えば，販売現場や発注部門では商品発注時の発注量・発注タイミング，営業部門では売れ行きのよい商品のセールスミックスや営業先の把握，管理部門では滞留・陳腐化の在庫の有無・評価などに関心があると考えられます。

　そのため，在庫管理者は以下のような視点を意識して在庫管理を行う必要があります。

【在庫管理にあたって在庫管理者が持つべきと考えられる視点】
- 在庫状況の正確な把握
- 適正在庫の計算・調整
- 在庫管理から得られた情報の関係部門への共有と提案

2．在庫状況の正確な把握

　在庫状況を正確に把握するためには，日常の在庫の動き，状態を見える化することが考えられます。在庫の入出庫，返品，倉庫移動等に必ず証憑を残し，

在庫と証憑が連動していることを確認できる体制，保管場所の明確化，入荷または製造日付からの経過日数の把握および定期的な在庫状況の視察を通じて滞留または陳腐化が生じていないか確認する必要があります。最初からそれらのすべてを行うことが難しい場合は，売上比率の高い在庫・ロス率の高い在庫から取り組むことも考えられます。

　自身の在庫管理拠点のみならず，他の在庫管理拠点も合わせた俯瞰的な視点で在庫管理を行う意識も必要です。

　また，在庫管理が属人化しないように作業手順の標準化（マニュアル化），教育訓練・研修の実施などにより現場作業の精度向上，継続的な改善を図ることが必要です。

3．適正在庫の計算・調整

　在庫状況の正確な把握を行うことで在庫の状態，保管場所などの管理情報をリアルタイムに把握し，その管理情報を基に売上傾向や在庫回転数，在庫回転期間を理解し，適正在庫の計算・調整を行います。

4．在庫管理から得られた情報の関係部門への共有と提案

　また，在庫状況，在庫の変動傾向を商品カテゴリー別や取引先別などの項目に分けて生産，営業，経理などの関係部門に迅速に共有することで，その情報を基に生産仕入の計画，営業の重点取引先を変更したり，商品開発の方向性を検討できることがあります。共有に加えて，例えば適切なセールスミックスの提案，食品であれば消費・賞味期限の迫った切迫品は値引き販売を提案することができれば経営全体の最適化に資することができます。

> **ここ注意！**
>
> 　適切な在庫管理は企業の売上・利益を最大化することに貢献します。そのために，日々の在庫状況の正確な把握，計算・調整を行い，関係部門に定期的に情報提供を行うことで経営全体の最適化を目指すことが重要です。最初からすべての在庫管理を徹底することができない場合は，売上比率の高い在庫・ロス率の高い在庫などから優先的に取り組むことも考えられます。

Q2-3 適正在庫の考え方

Q	適正在庫の考え方を教えてください。
A	在庫は管理しないと増加していく傾向があります。 財務会計の観点から，在庫回転率や在庫回転期間の考え方を利用して，理論上の適正在庫を算出することはできます。実際には，業種などにより納期までのリードタイムや余裕在庫，季節的変動を考慮することが重要です。適切に分析するには，適切に受払いされたデータに基づいて，過去からの在庫の推移と並べて将来の市場予測やライフサイクルを考慮する必要があります。分析にあたっては，常に環境が変化していることに留意しなければなりません。

解説

1．在庫管理しないと在庫は増えていくのか

　在庫は管理しないと通常は増加していくと考えられます。これはまとめて仕入れたり，製造したほうが仕入または製造コストが抑えられることや組織内の各部門（例：営業部門，製造部門）で在庫がいくら残っているのかわからない不安感から欠品・品切れを起こさないように大目に仕入れ，製造しようとする心理が働くためと考えられます。結果的に在庫が過剰となり，滞留して評価額を落としたり，廃棄する場合も生じえます。

2．適正在庫の考え方

　販売期間内に在庫の欠品や売れ残りの処分が出なければ，在庫は販売期間内に概ね適正在庫の範囲内にあったと考えられます。

　適正在庫には企業の業種や置かれた状況，在庫の鮮度や納期までの期間の長さ，倉庫に在庫を保管する管理コスト，まとめて仕入れることによる仕入コストの削減，資金繰り等，単純な在庫量以外の要素も考慮する必要があります。

　例えば，自動車や貴金属などの高級品を販売する業種は欠品を出していても納期までの期間が比較的長いため，販売の機会損失は生じにくいと考えられま

すが，スーパーなどの日用品や季節性の強いアパレル品で欠品を出していれば機会損失が生じる可能性は高いといえます。

　適正在庫を把握する方法として，在庫回転期間や在庫回転率を計算して分析することが考えられます。

(1)　在庫回転率

在庫回転率＝売上原価（年間）÷平均在庫金額[※]
（※）　平均在庫は定常的に販売される在庫ならば，なるべく多くの月数，日数の平均を取ることで計算が精緻に行われます。また，季節的な変動がある場合はその時期を除くなどの方法も考えられます。
　＊　　棚卸資産をすべての種類ごとに分析できない場合は，ABC分析のAランクから実施することも考えられます。ABC分析とは，複数ある在庫の管理で，在庫資産の価値・重要性に応じてAクラス，Bクラス，Cクラスに分けて段階的な管理を行うことで，さらにクラスを追加して分析することもあります。

　上記の算式により，在庫が1年間に何回入れ替わっているか（回転しているか）を見ることができます。

　在庫回転率が悪いと滞留リスク，良いと回転は速いが欠品リスクが高くなりますので，理想としては欠品を出さずに売上を伸ばしながら，なるべく回転率を上げることが必要であるといえます。

　ただし，経営環境は常に変化しているので，数字はあくまで目安であり，数字に依存しすぎない経営が必要であり，かつ，在庫回転率を定期的に見直すことが必要です。また，当然正しいデータで分析できることが前提となるため，いかに日頃適切な受払管理ができているかも分析上重要です。

(2)　在庫回転期間

在庫回転期間＝在庫金額÷売上原価（年間）

　在庫回転率の逆数であり，年間売上に対して在庫を何日または何か月分持っているか，または保有在庫を販売するためにかかる期間と考えられます。実際には余裕在庫分や発注から納品されるまでの期間であるリードタイムも考慮して情報を他部門と共有し，今後の適正在庫について検討する必要があります。

22

　また，リードタイムの短縮としては発注方法について在庫の種類や販売場所ごとに定期発注方式，定量発注方式，需要予測方式等のいずれにするかであったり，管理上で5S（整理，整頓，清掃，清潔，躾）についても留意することが大切になります。

| 設例 2 - 1 | **小売業スーパーマーケットA社の店舗Z** |

前提条件

　会計年度を1年として期首在庫100百万円，期末在庫130百万円，年間売上原価1,207百万円のA社の店舗Zを想定する。

棚卸資産

期首在庫	100百万円	売上原価	1,207百万円
当期仕入	1,237百万円	期末在庫	130百万円

在庫回転率

　1,207百万円÷｛(100百万円＋130百万円)÷2｝≒10.5回転であり，年間10.5回，店舗Zで在庫が入れ替わっているとみることができます。

在庫回転期間

　在庫回転期間は ｛(100百万円＋130百万円)÷2｝÷1,207百万円＝0.09年であり，（1年を365日として365を乗じて）日数に直すと34.7日であり，店舗Zの在庫がおよそ1か月程度で売れている（入れ替わっている）とみることができます。

　目安として，年間売上原価に照らした業種平均在庫金額を算出しようとした場合，業種平均在庫金額＝売上原価（年間）÷業種別の一般的な在庫回転率とすれば，1,207百万円÷11.4回[※]≒105百万円と算出することができます。

（※）　小売業の平均棚卸資産回転率11.4回転（経済産業省　平成10年　商工業実態基本調査報告書）

　また，目標とする企業や店舗の在庫回転率が15回であれば，1,207百万円÷15回≒80百万円として，目標とする企業の在庫回転率に相当する在庫保有高が算出されます。有価証券報告書等から目標とする会社の回転率等が入手できれば，自社の売

上原価に見合う在庫を理論的に算出することができるため，実際にその会社の店舗に足を伸ばすことで，スーパーマーケットの陳列・配列等の工夫などが自社と異なり，回転率が高いなどの理由が読み取れて経営のヒントになるかもしれません。

　分析の際は，過去からの売上・在庫などの推移と並べて比較し，将来の市場予測やライフサイクルを考慮し，回転期間が遅く（回転率が悪く），動きのない在庫については，今後の対策を立て，経営者や管理部門に報告することが考えられます。

　回転期間が短ければ（回転率が良ければ）欠品や納期遅延リスクが高くなるので，営業部門は受注情報，生産部門は納期管理情報を確認し，現状の在庫水準，回転率で問題ないか，さらに拡販ができないかを検討することが考えられます。

ここ注意！

　算出した在庫回転率・在庫回転期間はあくまで過去の情報であり，経営環境は常に変化していることに留意する必要があります。

　また，数字を分析する際は業種などの特徴（リードタイム，余裕在庫，季節的変動等）も考慮しながら，一定の趨勢が把握できるように過去の売上や在庫の推移を並べて分析する必要があります。

　適切に分析するためには，適切に受払いされたデータに基づいて行うことが前提条件になります。

Q2-4 棚卸資産数量の管理方法

Q	棚卸資産数量の管理方法について教えてください。
A	棚卸資産数量の管理方法には，⑴継続記録法，⑵棚卸計算法があります。継続記録法は払出しの手続や事務に手間がかかりますが，精度の高い管理が可能となり，比較的重要性の高い棚卸資産の管理に採用されます。棚卸計算法は手間がかからない反面，在庫数量を適時に把握できないため，重要性の低い棚卸資産に適用されます。棚卸資産の数量管理としては，⑴受払いの管理，⑵棚卸資産の整理および保管倉庫のセキュリティの強化などが考えられます。

解 説

1. 継続記録法と棚卸計算法

棚卸資産の月末数量の算定方法には，⑴継続記録法と，⑵棚卸計算法があります。

⑴ 継続記録法

継続記録法とは，棚卸資産の払出しの都度，台帳に出庫数量を記録していく方法です。継続記録法は記録に手間がかかるため，在庫数量を日常的に把握，管理することが重要とされる製商品や原材料などの主要な棚卸資産について採用することが考えられます。ただし，継続的に記録しても記録に誤りがあったり，盗難やロスなど何らかの要因により実際数量と乖離する可能性がありますので，定期的に実地棚卸により棚卸数量を補正していく必要があります。

【継続記録法による棚卸数量の算出式】
期末棚卸数量＝期首棚卸数量＋期中入庫数量－期中出庫数量

⑵ 棚卸計算法

棚卸計算法は，払出しの記録は行わずに，一定時点の実地棚卸により数量を

把握する方法です。棚卸計算法は記録に手間がかからない一方で，在庫数量を適時に把握できないため，管理面では簡素な方法になります。

　したがって，ロス等があっても大きな問題にならないような，管理コストをかける必要性の低い梱包等の貯蔵品や保守用部品等で，金額の重要性も低い場合に採用することが考えられます。

【棚卸計算法による消費数量の算出式】
　期中消費数量＝期首棚卸数量＋期中入庫数量－期末棚卸数量（実地棚卸数量）

２．数量の管理について

　棚卸資産の数量管理としては，日常の(1)通常の受払いの管理に加えて，(2)棚卸資産の整理および保管倉庫のセキュリティの強化を行い，外部に持ち出しができないようにすることが重要だといえます。

(1)　通常の受払いの管理

　受払いにあたっては複数人のチェックおよび現物の動きを裏付ける伝票などの証憑のチェック，現物の動きとの整合性を確認することが日常の受払管理の中では重要と考えられます。定期的に実地棚卸を行うことができれば，日常の受払管理の誤りなどを補完的に補うことができ，受払管理の精度が高まります。

(2)　棚卸資産の整理および保管倉庫のセキュリティの強化

　5S（整理，整頓，清掃，清潔，躾）を意識した管理およびセキュリティカード等の認証履歴の記録により倉庫の入退室管理を強化することで在庫の外部への持ち出しなどのリスクは減少すると考えられます。

> **ここ注意！**
> 　在庫の種類に対応した管理の重要性に応じて継続記録法，棚卸計算法など，管理コストに見合った管理方法を選択することが実務的だと考えられます。
> 　また，いずれの管理方法を採用する場合でも正確な在庫管理ができるように定期的な棚卸の実施，5Sの取組み，倉庫のセキュリティの強化を行うことが重要だと考えられます。

Q2-5 棚卸資産の取得原価

Q	棚卸資産の取得原価は、資産の種類ごとにどのように決定されますか。
A	棚卸資産の取得原価は、原則として購入代価または製造原価に引取費用等の付随費用を加算して算定します。

解説

棚卸資産会計基準第6-2項においては、棚卸資産については、原則として購入代価または製造原価に引取費用等の付随費用を加算して取得原価を算定するものと規定されています。

1．購入品の取得原価

連続意見書第四 第一 五1においては、購入品の取得原価、購入代価について、それぞれ以下のように定められています。

取得原価	購入代価に副費（付随費用）の一部または全部を加算した金額
購入代価	送状価額から値引額、割戻額等を控除した金額

なお、仕入値引や仕入割戻（特定の仕入先と多額または多量に取引を行った場合にリベートとして控除される金額）については購入代価から控除しますが、仕入割引（仕入債務の決済を期日よりも前に行った場合に控除される金額）については早期支払いによる利息の調整分と考え、購入代価からは控除せず、営業外収益として計上することになります。

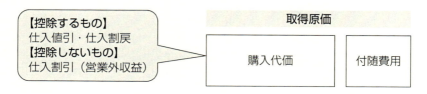

第2章　在庫管理　　**27**

2．生産品の取得原価

連続意見書第四　第一　五2においては，生産品の取得原価について，それぞれ以下のように定められています。

---

(1) 完成品の取得原価
　適正な原価計算の手続により算定された正常実際製造原価をもって取得原価とする。
(2) 副産物等の取得原価
　適正な評価額をもってその取得原価とする。
(3) 仕掛品の取得原価
　個別原価計算の手続により当該指図書に集計された製造原価をもって取得原価とする。総合原価計算の手続を適用する仕掛品については，完成品換算量に基づき，先入先出法，平均法等を適用することにより算定された製造原価をもって取得原価とする。

　このように，生産品の取得原価については，原価計算基準に基づく原価計算の手続に係る取扱いと整合した内容となっています。なお，原価計算の論点については「第4章　原価計算」もご参照ください。

Q2-6　付随費用の処理

Q	取得原価に含める付随費用の範囲を教えてください。
A	付随費用には，引取運賃・関税等の引取費用や，販売の用に供するための保管費などの内部副費を含めます。

解　説

　付随費用の具体的な範囲については，各会社の実情や重要性，税務上の取扱いも考慮したうえで決定し，継続適用することが重要です。

1．連続意見書における取扱い

　連続意見書第四　第一　五1においては，取得原価に含める付随費用（副費）について，その範囲を一律に定めることは困難であり，各企業の実情に応じ，

収益費用対応の原則，重要性の原則，継続性の原則等を考慮して，これを適正に決定することが必要としつつ，以下のように規定しています。

---

(1)　副費として加算する項目
　　外部副費（引取費用）…引取運賃，購入手数料，関税等
　　内部副費…購入事務費，保管費
(2)　副費として加算しない項目
　　購入に要した負債利子，取得してから処分するまでの間に生ずる資金利子。

2．税務上の取扱い

　税務上の付随費用についても，基本的には会計上の取扱いと同一となります。ただし，1(1)の内部副費の一部については事務処理上の便宜を考慮して，費用が購入の代価の概ね3％以内の金額である場合には取得原価に算入しないことができるなどの重要性による取扱いが設けられているなどの違いもあります。実務上は，法人税法上の取扱いに応じて処理を決めるケースも少なくないものと考えられます。法人税法では，以下のような取扱いがあります。

---

(1)　以下の費用が購入の代価の概ね3％以内の金額である場合には取得価額に算入しないことができる（法基通5−1−1）。
　① 　買入事務，検収，整理，選別，手入れ等に要した費用の額
　② 　販売所等から販売所等へ移管するために要した運賃，荷造費等の費用の額
　③ 　特別の時期に販売するなどのため，長期にわたって保管するために要した費用の額
(2)　以下の費用の額は，たとえ棚卸資産の取得または保有に関連して支出するものであっても，その取得価額に算入しないことができる（法基通5−1−1の2）。
　① 　不動産取得税の額
　② 　地価税の額
　③ 　固定資産税および都市計画税の額
　④ 　特別土地保有税の額
　⑤ 　登録免許税その他登記または登録のために要する費用の額
　⑥ 　借入金の利子の額

---

　(2)⑥は取得原価に算入することができるとも解釈できるため，会計上の取扱いと異なっており，注意が必要です。

第2章　在庫管理　29

Q2-7　評価方法

Q	棚卸資産の評価方法の種類と選定方法を教えてください。
A	棚卸資産の評価方法は事業の種類，棚卸資産の種類，その性質およびその使用方法等を考慮した区分ごとに個別法・先入先出法・平均原価法・売価還元法の中から選択し，継続して適用する必要があります。

解　説

1．個別法

　個別法とは，同じ種類の棚卸資産でも，取得原価の異なる棚卸資産を区別して記録し，その個々の実際原価によって期末棚卸資産の価額を算定する方法です。個別法を採用するためには，個々の棚卸資産が明確に区分でき，個々の資産ごとの受払いや保有状況が把握できなければなりません。個別法は，宝飾品など個別性の強い棚卸資産に適した評価方法です。

2．先入先出法

　先入先出法とは，最も古く取得されたものから順次払出しが行われ，期末棚卸資産は最も新しく取得されたものからなるとみなして期末棚卸資産の価額を算定する方法です。

3．平均原価法（移動平均法，総平均法）

　平均原価法とは，取得した棚卸資産の取得価額の平均原価を総平均法または移動平均法によって算出し，この平均原価によって期末棚卸資産の価額を算定する方法です。

　受入れがあるたびに平均原価を計算する方法が移動平均法で，一定期間が経過した後，経過期間の平均原価をまとめて計算する方法が総平均法です。移動平均法と総平均法では，平均する時期と頻度が異なりますので，計算結果が異なります。また，移動平均法では常に平均原価が明確になっていますが，総平均法では一定期間が経過するまで平均原価がわかりません。なお，総平均法で

平均原価を計算する頻度は会社が決定し，継続的に適用します。

4．売価還元法

　売価還元法とは，値入率等の類似性に基づく棚卸資産のグループごとの期末の売価合計額に原価率を乗じて求めた金額を期末棚卸資産の価額とする方法です。

　売価還元法は，一定時点で保有する棚卸資産の価額を計算する方法で，払出原価を計算するための方法ではないため，適時に払出原価を算定することはできませんが，取扱い品種が極めて多い小売業等の業種における棚卸資産に適用されます。

5．その他

　上記以外の評価方法として最終仕入原価法があります。最終仕入原価法は，最終仕入原価によって期末棚卸資産の価額を算定する方法です。法人税法上の法定評価方法であることから現在も一部の企業で採用されていますが，期末棚卸資産の一部だけが実際取得原価で評価され，その他の部分は時価に近い価額で評価されることとなる場合が多いと考えられることから，取得原価基準の考え方に合致した方法とはいえず，棚卸資産会計基準においては評価方法として定められていません。よって，期末棚卸資産の大部分が最終の仕入価格で取得されているときのように期間損益の計算上弊害がないと考えられる場合や，期末棚卸資産に重要性が乏しい場合においてのみ容認される方法と考えられます。

　なお，棚卸資産会計基準の平成20年9月改正前においては後入先出法が評価方法の1つとして認められていましたが，適正な期間損益計算および国際的な会計基準とのコンバージェンスの観点から，改正後は認められないこととなりました。

6．設　例

　以下の具体例で各評価方法による計算を確認してみましょう。

第2章　在庫管理　　*31*

設例2-2　棚卸資産の評価

（前提条件）
（1）　A社は商品Xを販売する事業を行っている。
（2）　当第1四半期における商品Xの受払状況は以下のとおり。
　　・期首時点の商品Xの残高は2,000（＝単価20×100個）
　　・4月30日に商品Xを単価25で150個仕入れた。
　　・5月31日に商品Xを200個売り上げた。
　　・6月30日に商品Xを単価20で50個仕入れた。
　上記の前提条件のもと，商品Xの第1四半期末の棚卸資産の価額を算定する。

（個別法）
　5月の払出しの際，帳簿価額20の資産を70個，帳簿価額25の資産を130個販売したものと仮定します。

	受入れ	払出し	残高
期首			2,000 （＝@20×100個）
4月	3,750 （＝@25×150個）		5,750 （＝@20×100個＋@25×150個）
5月		4,650 （＝@20×70個＋@25×130個）	1,100 （＝@20×30個＋@25×20個）
6月	1,000 （＝@20×50個）		2,100 （＝@20×30個＋@25×20個＋ @20×50個）

（先入先出法）

	受入れ	払出し	残高
期首			2,000 （＝@20×100個）
4月	3,750 （＝@25×150個）		5,750 （＝@20×100個＋@25×150個）

5月		4,500 (=@20×100個+@25×100個)	1,250 (=@25×50個)
6月	1,000 (=@20×50個)		2,250 (=@25×50個+@20×50個)

平均法（移動平均法）

	受入れ	払出し	残高	平均原価の算出
期首			2,000 (=@20×100個)	
4月	3,750 (=@25×150個)		5,750 (=@23×250個)	@23＝(2,000＋3,750)/ (100個＋150個)
5月		4,600 (=@23×200個)	1,150 (=@23×50個)	
6月	1,000 (=@20×50個)		2,150 (=@21.5×100個)	@21.5＝(1,150＋1,000) /(50個＋50個)

平均法（総平均法）

四半期ごとに平均原価を算定すると仮定します。

	受入れ	払出し	残高	平均原価の算出
期首			2,000 (=@20×100個)	
4月	3,750 (=@25×150個)		5,750	
5月		4,500 (=@22.5×200個)	1,250	※ 実際払出時点では払 出単価は決まっておら ず，6月の総受入数 量・金額が判明して初 めて総平均単価が算定 される。
6月	1,000 (=@20×50個)		2,250 (=@22.5×100個)	@22.5＝(2,000＋3,750 ＋1,000)/(100個＋150 個＋50個)

第2章　在庫管理　　*33*

Q2-8 棚卸資産の計上時期

Q	棚卸資産の計上時期を教えてください。
A	原材料や商品の仕入は財またはサービスの引渡し時点で，仕掛品は製造工程への投入時点で，製品は製造工程の完了時点で計上します。

解　説

1．国内仕入

　商品や原材料の仕入の認識時期について体系的に定めている会計基準はありませんが，国内仕入の場合，一般的には以下の3つの方法が考えられます。

> (1)　仕入先発送基準
> 　　注文した物品を仕入先が発送した時点で仕入を認識する基準
> (2)　到着基準
> 　　仕入先が発送した物品が自社に到着した時点で仕入を認識する基準
> (3)　検収基準
> 　　物品の到着後，検収が完了した時点で仕入を認識する基準

　一般的には，引渡しが完了し所有権が移転した時点で仕入を認識するのが最も理論的であると考えられるため，検収基準を採用するケースが多いと考えられます。

2．輸入仕入

　輸入取引の場合，仕入の認識時期は貿易取引の種類別（積地売買・揚地売買）に考える必要があります。

(1)　積地売買

　FCA（Free Carrier：運送人渡し），FOB（Free On Board：本船渡し）などの積地条件の場合，原則として本船に貨物を積み込み，船積通知を入手した時点で仕入を認識します。CIF（Cost, Insurance and Freight：運賃保険料込み）の場合は，原則として本船への積込みと買手への通知とともに，船荷証券，

送り状および保険証券などの船積書類を買手が入手した時点で仕入を認識します。

　積地売買による契約の場合は，船積時点で買手に所有権が移転することとなるため，未着品として棚卸資産を計上する必要があります。なお，実務上は，FCA，FOBの場合でも，期中は船積書類を入手した時点で仕入を認識し，期末時点で未着品を把握し計上することもあります。よって，内部統制上はこのような未着品の計上漏れが生じないような仕組みを整えることも重要といえます。

(2)　揚地売買

　DAT（Delivered At Place：ターミナル持込渡し）などの揚地売買の場合は，輸入地において契約条件どおりに貨物の引渡しを受けた時点で仕入を認識します。

3．製品・仕掛品の計上

　製造業を前提とした場合には製品や仕掛品も重要な棚卸資産となります。これらの計上時期については，基本的には各企業の原価計算プロセスにおいて，仕掛品であれば材料費・労務費・経費などの各原価要素を製造工程に投入した時点で，製品であれば製造工程のすべての加工作業が完了し，完成品検査が済んだ時点でこれを計上するのが一般的であると考えられます。よって，適時・適切に製品・仕掛品を計上するためには，それぞれの時点をどのように定義するのかを原価計算プロセスの中であらかじめ明確にしておくことが重要であると考えられます。

第2章 在庫管理 *35*

Q2-9 外貨建取引

Q	仕入取引に関する為替リスクの対応と会計処理について教えてください。
A	外貨建決済から生じる為替リスクを回避するために，多くの企業は為替予約や通貨スワップなどのデリバティブ取引を用いています。デリバティブ取引は金融商品会計基準に基づき会計処理を行います。

解 説

1．外貨建取引の会計処理

売買価格等が外国通貨で表示されている取引を外貨建取引といい，会計処理にあたっては，原則として取引発生時の為替相場による円換算額をもって記録を行います。なお，外国の輸入先との直接取引のほか，国内企業等が商社等を通じて輸入取引を行う場合で，為替リスクを当該企業が負担するため，実質的に取引価額が外国通貨で表示されている取引と同等とみなされる取引も外貨建取引となります。

(仕訳例)

商品Xを30ドルで仕入れた。取引発生時の為替レートは110円/＄であった。

(借) 仕　　　入	(※)3,300	(貸) 買　掛　金	3,300

(※)　30ドル×110円/＄

2．輸入取引の為替リスク対応

将来の仕入取引にかかる為替リスクをヘッジする手段として多く利用されるのが為替予約です。為替予約とは，企業が為替銀行と一定の為替レート・売買時期等をあらかじめ決めておき，将来その条件で通貨を売買する取引をいいます。金融商品会計基準においては，為替予約はデリバティブ取引であるため，原則として期末に時価評価を行い，評価差額を損益として処理することが求められていますが，ヘッジ会計の要件を満たし，ヘッジ会計を適用する場合には，ヘッジの効果を財務諸表に反映させるため，時価評価されているヘッジ手段

（為替予約）に係る損益をヘッジ対象（将来の売上・仕入取引）に係る損益が認識されるまで繰延ヘッジ損益として繰り延べる会計処理が認められています。

設例2-3 ヘッジ会計（為替予約）

前提条件

- A社（3月決算）は4月末に予定されている輸入取引の円安による為替リスクをヘッジするため、1月31日において5月末を決済期日とする為替予約30ドル（為替予約相場は110円/＄）を行った。
- 単純化のため、先物為替相場は直物為替相場と同一であると考える。

  期末日（3月31日）：107円/＄

  取引日（4月30日）：112円/＄

  決済日（5月31日）：114円/＄
- 外貨建金銭債務の換算には振当処理を適用する。
- 税効果会計については考慮しない。

会計処理

＜為替予約締結日（1月31日）＞

> 仕訳なし

＜期末日（3月31日）＞

（借）繰延ヘッジ損益	[※1]90	（貸）為 替 予 約	90

（※1）30ドル×（107円/＄−110円/＄）

＜翌期首（4月1日）＞

（借）為 替 予 約	90	（貸）繰延ヘッジ損益	90

＜取引日（4月30日）＞

（借）仕 入	[※2]3,300	（貸）買 掛 金	3,300

（※2）30ドル×110円/＄

第2章　在庫管理　　*37*

＜決済日（5月31日）＞

（借）買　掛　金	3,300	（貸）現　金　預　金	3,300

　なお，原則的には外貨建取引を直物為替相場により計上し，外貨建金銭債務は為替予約相場で換算し，為替予約差額は別途期間配分することになりますが，実務上の観点から例外処理を示しています。

Q2-10　デリバティブ取引

Q	デリバティブ取引として処理される棚卸資産の会計処理について教えてください。
A	現物商品に係るデリバティブ取引のうち，差金決済されるものは金融商品会計の対象となり，当該デリバティブ取引は金融商品会計基準に基づき会計処理を行います。

解　説

　非鉄金属産業や石油製品産業などが扱う製商品・原材料には，国際的な需給や政治情勢，投機などにより変動する取引価格が取引所で形成されるものがあります。当該原材料等の購入・販売価格の変動をヘッジする目的で，現物商品に係るデリバティブ取引（コモディティ・デリバティブ取引）が行われることがあります。

1．会計基準上の取扱い

　金融商品会計実務指針においては，現物商品に係るデリバティブ取引のうち，市場変動差損益が現金で決済されるものは金融商品会計基準の対象になるとされており，これには，商品先物市場，ロンドン金属取引所（LME）における取引のほか，コモディティ・スワップ，原油取引におけるブック・アウト（BOOK-OUT）取引等があります。また，差損益の現金決済には活発な市場があるため，現物の引渡しを定めていても，その受取人を純額決済と実質的に

異ならない状況に置くものも含まれます。ただし，トレーディング目的以外の将来予測される仕入・売上または消費を目的として行われる取引で，当初から現物を受け渡すことが明らかなものは金融商品会計基準の対象外となり，この場合には取引の当初から文書化を行い，当該取引部門の責任者の承認を受けていることが必要になります。

2．会計処理

金融商品会計基準の対象となるコモディティ・デリバティブ取引については，当該取引により生じる正味の債権および債務を，時価をもって貸借対照表価額とし，評価差額を原則として当期の損益として処理します。ただし，ヘッジ会計の要件を満たし，ヘッジ会計を適用する場合には，原則としてデリバティブ取引に係る損益をヘッジ対象の損益が認識される期まで貸借対照表上で繰り延べることになります。

設例2-4 ヘッジ会計（デリバティブ取引）

前提条件
- A社（3月決算）は4月末に予定されている商品の仕入取引の価格変動リスクをヘッジするため，1月31日において5月末を決済期日とする先物買契約（先物価格は80円）を行った。
- 先物価格の推移は以下のとおり。単純化のため，現物相場と同一であると考える。
  期末日（3月31日）：100円
  取引日（4月30日）：120円
  決済日（5月31日）：125円
- 税効果会計については考慮しない。

会計処理

＜商品先物契約締結日（1月31日）＞

　仕訳なし

第2章　在庫管理　　*39*

＜期末日（3月31日）＞

| （借）　デ リ バ テ ィ ブ | (※1)20 | （貸）　繰延ヘッジ損益 | 20 |

（※1）　100円－80円

＜翌期首（4月1日）＞

| （借）　繰延ヘッジ損益 | 20 | （貸）　デ リ バ テ ィ ブ | 20 |

＜取引日（4月30日）＞

仕入取引の実行

| （借）　商　　　　　品 | 120 | （貸）　買　　掛　　金 | 120 |

デリバティブの認識

| （借）　デ リ バ テ ィ ブ | (※2)40 | （貸）　繰延ヘッジ損益 | 40 |

（※2）　120円－80円

ヘッジ損益の取得資産への振替

| （借）　繰延ヘッジ損益 | 40 | （貸）　商　　　　　品 | 40 |

＜決済日（5月31日）＞

先物取引の決済

| （借）　現 金 及 び 預 金 | 40 | （貸）　デ リ バ テ ィ ブ | 40 |

買掛金の決済

| （借）　買　　掛　　金 | 120 | （貸）　現 金 及 び 預 金 | 120 |

Q2-11 棚卸資産の減少の時期

Q	棚卸資産の減少の時期を教えてください。
A	販売による棚卸資産の減少は収益の認識時点となります。収益は財またはサービスの引渡し時点で認識します。

解 説

1. 販売の認識

(1) 国内売上

　我が国においては，収益の認識は原則として実現主義の原則（財またはサービスの提供と，現金または現金等価物の受領という2要件を満たした時に収益を認識する原則）に従って会計処理するものとされています。一般的に，上記の要件を満たす時点としては財またはサービスの引渡しの時点であると考えられており，物品の販売を前提とすれば，具体的には以下の3つの中から各企業の取引の実態に合致したものを継続して適用することになります。

　① 出荷基準
　② 着荷基準または納品基準
　③ 検収基準

　なお，平成30年3月31日に，我が国で初めての収益認識についての体系的な会計基準となる企業会計基準第29号「収益認識に関する会計基準」および企業会計基準適用指針第30号「収益認識に関する会計基準の適用指針」（以下「収益認識会計基準等」といいます）が公表されています。収益認識会計基準等は，国際財務報告基準（以下「IFRS」といいます）において平成30年1月1日以後開始する事業年度から原則適用となるIFRS第15号「顧客との契約から生じる収益」の内容を概ね踏襲しつつ，一部，日本の実務慣行を踏まえた独自の取扱いを加えた内容となっており，令和3年4月1日以後開始する年度の期首から原則適用することとされています（ただし，平成30年4月1日以後開始する年度の期首または平成30年12月31日に終了する年度から平成31年3月30日に終了する年度までにおける年度末から早期適用可能）。

収益認識会計基準等においては，収益認識のタイミングについて，財またはサービスに対する支配が顧客に移転した時点で会計処理を行うこととされています。ここで，①出荷基準や②着荷基準または納品基準について，収益認識会計基準等に照らして考えた場合，出荷や着荷の時点では，通常は顧客への支配の移転という要件を満たさないと考えられますが，日本の実務慣行として出荷基準等が広く採用されている事実を考慮し，代替的な取扱いとして，出荷から支配移転までの期間が通常の期間である場合には，出荷基準等による収益認識も認められることとされています。収益認識会計基準等の詳細については，「Q8-6　収益認識会計基準の影響」をご参照ください。

⑵　輸出売上

輸出売上については，貿易における取引条件によって収益の認識時点が異なります。具体的には，以下の3つの中から取引条件に合致したものを適用することになります（基本的な考え方はQ2-8における輸入取引と同様です）。

①　出荷基準
②　通関基準
③　船積基準
④　引渡基準

実務上は，船積基準が広く採用されていると考えられます。

2．原材料・仕掛品の減少

原価計算における原材料の仕掛品への振替による減少，仕掛品の製品への振替による減少は，Q2-8における「3．製品・仕掛品の計上」と表裏一体の考え方となり，それぞれ製造工程への投入時点，完成品検査の完了時点でこれを減少させることになります。

3．未検収品の管理

輸出取引や検収基準で売上を認識している企業においては，期末日時点で製商品を出荷済みであるが，先方未検収または配送中であるため，売上を計上していない棚卸資産が存在するケースがあります。この場合，会計上は貸借対照

表上の棚卸資産に残存することになるため，出荷済未検収品として運搬中の在庫については出荷に係る配送伝票等を確認し，出荷先にあって未検収の状態にあるものについては現地で棚卸を実施したり，預り証を入手して確認するなどの適切な内部統制を構築する必要があります。

> **ここ注意！**
>
> 　一般的に収益認識に関する不正事例として，証憑偽造による架空売上の計上や期末の押込販売による先行計上などが多く挙げられます。そのため，このような会計上の不正を防止するためにも，販売プロセスに係る内部統制の整備にあたっては，客観的な外部証憑（注文書，運送業者の配送伝票，物品受領書等）に基づき売上計上を行うフローを適切に構築することが重要です。

Q2-12　売上原価の算定方法

Q	売上原価の算定方法について教えてください。
A	売上原価は，期首棚卸高と当期商品仕入高，当期製品製造原価等の合計から期末棚卸高等を控除して算定します。

解説

1．売上原価の算定方法

　売上原価は，決算作業において期末棚卸高の残高が確定した後に，期首棚卸高と当期商品仕入高，当期製品製造原価等の合計から期末棚卸高等を控除して算定します。損益計算書上の売上原価のひな形を示すと以下のようになります。

Ⅱ　売上原価	
商品及び製品期首たな卸高	×××
当期製品製造原価	×××
当期商品仕入高	×××
合計	×××
他勘定振替高	×××
商品及び製品期末たな卸高	×××
売上原価合計	×××

(1) 期首棚卸高

前期末から繰り越されている棚卸残高であり，前期の期末棚卸高と一致します。

(2) 当期製品製造原価

製造原価明細書で算定された製造原価となります。当期製品製造原価＝期首仕掛品棚卸高＋当期総製造費用－期末仕掛品棚卸高として算定されます。

(3) 当期商品仕入高

仕入販売がある場合には年間の総仕入高が記載されます。なお，仕入値引や仕入割戻がある場合は控除されます。

(4) 他勘定振替高

例えば，商品や製品の一部を見本品として販売費に振り替えたり，開発に使用するために研究開発費に振り替えるなど，通常の販売以外の棚卸資産の減少がある場合，他勘定振替高として表示します。

> **ここ注意！**
>
> 他勘定振替の処理が多い場合，売上原価の算定式は複雑になります。実務上は誤謬の発生しやすい領域でもあるので，決算ごとに他勘定振替の明細を作成し，過年度との比較を行うことで，誤った処理がある場合に早期に気づくことが可能となるでしょう。

(5) 期末棚卸高

期末に確定した棚卸の残高となります。収益性の低下による簿価の切下げ後の残高であり，貸借対照表上の製品および商品の残高と一致することになります。なお，収益性の低下による簿価切下額（前期に計上した簿価切下額との相殺後）は，開示上は注記による方法または売上原価等の内訳項目として独立掲記する方法のいずれかにより示します。ただし，当該金額の重要性が乏しい場合にはこの限りではありません。（棚卸資産会計基準18）

Q2-13 評価基準・評価方法の税務上の届け出

Q 棚卸資産の評価方法を選定して届け出る場合，変更する場合の手続を教えてください。

A 棚卸資産の評価基準・評価方法に係る選定・変更を行うためには，納税地の所轄税務署長へ期限までに必要な届け出を行う必要があります。

解説

棚卸資産の評価方法を選定して届け出る場合には「棚卸資産の評価方法の届出書」を，変更しようとする場合には「棚卸資産の評価方法の変更承認届出書」の提出が必要です。

1．評価基準・評価方法の選定

税務上の評価基準・評価方法の選定は，事業の種類ごと，かつ，商品または製品（副産物および作業くずを除きます），半製品，仕掛品（半成工事を含みます），主要原材料および補助原材料その他の棚卸資産の区分ごとに行うものとし，評価基準として原価法・低価法のどちらかを，評価方法として個別法・先入先出法・総平均法・移動平均法・最終仕入原価法・売価還元法のいずれかを採用することとされています。

なお，法人税法上は「最終仕入原価法」による「原価法」が法定評価方法として定められています。よって，法定評価方法以外の評価方法を採用する場合，期限までに「棚卸資産の評価方法の届出書」を納税地の所轄税務署長へ提出しなければなりません（当該届出書の提出期限については，新たに会社を設立した場合には設立後第1期の確定申告まで，新たに事業を開始し，あるいは事業の種類を変更した場合には他の種類の事業を開始し，あるいは事業の種類を変更した日の属する事業年度の確定申告書の提出期限までとされています）。

Q2-7に記載したとおり，会計上は最終仕入原価法の適用が認められるケースは限定的であるため，多くの企業においては当該届出書を提出して他の評価方法を採用していると考えられます。

第2章　在庫管理　　*45*

　また，評価基準を原価法とする場合，会計上の収益性の低下による簿価切下げを行う場合の棚卸評価損は，税務上は損金算入されず，申告加算が必要になります。よって，会計と税務の一致を図るためには当該届出書を提出して低価法を適用する必要があります（税務上の評価損の取扱いについて**Q5-24**もご参照ください）。

2．評価基準・評価方法の変更

　税務上の評価基準・評価方法の変更を行う場合には，事業年度開始の日の前日までに「棚卸資産の評価方法の変更承認届出書」を納税地の所轄税務署長へ提出しなければなりません。ただし，税務上も無条件に変更を認めているわけではなく，いったん採用した評価方法は特別の事情がない限り継続して適用すべきとされており，現在の評価方法を採用してから相当期間（3年）経過していないときは，変更する特別な理由がない限り承認されないこととされています。

Q2-14　会計上と税務上の廃棄処理の相違

Q	会計上と税務上の廃棄処理の相違を教えてください。
A	会計上は廃棄の原因となる事実が明らかになった時点で評価減を実施する必要があると考えられるのに対し，税務上は実際に在庫を廃棄処分しない場合には廃棄損が損金算入されないケースがあります。

解　説

1．会計上の取扱い

　棚卸資産廃棄損（除却損）には棚卸資産会計基準第9項の営業循環過程から外れた滞留または処分見込み等の棚卸資産に関して，①処分見込額等に簿価を切り下げた場合の損失と②実際に廃却等により処分された時の損失（廃却付随費用）が含まれているものと考えられます。

　①については，企業が実際に廃棄処理を行う場合であっても，本来は廃棄の

原因が明らかになった時点で収益性の低下に基づき評価減が行われるものと考えられることから，同質であると捉えられています。よって，同会計基準に基づき原則として売上原価として処理します。②についても，①に伴うコストとして発生時に売上原価として処理するものと考えられますが，会社の営業活動の実態に応じて，適切な表示区分に計上することになると考えられます。

2．税務上の取扱い

　税務上も，実際に在庫を廃棄処分した場合の棚卸資産廃棄損は損金算入することが可能です。一方で，会計上の取扱いと同様に，在庫が手許に残っている段階で，今後の販売見込み等を理由に廃棄損を計上する場合など，実質的な評価損の計上と考えられるケースでは注意が必要です。法人税法上は評価損が認められる条件は以下の例示（法令68Ⅰより）に限定されており，これを満たさない場合には損金算入できないことになります。

---

(1)　当該資産が災害により著しく損傷したこと
(2)　当該資産が著しく陳腐化したこと（例：季節商品の売れ残り，新製品の発売により旧式化した商品等（法基通9－1－4））
(3)　法定整理の事実
(4)　(1)～(3)に準ずる特別の事実（例：破損，型崩れ，たなざらし，品質変化等により通常の方法によって販売することができないようになったこと（法基通9－1－4））

　なお，実際に廃棄を行った場合でも，廃棄処分の事実を客観的に示すための証憑を残しておくことが重要です。これには，廃棄の意思決定を示す稟議書や廃棄業者に引き渡した際の廃棄証明書などが含まれると考えられます。

ここ注意！

　会計上は棚卸資産廃棄損として処理したものの，税務上は法人税法に規定する上記の例示に該当せずに損金算入されない場合，当該廃棄損は税効果会計を適用する上での将来減算一時差異となります。当該一時差異のスケジューリングの検討においては，対象となる棚卸資産を実際に売却または廃棄処分するときに差異が解消するため，廃棄予定等を正確に把握しておく必要があります。

第 2 章　在庫管理　　*47*

Q2-15　内部管理体制(1)　在庫の保管管理

Q	棚卸資産の保管管理に関する留意点を教えてください。
A	棚卸資産の適切な受払業務の確保，残高および滞留等のステータス管理，付保の妥当性の確認が棚卸資産の保管管理として重要です。 棚卸資産の保管管理に関して規程・マニュアルに落とし込み，運用のモニタリングをすることが重要です。

解 説

棚卸資産の管理業務は業務の性質上，移動・返品なども含めた入荷・出荷業務，保管管理業務から構成されていると考えられ，棚卸資産の保管管理としては少なくとも以下が留意点になると考えられます

1．保管管理の前提として棚卸資産現品の受払業務が適切に行われていること
2．棚卸資産の残高が帳簿および実地棚卸により適切に管理されていること
3．棚卸資産の滞留，陳腐化等のステータスが適切に管理され，棚卸資産の在庫リスクに応じて適切に付保されていること
4．上記の状況を適切に規程等で整備し，運用していること

1．棚卸資産の適切な受払業務について

(1)　棚卸資産の受入れについて

受入れについては新規入庫以外にも他拠点からの移管（製造工程の原材料の受入れを含みます），出荷品の返品などが想定されますが，検収は発注者とは別担当者によって，または立会いによって現物の動きと合わせて適時に入荷処理が行われる必要があります。また，専門性の高い検収もあるため，担当者は棚卸資産の内容に関する知識を身につけておく必要があります。発注データとの整合性を確認するとともに，検収時に検収内容の数が不足したり，内容が相違，不良品等があれば，購買担当者にいち早く情報を共有し，取引業者と交渉できる体制が必要です。

⑵　**棚卸資産の払出しについて**

　受入れと同様に，新規の払出し以外にも他拠点への移管（製造工程の原材料の払出しを含みます），入荷品の返品等が想定されます。

　受入れと同様，現物の動きと同時に適時に出荷処理を行うことが重要ですが，ピッキング担当者以外の者が出荷伝票と現物をチェックし，確認印を押印するなどしてから出荷するといったルールが必要であると考えられます。また，顧客の事情により出荷をできない場合は倉庫在庫と区別することが必要となり，出荷時ではなく顧客の検収時まで自社在庫であるような積送品がある場合は区別して在庫記帳を整理する必要があります。

2．棚卸資産残高の帳簿および実地棚卸による適切な管理について

　1の受払いの適切性を補完するために，重要な棚卸資産は継続記録法で管理するとともに，定期的に実地棚卸を行い帳簿残高と実在庫の照合を行う必要があります。

3．棚卸資産のステータスの管理および付保について

　消費期限等を考慮して入荷から一定期間を経過したものの抽出，定期的な現物の視察を通じて滞留または陳腐化している在庫を選別し，棚卸資産の評価が適切に行える体制の構築が必要です。また，災害や盗難などのリスクに応じて適切に付保することも必要です。

4．規程の整備・運用について

　棚卸資産の保管管理で行うべき点が規程・マニュアルに漏れなく整備されていること，また，運用されていることが定期的に内部監査や担当者以外の上席者によってモニタリングされる内部統制の構築が必要です。

> **ここ注意！**
>
> 　棚卸資産を適切に保管管理することで，無駄な発注や払出しも減少すると考えられます。一定のレベルを維持した保管管理を行うために留意すべき点は規程・マニュアルに漏れなく整備するとともに，定期的に担当者以外の者によってモニタリングされる内部統制の構築が必要です。

第2章　在庫管理　　*49*

Q2-16	内部管理体制(2)　外部倉庫，支給在庫

Q	外部倉庫，支給在庫の管理上の留意点を教えてください。
A	外部倉庫の管理では，外部委託先から入出庫作業の日々の記録，在庫報告を入手することが重要です。 支給在庫の管理では有償・無償支給の取引を区分管理し，預け先への定期的な在庫確認，取引の検証が必要です。

解　説

1．外部倉庫の管理

　外部倉庫の在庫管理については，基本的に入庫時および出庫時のいずれも自社で「現物」の動きを確認することができず，外部から入出庫の報告を受けた情報を基に自社で入出庫の処理をすることになるため，外部からの報告に関する統制の構築（委託業者とどのように付き合うか）が重要なポイントになります。

(1)　入出庫作業の確認

　外部倉庫で入出庫を確認した日々の記録または在庫報告を入手し，自社の在庫記録と照合することが考えられます。照合時は検収記録や出荷記録・納品先の受領検収サインなどの日付，数量等を記載した資料を社内で検証し，上席者の承認を得る体制を構築し，社内で計算した理論値と一致しない場合は外部への確認，場合によっては牽制も考慮して外部視察・棚卸立会などを行う必要があります。また，滞留管理についても経過日数だけでなく定期的な巡回を依頼し，場合によっては保管状況を写真等も含めて報告してもらうように契約時に交渉することが必要と考えられます。

(2)　契約内容の確認

　外部倉庫との契約関係で倉庫料や運送料の負担関係が現場で変更になっていないか，顧客の利用分だけ売上になる場合の外部倉庫での委託販売で収益認識

に変更を及ぼすような変更がなされていないか，定期的に在庫管理部門で現場の確認をする必要があります。

２．支給在庫の管理

材料支給では，材料支給先に在庫を預けたことを装った棚卸資産の横領，有償支給と無償支給の混同による会計処理の誤り，材料支給先の材料の滞留による損失の先送り，有償支給経路の複雑化・有償支給時に付加した未実現利益の調整・未消去による売上・利益・仕入の過大計上等がリスクとして考えられます。

管理上の留意点として以下が考えられます。

(1) 有償・無償支給の区分管理の一覧化

会計処理の誤りの防止や支給在庫の滞留時の責任所在の明確化から，有償・無償支給を外注先ごとに区分管理して一覧化することが考えられます。

(2) 預け先への在庫の確認

預け先から定期的に残高証明書を入手，ないしは牽制として抜き打ちで現場視察等を行い，自社の把握している支給在庫額と一致しているか，滞留して評価損を計上すべき在庫がないかを確認することが必要です。

(3) 取引の検証

有償支給の経路が複雑な場合，取引担当者ではなく経理担当者等が未実現利益の金額を検証し，二重に売上・仕入が計上されていないか，未実現利益が消去されないで残っていないかを確認することが必要です。

(4) 取引形態の見直し

製造子会社への支給では，利益を上乗せせずに支給するなど未実現利益が生じない取引形態への変更，あるいは子会社が自社調達できないかといった取引形態の見直しを行うことも考えられます。

第 2 章　在庫管理　　*51*

> **ここ注意！**
>
> 　外部倉庫，支給在庫はいずれも目の届きづらい場所に現物があるため，不正の温床になりやすく，起こりうる不正や誤りを防止・発見できるような内部統制を組み込んで管理を行うことが重要だと考えられます。
> 　現場からの報告書等のみに頼らず，時には現場を直接視察することも有効だと考えられます。

Q2-17　内部管理体制(3)　滞留管理と廃棄処理

Q	滞留在庫の管理方法と廃棄について教えてください。
A	滞留在庫の管理方法としては，回転期間等の分析結果の共有，保管場所の整理および定期的な棚卸等を伴う現場視察が考えられます。 在庫の廃棄については，廃棄ルールの策定，廃棄すべきものが漏れなく抽出される体制，定期的な現物調査により廃棄が無断で行われない体制の構築が考えられます。

解　説

1．滞留在庫の発生要因

　保有在庫が正常な営業循環過程内から外れて滞留在庫が発生しますが，一般的な発生要因としては以下が考えられます。

> (1)　想定販売量を超えて在庫を過剰保有することで不動在庫となること
> (2)　技術革新等により保有在庫の流行が終わり陳腐化することによる経済的な劣化
> (3)　保有在庫が破損などで品質低下を起こすことによる物理的な劣化

2．滞留在庫の管理

　上記の状況が生じると，資金の固定化や倉庫の保管・管理コストを発生させることに加え，一定の条件下で会計上も評価損を計上する必要があるため，極

力発生させない管理体制，および，早期にそのような在庫を発見できる管理体制を構築することが重要です。

⑴ 分析による滞留在庫の管理・定期的な会議での共有

なるべく細分化された棚卸資産ごとに在庫数量や在庫金額で期間比較分析や回転期間分析を行い，分析結果を関係部門や製販会議，取締役会等で共有することが考えられます。例えば，期間比較で在庫金額が概ね同じ場合，販売が好調であれば問題ありませんが，販売が不調であれば滞留の可能性があります。

また，回転期間が長い場合も滞留の可能性があることが考えられ，会議等で今後の製造・販売の方針を協議することが考えられます。滞留期間は通年販売される在庫と季節在庫で異なるため，全社統一ではなく在庫の種類ごとに決めることにより適切な管理ができると考えられます。

その他，滞留を隠蔽するために在庫管理部門が一時的に売上処理をし，翌月に売上取消・返品処理を行うなどの不正が行われていないかを確認することも重要です。

⑵ 保管場所の整理・定期的な棚卸の実施

在庫が物理的に劣化しないように，5S（整理，整頓，清掃，清潔，躾）に留意して，決められた棚番に他の在庫と混在することのないように保管する必要があります。定期的に棚卸や外部倉庫を含めた在庫視察を行い，物理的な劣化も確認する体制の構築が重要です。

3．廃棄について

廃棄すべき在庫が廃棄されないと管理コストが嵩んでしまったり，廃棄すべきでない在庫が廃棄されると販売機会の逸失や在庫横流しの余地が生じます。

このような状況を防ぐため，以下のような管理が考えられます。

⑴ 定期的な現物調査で廃棄すべき在庫がないか確認し，部門上席者承認の上，販売・製造などの関係部門へ結果を報告する。

⑵ 売上返品在庫の倉庫内での区分管理により廃棄候補の在庫を区分する。

⑶ 廃棄ルールを策定し，廃棄の際は廃棄申請書，廃棄伝票を上席者が承認，廃

第2章　在庫管理　　53

棄内容の確認を行う。廃棄前後の写真や廃棄証明書を添付して保管する。
(4)　廃棄予定リストを経理部門に回覧し，評価損の事前計上を検討する。評価損
　　計上後，在庫管理部門で実際に廃棄されたことを確認する。

| **Q2-18** | 内部管理体制(4)　棚卸資産の取得 |

Q	入庫管理の留意点について，検収はなぜ必要なのかを含めて教えてください。また，販売品の返品を受け入れる場合の留意点を教えてください。
A	検収で発注内容と納品内容，現物の一致・確認を適時に行うことが必要です。 現物の動きに合わせて適時に在庫管理システムに入庫登録を行い，生産や販売の現場に適時に情報を提供する必要があります。 検収までの保管区分や外部倉庫の賃借手続の明確化が必要です。 返品情報は複数の部署で共有し，相互に返品理由を確認することで受入検収することが重要です。

解説

1．入庫管理のリスク

　入庫処理とは，在庫受入時に在庫管理システムおよび会計システムで在庫を受け入れる事務をいいます。適時な検収作業や受入場所などの内部統制を踏まえた受入業務フローがない場合，発注内容と異なる在庫や品質を満たさない在庫を受け入れてしまう可能性や受入処理の遅延，在庫盗難，品質劣化による販売機会の逸失等が生じえます。

　また，入庫管理にあたっては適切なマスターの登録，計画的な発注が求められます。

2．検収の必要性

　棚卸資産の検収は，主として以下のリスクを排除するために行うものと考えられます。

(1) 数量，価格，機能，性能，規格等が発注した要求どおりでないリスク
(2) 適切な発注手続に基づかない納品が行われるリスク

　納品時の検収を徹底することで，最終的には適切な製造計画，販売計画に必要な在庫が適切に確保されることになります。

3．入庫管理の留意点

(1) マスターの登録

　棚卸資産購入に関するシステムの仕入先マスター（仕入先，品目，支払条件，単価）の登録が漏れたり，単価の登録を誤ったり，変更内容が適時に反映されない場合，システム処理をせずに不正が生じるリスクや会計上の仕入高や支払額を誤るリスクが高くなります。

　そのため，マスターの登録・変更にあたっては所定の申請書により，申請部門で上長の承認（図表2-1①）を得た上でシステム部門で登録し，部内の第三者により登録内容の事後チェック（図表2-1②）が行われる仕組みが考え

図表2-1　入庫に関する関連業務フロー

	取引先/外注先	依頼部門	システム部門	資材部門	物流部門	経理/財務部門
マスター登録	仕入先情報	取引先申請書 ①③	マスター情報 ②③			
発注	注文書	調達依頼 ④		取引先選定・注文書		注文書控え
納品・検収	納品				検収/受入 ⑤ ⑥	検収報告書 ⑦
仕入計上					在庫システム登録	仕入計上（会計伝票）
支払	支払					支払伝票
						支払計上（会計伝票）

第 2 章 在庫管理 55

られます。また，マスター登録内容の定期的な棚卸（図表2−1③）を行い，変更漏れが生じていないかを確認する仕組みも重要です。

(2) 発注管理

発注が適切に行われないと，不要な棚卸資産が誤った単価で過大に発注されたり，取引先との架空発注を通じた支払いのキックバックによる不正が行われるリスクがあります。また，発注管理が適時に行われず，納期を超えた発注残があると生産・販売にも支障が生じます。

そのため，生産・販売計画に基づいた発注予定表に従い，発注時は発注内容を上席者が承認（図表2−1④）する体制の構築が必要であると考えられます。また，納期を超えた発注残一覧に基づき，適時に理由を仕入先等に確認する体制の構築も重要です。

(3) 発注内容と納品内容，現物の確認，品質検査

検収担当者は，在庫の納品・検収時に発注書と在庫仕様・数量などの納品内容が整合しているかを確認（図表2−1⑤）する必要があります。発注時点の承認がある発注書を正として，納品書との紐付けができるように番号管理について納品先と調整しておくことや，不正発注ができないように発注依頼者と検収担当者を分けることが重要です。

検収担当者は，適切に検収できるように納品物の内容を理解しておく必要があります。また，検収ミスを事後的に発見する方法として，日次や週次で受払いの多い在庫について帳簿数量と現物の照合を行うことも考えられます。

受入（品質）検査にあたって，品質の劣化が見られる納品物の存在は仕入先との再仕入，値引きによる受入れなどの交渉に必要な情報であるため，対応部門への適時の情報提供が必要になります。

(4) 在庫管理システム・会計システムへの適時の登録

生産や販売に影響を与える可能性があるため，現物の動きと同時に在庫管理システム上，入庫登録を適時に行う（図表2−1⑥）ことが重要です。

システム登録ミスや漏れを防止するために入庫伝票を連番管理し，1日の入

庫伝票とシステムの登録結果を登録担当者以外の者がチェックする仕組みの構築，および，発注システムと在庫管理システムの連動化などにより，入力誤りの防止，適時な誤りの発見が可能になると考えられます。また，適時に検収報告を経理に回し，経理部で会計システムに登録することが必要です（図表2-1⑦）。

(5) 保管場所の確保

　納品から検収まで時間差がある場合，倉庫に保管されている現物は自社の在庫ではないため，保管場所を自社在庫と明確に区別して保管することが重要です。

　また，倉庫に置ききれない場合は，稟議書を必ず申請した上で，外部倉庫を借りるなどのルールを構築して，外部倉庫に預けたことを見せかけた在庫横流しなどの不正リスクを排除することが重要です。

4．販売品の返品の留意点

　販売品の返品時において，返品理由の合理性を確認し，関係部門と連携の上で返品を受け入れる業務フローが存在しない場合，不正に利用されたり，会計処理が適切に行われないリスクが高くなります。これについては，以下の内部統制が考えられます。

図表2-2	出庫品の返品受入れに関する業務フロー

	得意先	営業部門	物流部門	経理/財務部門
クレームによる返品/値引	返品/値引の要請	返品/値引受入報告書 ⑧	返品伝票 / 返品 ⑨	返品/値引処理入力（会計伝票）

(1) 返品理由・内容の確認

　返品の連絡を受けた営業部門のみで返品手続を完結させてしまうと，例えば販売要請による押込み販売をした事情が埋もれてしまうため，返品にあたって

第2章　在庫管理　　*57*

複数の部署を連携させて返品理由を確認する必要があります。返品の連絡を受けた部門で返品申請書を作成して上長の承認（図表2-2⑧）を得た上で，関係部門に回覧し，組織として受入れを容認するに足る理由かを判断する必要があります。

(2)　返品伝票の承認・受入検収

返品受入れ時に返品伝票と実際の返品現物が整合していることを物流部門など在庫受入部門で検収し，返品伝票に上長が承認します（図表2-2⑨）。

(3)　返品在庫の品質検査

返品受入れ後の返品在庫が再販売が可能か，廃棄するべきかの判断，および周辺の在庫も同様に返品される可能性のある品質上の問題がないかの確認を行い，関係部門に報告書を回覧することが考えられます。

Q2-19　内部管理体制(5)　特殊な仕入

Q	特殊な仕入（未着品仕入，使用高検収）の留意点を教えてください。
A	未着品仕入は期末に未着品の有無を一覧化し，証憑を添付した仕入伝票に上長承認を得て仕入計上することが考えられます。また，仕入計上時は通常の仕入と区分できることが重要です。 使用高検収は在庫表の利用による使用高の管理，倉庫内での自社在庫との区分および棚卸で仕入量を管理することが重要です。

解　説

1．未着品

運送中等の事情で未着であるが，すでに所有権が会社に移り，棚卸資産を計上する必要がある場合は，未着品の計上（特に期をまたぐ場合）の網羅性を確保できないリスクを防止・発見できる管理が重要です。防止・発見する統制としては以下が考えられます。

(1) 未着品の有無の確認および仕入伝票の承認

　発注一覧から期末日で未着になっているものを予定納期をもとに洗い出し，未着品として計上する在庫の有無を把握します。特に貿易関連の輸入取引は外部からの納品書等の証憑がない場合もあり，自社の仕入伝票および仕入先国の船積み情報や自国の税関通過情報を入手し，船積通知書や通関証明等の関連証憑を添付の上，上長の承認を得て仕入計上する体制の構築が必要です。

　貿易取引で使用される代表的な取引条件であるFOB（Free On Board：本船渡し），CIF（Cost, Insurance and Freight：運送保険料込み）のいずれでも船積時にリスク負担は買手に移転し，この時点で未着品仕入を計上することが多いと考えられますが，契約において所有権移転のタイミングが別途定められている場合はそれも勘案して検討することになります。

(2) 在庫表での区分

　未着品は仕入計上されていますが，通常の仕入と異なるため，在庫表上で区分しておくことが適切と考えられます。なお，FOBの契約であっても期中は現物が到着して検収基準で処理し，決算時に未着品を把握して調整することもあります。

2．使用高検収

　工場の製造過程であらかじめ購買先から原材料等を預かっておき，現場での使用に応じて仕入を計上する場合をいいます。

　使用量を適切に把握できないと，過大請求をされてもわからず，誤った仕入金額を計上するリスクがあります。

　防止・発見する統制としては下記が考えられます。

(1) 未使用物品の管理

　仕入先との合意に基づき，使用量を在庫表で管理することや，1つの製品を製造するのにかかる標準使用量を定めて簡便的に管理することが考えられます。

　実際の仕入先からの請求時や棚卸時に差異を把握して許容範囲内かを確認することが，現場での管理意識の向上につながると考えられます。

第2章　在庫管理　　*59*

　また，倉庫の保管場所を自社在庫と区分することで未使用品との混在を防止することが考えられます。

(2)　定期的な棚卸の実施

　定期的に棚卸を行うことで利用高を算出することが考えられますが，部品などの数量による管理が煩雑な在庫は重さや箱等のロット単位で棚卸することも考えられます。

> **ここ注意！**
>
> 　未着品仕入および使用高検収のいずれについても，決算や精算タイミングをまたぐ際に適切に仕入高，使用高を確定できる管理体制を構築することが重要です。そのためにも，内部のみならず，外部の取引先との取り決めを具体的かつ明確に行っておく必要があります。

Q2-20　内部管理体制(6)　棚卸資産の出庫

Q	出庫管理の留意点を教えてください。また，返品による棚卸資産の出庫プロセスの留意点を教えてください。
A	各フェーズごとに適切な出庫管理のための留意点を考慮することが重要です。 出荷内容と出荷現物の整合性の確認を適時に行うことが必要です。 返品情報は複数の部署で共有し，合理的な理由に基づき返品しているか，事後的に返品傾向を分析することが重要です。

解　説

１．出庫管理のリスク

　出庫処理とは，在庫の出庫時に在庫管理システムおよび会計システムで在庫を払い出す事務をいいますが，適時に現物の出荷および出荷登録を行う業務フローがない場合，主に以下のリスクが考えられます。

(1) 受注に基づかない架空の出荷が生じるリスク
(2) 出荷指図書と実際の出荷数量や品目の相違により,実際の出荷とシステム上の払出記録が相違するリスク
(3) システムへの出荷処理の登録誤りや商品在庫帳の改ざんにより実際の出荷とシステム上の払出記録が相違するリスク

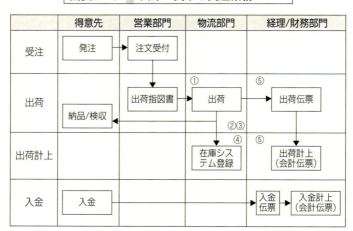

図表2-3　出庫に関する関連業務フロー

2．出荷管理の留意点
(1) 出荷指図書の事前承認および出荷時の現物と出荷伝票の照合・確認

　出荷時に在庫管理部門で取引先からの注文書と出荷指図書の一致を上長が確認・承認し（図表2-3①），承認のある出荷指図書のみを基にして出荷伝票を作成する（図表2-3②）ことが考えられます。

　上記の手続を経た出荷伝票でピッキング担当者以外が出荷伝票と現物をチェックし，承認の上出荷する（図表2-3③）体制の構築が重要です。

　また，出荷指図書のある出荷のみが認められるために，受注を受ける営業部門と出荷担当の在庫管理部門の職務分掌の明確化，使用品によるサンプルや社内利用による払出しの場合は理由を明記した払出申請書，緊急払出の場合は緊急払出簿に記録し，事後的に出荷伝票を作成するとともに，払出しの事実を追

跡できるようにしておく必要があります。

⑵ 在庫管理システムへの適時な登録，登録結果が関連システムに適切に反映されていることの確認，および会計システムへの適時の登録

　生産や販売に影響を与える可能性があるため，現物の動きと同時に在庫管理システム上，適時に出庫登録を行う（図表2-3④）ことが重要です。

　システムの登録ミス，二重登録や登録漏れを防止するために出庫伝票を連番管理し，1日の出荷伝票とシステムの出荷記録を登録担当者以外の者がチェックする仕組みや，発注システムと在庫管理システムおよび販売管理システムの連動化を図ることで，入力誤りの防止，および適時の発見が可能になると考えられます。

　不正な登録を防止するために販売先からの受領書や輸送担当の運送業者からの出荷伝票上のサインを入手し，これらに基づいてのみ出庫処理を行うことも考えられます。また，適時に出荷伝票，売上伝票を経理に回し，経理部で会計システムに登録することが必要です（図表2-3⑤）。

⑶ 出荷済保管在庫および積送中の在庫の確認

　定期的に棚卸を行うことで数量が適切に管理されているか，および出荷処理されたものの倉庫に残っている在庫について理由を確認するとともに，預かり在庫については顧客からの預かり依頼書等を入手する必要があります。売上計上基準を出荷基準ではなく，顧客の検収基準とする場合は，積送中の在庫を通常の倉庫と区分して管理できる仕組みも重要です。

⑷ 事後的な在庫データ修正の制限

　在庫データにアクセスできる担当者をパスワードや権限付与で制限することが必要です。一定期間経過後に事後的に修正する場合は申請書を作成の上，変更依頼部署の上席者承認のもとでシステム担当者のみが修正できるようにする仕組みが考えられます。また，抜き打ちで納品先に納品確認を行い，在庫の横流しが行われていないかを確認することも考えられます。

3．仕入品の返品の留意点

　仕入品の返品時において，返品理由の合理性を確認し，関係部門と連携の上で返品する業務フローが存在しない場合，在庫の横流し，返品予定と異なる在庫の返品，返品の放置等が生じ，生産・販売工程に影響を与えるリスクがあります。

	取引先/外注先	依頼部門	資材部門	物流部門	経理/財務部門
クレームによる返品/値引	返品/値引	返品/値引申請書 ⑥	出荷指図書 / クレーム請求書	返品 ⑦	返品/値引処理入力（会計伝票）

図表2-4　入庫品の返品に関する業務フロー

(1)　返品理由の合理性の確認および承認

　返品理由の合理性が確認されないと，他の在庫にも同様に返品を要する状況が生じていないかの確認が漏れたり，取引先に値引等を求める機会を逸する可能性が生じる場合があります。また，不正の観点からも，返品を装って在庫の横流しが行えたり，仕入業者との決算期のずれを利用して先方の売上に協力するために大量に仕入を行い，その後に返品することで取引先より秘密裏にキックバックなどをもらう取引を行うことのできる余地が残ります。

　そのため，返品の必要が生じた場合は返品申請書や返品伝票に返品理由，返品内容を記載の上，上席者の承認を得る（図表2-4⑥）ことが重要になります。

(2)　返品伝票と現物の確認

　返品申請者とは別の部門，担当者によって現物と返品伝票の内容が一致していることを確認（図表2-4⑦）し，在庫が適切に返品される必要があります。抜き打ちで現物確認の現場に立ち会うことで統制の精度が高くなることが期待できるほか，棚卸により現物の返品が適切に行われていることの確認を補完できる可能性もあります。また，返品の証拠として，運送業者の返品伝票への署

名，取引先の受領書などを入手することが効果的と考えられます。

(3) 返品実績および返品率の分析

　返品実績の一覧表を作成し，部署や担当者ごとの返品実績，理由，顛末，返品率等を把握することで返品の発生しやすい部署を特定し，不正を発生しにくくする牽制効果や製造・販売工程の問題点を発見できることがあると考えられます。

Q2-21　内部管理体制(7)　特殊な出庫

Q	特殊な出庫（契約等に基づく出庫，直送取引，輸出取引）の留意点を教えてください。
A	契約等に基づく出庫については，契約内容の確認や受領書などの資料を入手することが重要です。 直送取引については，現物の動きを把握できる資料を適時に入手することが重要です。 輸出取引については，船荷証券や通関書類を入手して出庫時期を検討することが重要です。

解　説

1．契約等に基づく出庫
(1) 販売用不動産

　建売住宅や販売用土地等の販売用不動産は払出しをしても現物が移動しないため，所有権が移転していないにもかかわらず出庫処理される可能性があります。契約内容や販売先の受領書などを確認し，所有権移転に関する日付に基づいた出庫処理がされていることを複数人によって確認することが重要です。

(2) 預かり売上（未出荷売上）

　販売先の倉庫に余裕がなく，自社の倉庫に在庫が保管されたまま出庫（売上

計上）処理される場合があります。通常の出庫は現物の動きが伴いますが，預かり売上は販売先や取引の特殊性等の特別な事情が存在する経済的合理性の確認，販売先に所有権が移転したことのわかる受領書等の保管，倉庫保管料，運送料の負担関係が適切であることの確認が重要です。

(3) 条件付き販売，委託販売

現物が動いても納品先で実際に販売されるまで所有権が移転しない場合や機械の販売で納品先に実際に備え付けが完了するまで売上による出庫の認識をできない場合もあります。

出庫を認識するために，契約書の契約条件や，検収先からの受領書の日付に基づいた出庫処理がされていることを複数人によって確認することが重要です。

(4) 使用高販売

納品先の工場にあらかじめ原材料等を預けておき，現場の使用に応じて売上が計上される場合があります。

在庫表の使用，預け先倉庫での他の在庫との保管の区分，および定期的な棚卸をすることにより適切に出庫処理できる体制の構築が重要です。また，棚卸時の在庫の差異についての負担関係も明確化しておくことが望まれます。

2．直送取引に基づく出庫

直送取引は現物の動きが把握できないため，発注先の出荷報告書，納品先の検収報告書を適時に入手し，適切に会計処理する必要があります。

現物を確認できないことを利用して循環取引で売上および仕入を過大計上できる余地もありますので，抜き打ちで別担当者が納品現場に立ち会うなどの牽制を行うことも重要になります。

3．輸出取引に基づく出庫

現在は国際商業会議所（ICC）が定義した貿易条件の定義であるインコタームズでよく使われるFOB，CIFの場合，販売先との運賃・保険料の費用・リスク負担関係上，船荷証券（B/L（Bill of Landing））の日付（船積基準）で売上，

第2章　在庫管理　　**65**

出庫処理が行われることが多いと考えられます。

　一方で，「収益認識に関する会計基準」上，顧客との貿易取引の契約における履行義務の識別を一定期間にわたり充足されるものとするか，一定時点で充足されたものとするかにより，売上，出庫処理する時点に影響を与える可能性があります。

　売上・出庫処理する場合は船荷証券や通関書類等の裏付資料を売上伝票に添付して上席者が承認し，売上処理しない場合でも積送品として通常の在庫と区分する必要があります。

Q2-22　内部管理体制(8)　棚卸資産管理規程

Q	棚卸資産管理規程を作成する際にどのような点に留意すればよいのでしょうか。
A	棚卸資産管理規程は棚卸資産の入荷，出荷の荷動きおよび現物管理，帳簿管理について統制できるように規定することが重要です。 規程内容に関する継続的な運用のモニタリングが重要です。

解説

1．棚卸資産管理規程の必要性

　売上の計上にあたり製造または仕入を行った棚卸資産を販売することを事業活動とする企業にとって，現物である棚卸資産を管理することは重要であり，担当者によって作業を属人化させず標準化するために棚卸資産管理規程を整備・運用することが必要になります。

2．棚卸資産管理規程の構成と内容の考え方

　棚卸資産管理規程の作成にあたって，棚卸資産の入荷から出荷までの荷動きおよび現物管理，その動きを記録する帳簿管理について統制することが主な目的であるため，構成としては一般的に以下の区分が考えられます。

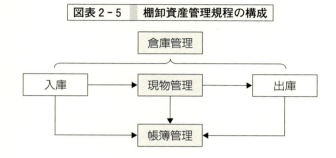

図表2-5　棚卸資産管理規程の構成

(1) 総　則

総則には，規程の目的，棚卸資産の定義・範囲，管理業務の範囲，管理責任者とその職務，規程の改廃の方法などを定めることが一般的です。

(2) 現物管理

現物の入庫時の検収手続，出庫時の出荷内容と現物との確認作業を円滑に行い，経営活動の中で生産・販売に支障をきたさない一定量の良質な現物を管理するための手続を定めます。検収は受入担当者と立会者，出庫確認は入庫担当者が行わないなど職務分離を規定し，兼任の排除を行うべきです。保管状態をよく保つための現物管理，棚卸時に判明した滞留，品質悪化，廃棄品などの取扱いも定めます。また，現物管理の重要な手続として定期的な棚卸による残高の確定も含めますが，詳細は規程に含めず，別途棚卸実施マニュアルを定めることが一般的です。

(3) 帳簿管理

取得価額の考え方，数量把握のために，棚卸資産の入出庫に関する受払いの継続記録，払出単価，評価方法，評価基準を規定します。

(4) 倉庫管理

保管場所の整理整頓により適切な在庫環境を作り，棚卸資産の管理コストの削減につながることを目的として規定します。また，災害や盗難に関する損害保険の加入や部外者の入室制限等の予防・警備に関しても規定することが考え

られます。

3．棚卸資産管理規程の作成

　現状の棚卸資産管理業務をフローチャートなどに書き出して見える化し，職務分掌，チェック機能が働くように現状のフローを見直したうえで規程に織り込んでいくことが重要です。規程の同業種他社事例やテンプレートを参考にしながら作成していくと論点漏れを生じることなく，業務の効率化につながると考えられます。

　また，規程は作業の属人化を排除し，作業の標準化を図ることが目的ですので，運用が困難であったり，現実離れしている規程の作成は避けるべきです。

　また，規程の作成・整備以上に運用を維持することは難しいことが多いので，規程が形骸化していないかを定期的に内部監査などを通じてモニタリングすることが重要です。

4．棚卸資産管理規程のサンプル

棚卸資産管理規程

第1章　総則

第1条（目的）
　　この規程は，当社における棚卸資産の入庫・出庫・保管業務について定め，棚卸資産の管理業務の正確化および効率化をすることを目的とする。

第2条（適用範囲）
　　この規程は，商品，製品，仕掛品，半製品，原材料，貯蔵品に関連する管理業務に適用する。
(1)　商品とは他社より購入し，加工等をしていない仕入商品をいう。
(2)　製品とは当社で製造した完成品をいう。
(3)　仕掛品とは製造のため現に仕掛中または加工中のもので販売ができない状態のものをいう。
(4)　半製品とは中間的製品としてすでに加工が終わり，現に貯蔵中のもので販売ができる状態のものをいう。
(5)　原材料とは製品を製造するために使用する材料をいう。
(6)　貯蔵品とは燃料，包装材料その他事務用品等の消耗品をいう。

第3条（棚卸資産管理業務の範囲）

　　当社の棚卸資産管理の業務は次のとおりとする。

　(1)　棚卸資産の現物管理

　(2)　棚卸資産の帳簿管理

　(3)　棚卸資産の倉庫管理

　(4)　棚卸の実施・管理

第4条（棚卸資産の管理責任者）

　　棚卸資産の管理責任者は，商品・製品，貯蔵品は倉庫部長，原材料・仕掛品は製造部長とする。

第5条（管理責任者の職務）

　　棚卸資産管理責任者は，管理担当者を指揮監督するとともに，棚卸資産の管理に万全を期する。

第6条（改廃）

　　この規程の改廃は取締役会の決議により改廃する。

第2章　　現物管理

第7条（入庫）

　　棚卸資産の入庫は入庫伝票をもとに受入担当者が検収を実施し，棚卸資産管理担当者が立会いを行う。

第8条（出庫）

　　棚卸資産の出庫は出庫伝票をもとに出庫担当者が現物と照合を行い，棚卸資産管理担当者が立会いを行う。

第9条（保管）

　　棚卸資産管理責任者の監督下で管理担当者は棚卸資産の状態，保管場所，保管方法等の保管状況を明らかにしておかなければならない。

2　棚卸資産管理責任者は毎月末の棚卸資産の管理状況を確認する。

3　棚卸資産管理担当者は，保管中の棚卸資産につき，滞留，品質劣化，破損，盗難を発見した場合は，棚卸資産管理責任者に直ちに報告し，棚卸資産管理責任者は適切な処置を講じなければならず，また，経理部に状況を報告して処理を行う。

第10条（棚卸の実施）

　　棚卸資産管理担当者は四半期末ごとに棚卸資産管理責任者立会の下，棚卸を行い，結果を棚卸集計表にまとめ経理部に報告しなければならない。

2　棚卸の実施方法は別途「棚卸実施マニュアル」に従うものとする。

第3章　帳簿管理

第11条（棚卸資産の取得価額）
　（1）　購入品は購入価額に付随費用を加算して算出した価額とする。
　（2）　生産品・仕掛品は原価計算によって算出された価額とする。

第12条（棚卸資産管理台帳）
　　棚卸資産管理担当者は，棚卸資産管理台帳を作成し，棚卸資産の入出庫，保管状況を管理する。滞留，品質劣化，廃棄の状況について適時に経理部に情報を報告しなければならない。
2　棚卸資産の入庫は当社の検収日，出庫は販売先の検収日とする。
3　月末に棚卸資産管理責任者に帳簿在高を報告するとともに，棚卸実施時は帳簿残高と実残高の乖離を経理部にもあわせて報告する。

第13条（棚卸資産の評価方法及び評価基準）
　（1）　商品・製品・原材料・仕掛品：移動平均法による原価法（貸借対照表価額は収益性の低下による簿価切下げの方法により算定）
　（2）　貯蔵品：最終仕入原価法
2　期末において正味売却価額と取得原価を比較し，正味売却価額が取得原価より低下している場合は収益性が低下しているものとみなし，簿価の切下げを行う。

第4章　倉庫管理

第14条（倉庫の環境）
　　棚卸資産管理担当者は倉庫内の温度，湿度に留意し，常に倉庫が適切な状況になるように衛生環境に留意しなければならない。
2　倉庫内外は所定の場所に消火器を設置し，火気厳禁とする。
3　倉庫内はセキュリティカードで入退室管理を行うものとし，万が一部外者が入室している場合は棚卸資産管理責任者に直ちに通報しなければならない。
4　保有する棚卸資産の金額に見合う損害保険を付保しなければならない。
　　金額は別表によるが，各棚卸資産の個別の事情も加味して決定する。

附則
第1条　本規程は●年〇月△日より実施する。

第3章

実地棚卸

Point

- 実地棚卸は基準日時点の会計上の棚卸資産残高を確定し，在庫管理に役立たせるために実施する手続です。
- 実地棚卸の実施方法にはいくつかの手段がありますが，実施コストを考慮しつつ，正確かつ網羅的に実施するための手段を選択することが重要となります。

Q3-1 実地棚卸の目的

Q	実地棚卸は何のために行うのでしょうか。
A	実地棚卸はある時点の在庫の現物を実査し，帳簿残高との数量の差異を把握して会計上の残高を確定させるために行います。また，数量差異の分析や滞留・摩耗の状態の確認により在庫管理に役立たせることも重要です。

解説

　実地棚卸とは，決算日または決算日以前の一定の日に，半期に一度等，定期的に行われる実在庫の点検・計量に係るプロセスのことをいいます。実地棚卸は，棚卸資産の会計残高の実在性・網羅性を担保するほか，在庫管理を適切に行ううえでも非常に重要な手続です。

1．会計上の観点

　実地棚卸は棚卸資産の決算残高を確定させるために行います。会計上は棚卸資産の数量および評価の観点から，在庫の現物を実査することが重要です。

　例えば，ある会社の棚卸基準日における品目Aの帳簿上の数量が10個であるとします。ところが，実地棚卸において実際に当該品目の数量を数えると，8個しか存在しませんでした。この場合，棚卸差異となる2個は棚卸減耗損として売上原価で処理し，会計上は実際残高の8個でこれを確定させることになります。

　また，評価の観点からは実在庫の状態に着目します。上記の例でいえば，実際に存在する品目A8個のうち2個は損傷が激しく，販売できる状態ではありませんでした。この場合，当該2個については現物を廃棄するか，正常な営業循環過程から外れていると判断し，棚卸資産評価損を計上することが考えられます。

第3章 実地棚卸 73

２．在庫管理の観点

　売上原価・棚卸資産には「継続記録法」と「棚卸計算法」という２つの計算方法がありますが，在庫管理目的の実地棚卸は「継続記録法」を採用している場合を前提としています。

　「継続記録法」によれば，日々の在庫の受払いを常に帳簿上に記録するため，棚卸資産の帳簿残高をタイムリーに把握することができますが，この「継続記録法」に基づく帳簿残高の正確性を検証するために実地棚卸が必要になります。実地棚卸により棚卸差異があることが判明した場合，その原因を調査することで，実地棚卸時のカウントミスや受払記録の誤り，さらには盗難や不正によるロスなどを発見することができ，今後の在庫管理に役立てていくことができます。

　一方で，「棚卸計算法」の場合，期中の払出しの記録を行わず，月末に実地棚卸を行い，実際残高をもって帳簿残高を確定する簡便的な方法となるため，盗難や紛失などによるロスも一括して払出数量に含まれてしまうことから在庫管理を行うことは困難になります。

　在庫管理の観点で最も重要な点は，このように現物と帳簿の不一致の原因を適切に把握し，今後の管理を改善していくことにあるといえます。

Q3-2 実地棚卸の実施時期・範囲

Q	実地棚卸の時期および対象範囲を決める際には，どのような点を考慮しますか。
A	実地棚卸の時期と範囲は，会社の在庫管理の状況および実地棚卸に係るコストを比較考量して最も適合する方法を選択して決定します。一般的には，一斉棚卸もしくは循環棚卸により，適切な時期と範囲を設定して実地棚卸を行います。

解説

　実地棚卸は，原則としてすべての棚卸資産を対象として網羅的に実施する必

要がありますが，その種類としては，すべての棚卸資産を対象に同一の基準日で実施する「一斉棚卸」と，棚卸資産をいくつかのグループに分けて実施する「循環棚卸」があります。また，実施時期については期末日に実施する方法と期末日前の一定の日に実施する方法があります。帳簿残高の正確性や棚卸の実施コストを比較考量して会社に最も適合する方法を選択します。

1．実地棚卸の実施時期
(1)　一斉棚卸
　「一斉棚卸」とは，すべての棚卸資産について同一の基準日で一斉に行う棚卸をいいます。一斉棚卸は，その実施時期によって以下の2つの方法に分類されます。

①　期末日一斉棚卸
　「期末日一斉棚卸」は決算期末日に一斉棚卸を実施する方法です。期末日の在庫の実数をカウントして会計上の残高を直接確定するため，残高の正確性は特に高くなります。ただし，期末日においてすべての在庫を対象にして棚卸を行うため，1回の棚卸に要する工数は多くなり，期末日付近に決算作業が集中することになるため，経理担当者等にとっては大きな負担になる可能性があります。

②　期末日前の一定日における一斉棚卸
　「期末日前の一定日における一斉棚卸」は，期末日前の任意の日を棚卸基準日に設定して一斉棚卸を実施し，実地棚卸数量を基準に実地棚卸日から期末日までの在庫の受払記録により期末日の在庫数量を確定させる方法です。棚卸実施日から期末日までの受払いは継続記録に依拠することになるため，棚卸実施日の帳簿棚卸数量を正確に把握でき，かつ棚卸実施日から期末日までの棚卸資産の受払記録が正確である必要があります。実施コストの面では一斉棚卸であり1回の棚卸に要する工数は多くなるものの，期末の業務集中は回避可能となるため，この点では「期末日一斉棚卸」よりも優れているといえます。

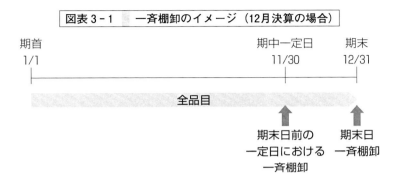

図表3-1　一斉棚卸のイメージ（12月決算の場合）

　なお，期末日前のどの程度まで前倒しが可能なのかについては，特別な定めはないものの，実地棚卸の目的や実務慣行を鑑みて，3か月くらい前までが許容範囲と考えられます。

(2) **循環棚卸**

　「循環棚卸」とは，棚卸資産をいくつかのグループに分けて，定期的な棚卸を行う方法をいいます。実務上は製品等が多品種・多量にわたるため一斉棚卸が困難な場合に適用されることが多いと考えられます。「循環棚卸」はグループごとに棚卸実施日が異なり，期末日までの受払いは継続記録に依拠するため，期末日在庫の正確性を確保するために特に精度の高い継続記録体制が必要にな

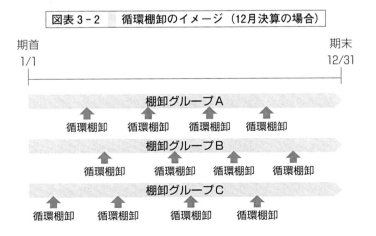

図表3-2　循環棚卸のイメージ（12月決算の場合）

ります。一方で，実施コストの面では，グループごとに棚卸実施日を設定する
ため，期末の業務集中を回避でき，1回当たりの工数の省力化も可能となるた
め，この点では一斉棚卸よりも優れているといえます。

(3)　各棚卸方法の比較

　実務上は，基本的に一斉棚卸を実施し，一部の原材料において循環棚卸を実
施する方法など，勘定科目や特定の種類の品目ごとに棚卸方法を分けて実施し
ているケースも少なくないと考えられます。いずれの場合でも，各棚卸方法ご
とにそれぞれメリット・デメリットがあるため，会社ごとに自社の状況に最も
適した方法を選択することになります。図表3-3は，上記で紹介した棚卸方
法について期末在庫の正確性・実施コストの観点からそれぞれの優位性を比較
したものです。

図表3-3　各棚卸方法の比較

	期末在庫の正確性	実施コスト
期末日一斉棚卸	◎	△
期末日前の一定日における一斉棚卸	○	○
循環棚卸	△	◎

【期末在庫の正確性】
◎：期末日の一斉棚卸で期末在庫を直接確定することが可能。
○：棚卸実施日から期末日までの受払いは継続記録に依拠するため，正確性が十分に確保
　　されないおそれがある。
△：グループごとに棚卸実施日が異なり，期末日までの受払いは継続記録に依拠するため，
　　特に精度の高い継続記録体制がなければ正確性が確保されない。
【実施コスト】
◎：グループごとに棚卸実施日を設定するため，期末の業務集中の回避，1回当たりの工
　　数の省力化が可能。
○：一時に多数の人員を必要とするが，期末の業務集中は回避可能。
△：一時に多数の人員を必要とし，期末に業務が集中する。

2．実地棚卸の頻度

　実地棚卸の頻度についても，頻度を多くすることで得られる効果と実施コス
トを鑑みて会社が決定します。一般的には，毎回の実地棚卸で多額の棚卸差異

第3章 実地棚卸 **77**

が出るような場合には実地棚卸の頻度を多くして，棚卸差異の適時な把握と早期の原因調査を行うのが望ましいです。実務上は，上場会社の場合は四半期決算があることから毎四半期末に実地棚卸を実施しているケースもありますが，「四半期財務諸表に関する会計基準の適用指針」第6項において四半期の簡便的な会計処理として実地棚卸の省略が認められていることから，従来の中間決算の流れを受けて半期に一度の間隔で実地棚卸を行っているケースが多いと考えられます。

Q3-3 実地棚卸の実施方法

Q	棚卸の実施方法であるタグ方式とリスト方式とは，それぞれどのような方法でしょうか。
A	タグ方式は在庫にタグを貼り付けて回収することにより在庫の実際数量を集計する方法であり，棚卸の網羅性を確保するのに適した方法です。一方，リスト方式はシステムから出力した在庫リストに実際数量を記入していく方法であり，在庫数が多い場合に効率的な方法です。

解 説

実地棚卸は通常，タグ方式かリスト方式のいずれかの方法により実施されます。会社は，在庫のボリュームや棚卸の網羅性の観点から，どちらか最適な方法を選択することになります。

1．タグ方式

タグ方式とは，在庫にタグ（棚札）を貼り付け，回収することにより在庫の実際数量の集計を行う棚卸方法です。事前にすべての在庫にタグを貼り付けることから，棚卸の網羅性を担保するのに適した方法である反面，事前準備に労力を要するため，一般的には棚卸資産の数量が比較的少ない場合に適しているといえます。

タグ方式を採用する場合，一般的には事前準備として連番化された複写式の

タグを一式用意し，連番管理のためのコントロールシートを作成します。そして，棚卸の実施前に棚卸対象となるすべての在庫にタグを貼り付けます。棚卸の実施時には在庫のカウント時に実際数量をタグに記入し，複写式のうち一部を回収して，控えは在庫に貼り付けたままにします。棚卸終了後は書き損じ・未使用のタグも含めたすべてのタグを回収して，コントロールシートと突合して棚卸の網羅性を確認します（タグ・コントロールといいます）。その後，帳簿数量と実際数量の比較をしていく流れになります。

図表３－４　棚卸原票の例

㊣

棚卸原票

NO.	日付
実施場所	
品目コード	
品名	
数量	単位
摘要	

棚卸担当者	立会者

責任者

２．リスト方式

リスト方式とは，継続的な帳簿記録により棚卸資産の一覧を出力し，当該リストに実際数量を記入する形で棚卸を実施する方法です。タグ方式のようにタグを貼り付けたり回収したりする作業がなく，リストの出力さえできれば棚卸ができるため，効率的な方法といえます。その反面，タグ方式のメリットである棚卸の網羅性の観点では脆弱性をもっています。この点，実務上は網羅性を

補うためにタグを併用したり，カウントの済んだ現物に付箋を貼るなどの作業が行われているケースが多くみられます。

　リスト方式を採用する場合，一般的には事前準備として関連するシステムから在庫一覧を出力し，ロケーションや棚ごとに棚卸リストを作成します。同時に，棚卸終了時にリストの網羅性を確認するためのリスト管理表の作成も必要となります。棚卸の実施時には，棚卸リストにカウントした実際数量を記入するか，すでに記載されている帳簿数量にチェックマークを入れるなどして，棚卸を行います。棚卸終了後は，回収された棚卸リストについて管理表を用いて網羅性を確認し，帳簿数量と実際数量の比較をしていく流れになります。

図表 3 - 5　棚卸リストの例

棚卸票

棚卸担当者	立会者

No. _____

実施場所 _____

No.	品目コード	品名	数量	単位	摘要
1					
2					
3					
4					
5					
6					
7					
8					
9					
10					
11					
12					
13					
14					
15					

責任者

Q3-4 実数のカウント方法

Q	実数のカウント方法にはどのような種類がありますか。
A	在庫実数のカウント方法には，手作業で直接在庫をカウントする方法のほか，個数を直接計量できないものについては容積に比重を乗じて重量を算出する方法などがあります（カウント方法は，対象となる在庫の性質・単位により選択します）。

解 説

　在庫実数のカウント方法には対象となる在庫の性質・単位によりさまざまな方法があり，企業は当該在庫の性質・単位により適した方法を選択する必要があります。また，在庫数が多い企業であれば，棚卸に投入できるリソースには限界があるため，在庫の重要性と実施コストを比較考量してより精緻なカウント方法と簡便的な方法を使い分けることも実務上は重要です。なお，棚卸の客観性を保てるよう，カウント方法はマニュアルとして適切に文書化して周知する必要があり，複雑な数式で算定される在庫については実数算出に至った計算過程を正確に記録として残しておくことが重要です。ここでは，広く採用されている代表的な方法をいくつか例示します。

1．個数を計量できる在庫

⑴ 手作業によるカウント

　最も一般的な方法として，棚卸実施者が在庫を1個，2個と手で数えていく方法があります。在庫が個数として計量可能なものであれば，基本的には当該方法によるでしょう。

⑵ ハンディターミナルによるカウント

　小売業などアイテム数の非常に多い業種においては，ハンディターミナルを用いて商品タグに付いているバーコードを読み取る形でカウントを行う方法があります。機械的にタグをスキャンしていけば，端末から結果を一覧出力でき

るので非常に効率的ですが，二重カウントのリスクには注意する必要があります。

(3)　重量により数量を逆算する方法

　製造業などでネジ等の細かな部品が多数ある場合に用いられる方法です。最初に1個当たりの重量を把握し，次に総重量を計測して，総重量から1個当たり重量を除して個数を算出します。専用の計量機も市販されていますが，通常の秤で実施する場合にはカウント方法を明確に定めておく必要があります。

2．個数を計量できない在庫

(1)　重量を直接計測する方法

　液体や粒状在庫などで，一斗缶など外からではその量を客観的に把握できないものは，計量器でその1個1個の重量を測定する方法が一般的です。測定の際には当該一斗缶等の容器の重量も差し引いて計量する必要があるため，これをあらかじめ把握していることが必要です。なお，タンク在庫などで，付随のメーターで直接重量が把握可能なものは，当該メーターを読み取ることで計測します。ただし，メーターの信頼性については事前に確認しておく必要があります。

(2)　容積を用いて計測する方法

　液体在庫でメーターの付いてないタンク等の棚卸の場合は，タンク上部からスケール等を垂らして表面までの長さを計測し，当該長さを利用してタンク内の容積を算出し，これに比重を乗じて重量を測る方法があります。この方法は計算過程が非常に複雑となるため，スケールによる測定結果および計算式を明確に記録しておく必要があります。

82

Q3-5 棚卸差異の取扱い

Q	棚卸差異があった場合の手続および会計処理を教えてください。
A	棚卸差異が生じた場合には，まず差異の発生原因を調査する必要があります。最終的には実際の棚卸数量で在庫を確定する必要がありますので，棚卸差異は売上原価等の適切な科目で処理します。

解 説

1．棚卸差異の発生原因の特定

棚卸差異とは，受払記録に基づく帳簿残高の数量と実地棚卸でカウントした実際数量の差異のことをいいます。棚卸差異の主な発生原因としては，以下が考えられます。

(1) 実地棚卸でのカウントミス

(2) 受払記録上の誤り

(3) 気候条件等による変動（製造業におけるガス・液体物など）

(4) 万引き・盗難

(5) 不正（横流しなど）

棚卸差異が発生した場合には，まずその発生原因を調査することが重要です。(2)の受払記録上の誤りによるものが多い場合には受払記録の入力ミス，入力漏れ，処理の遅れなど，購買/原価計算/販売のプロセスにおける内部統制に問題がある可能性があり，改善が必要です。また，(5)について棚卸差異が不正の端緒となるケースも少なくないため，一部の部署・従業員の担当箇所で差異が多く検出されている場合などはリスクが高いといえます。

実務上は，棚卸差異が検出された場合には(1)のカウントミスの可能性が高いとして，差異が発生した品目のみ再度のカウントを実施したり，金額ベースで差異を検討し，金額的重要性の乏しい品目は詳細な調査は行わずに一括して棚卸減耗損として扱い，金額の大きいものだけ個別に詳細な調査を行うなどの事例がみられます。

2．棚卸差異の会計処理

　棚卸差異は，通常は棚卸減耗費として当期の費用として処理されます。連続意見書第四 第一 六においては「棚卸修正差額は棚卸減耗費と原価性の有無にしたがい，原価性のあるものは製造原価，売上原価または販売費に含め，原価性のないものは営業外費用項目または利益剰余金修正項目とする。」とされていますが，営業外費用や特別損失で処理するケースは極めて限定的であり，通常は製造原価または売上原価として処理されると考えられます。

　以下では，棚卸差異に関する仕訳の例を示しています。品目Ａ（単価@100）の帳簿上の数量が10個である場合の実際在庫数量がこれよりも少ないケースと多いケースを考えます。

（仕訳例）

＜実際棚卸数量が少ないケース（8個である場合）＞

（借）	売 上 原 価	[※1]200	（貸）	棚 卸 資 産	200

（※1）（帳簿残高10個－実際残高8個）×@100

＜実際棚卸数量が多いケース（13個である場合）＞

（借）	棚 卸 資 産	300	（貸）	売 上 原 価	[※2]300

（※2）（帳簿残高10個－実際残高13個）×@100

Q3-6　税務上の取扱い

Q	実地棚卸に関する税務上の取扱いを教えてください。
A	法人税法上も，期末日における実地棚卸の実施が求められています。税務調査においては在庫数量の確定に係るプロセスが重視されるため，実地棚卸に係る帳票を適切に整備・保存しておくのが望ましいでしょう。

解 説

1．法人税法上の取扱い

(1) 実地棚卸手続

　法人税法における実地棚卸の取扱いについては，法人税基本通達5－4－1において以下のように定められています。

> 　棚卸資産については各事業年度終了の時において実地棚卸しをしなければならないのであるが，法人が，その業種，業態及び棚卸資産の性質等に応じ，その実地棚卸しに代えて部分計画棚卸しその他合理的な方法により当該事業年度終了の時における棚卸資産の在高等を算定することとしている場合には，継続適用を条件としてこれを認める。

　上記より，税法上は期末日一斉棚卸を原則として実施しなければならないものの，継続適用を前提として期末日一斉棚卸以外の方法が認められると解釈できます。よって，会計上の実地棚卸と内容に大きな相違はなく，期末日一斉棚卸を実施していない会社が税務対応で追加的な手続を実施する必要はないと考えられます。

(2) 棚卸差異の処理

　棚卸差異（棚卸減耗損）については，法人税法上で特段の定めはなく，会計上で費用処理されていれば損金算入されます。

2．申告手続等

　法人税申告書上で実地棚卸に関する特段のフォームを作成することは求められていませんが，棚卸資産の勘定明細について在庫の確定の根拠資料となる実地棚卸の帳票類は適切に整備・保存しておく必要があります。特に，税務調査においては棚卸の網羅性についてチェックされることもありますので，実地棚卸に係る内部統制を適切に構築することは税務上の観点でも重要になると考えられます。

第 3 章　実地棚卸　　*85*

Q3-7　実地棚卸の準備

Q	棚卸を実施する際の事前準備として何が必要でしょうか。
A	実地棚卸を効果的・効率的に実施するためには，事前準備として実地棚卸要領等の文書類を作成したうえで棚卸実施箇所の環境を整えることが重要です。棚卸環境の整備としては，主に棚卸資産の入出庫の停止，棚卸対象アイテムの整理，棚札の貼付などが挙げられます。

解　説

　実地棚卸は，経理担当者のほか，製造部門・生産管理部門・購買部門・営業部門・内部監査部門・監査役など多くの部署の担当者が関与する大掛かりな手続です。実施前は規程・マニュアル等の文書を整備し，関連各所に適切に周知する必要があるとともに，正確・網羅的な棚卸を達成するための環境整備についても入念に準備しておく必要があります。

1．関連文書の整備と周知

　実地棚卸を行うための前提として，棚卸管理規程等において実地棚卸の実施について規定するとともに，適切な実地棚卸要領を用意する必要があります（実地棚卸要領についてはQ3-12で解説します）。また，実地棚卸要領等は適時に関連各所に周知し，各部署の責任を明確にしておく必要があります。手続や責任を理解していない部署が1つでもある場合には，効果的・効率的な棚卸が妨げられることになります。

2．入出庫の停止

　効率的な棚卸を期すために，棚卸の直前には可能な限り入出庫を停止することが必要です。製造業の場合には製造スケジュールにも関係してきますので，いつまでに製造を停止すればよいのかを早期に製造部門に連絡しておくことが重要です。製造を停止することができない場合には，棚卸資産の配置と分離および入出庫の時点を明確にするための対応策または移動をコントロールするた

めの手続を構築しておく必要があります。

3．棚卸対象アイテムの整理

　正確かつ網羅的な棚卸を期すために，棚卸の対象となるアイテムを明確に識別できる状態にしておくことが必要です。まず，製品・仕掛品・原材料など勘定科目その他品目別の区分けを明確にして配置を行い，棚卸実施箇所に会社の所有物でないアイテム（例えば，積送品，顧客が供給した修理品および保証品）または棚卸資産ではないアイテム（費用処理している補助材料など）がある場合には置き場を明確に分けるか，棚卸の対象ではないことを示す札を貼り付けるなどの対応が考えられます。また，陳腐化，破損，滞留品や除却予定品については会計上の評価にも影響することから，これも配置を明確に分けるか，当該事実を示す札を貼り付けるなどの対応が望まれます。仕掛品については進捗率がわかる資料を用意しておくことも，明瞭性の向上につながるでしょう。

4．棚札等の貼付

　タグ方式を採用している会社のほか，リスト方式でも，棚札を利用する会社においては，カウント前に棚札を在庫の現物に貼り付けておく作業があります。棚札の貼付方法は実務上は多種多様ですが，現物に直接貼付する方法のほか，棚に在庫を保管している場合には複数の棚札を棚の一箇所にまとめて貼付する方法もあります。実務上は，同一の品目コードのアイテムが複数箇所に分かれて配置されるケースがありますが，棚札はいずれか一箇所に貼付し，その他の保管場所には棚札は別の保管場所にあることを示す札等を貼付するなどの対応が考えられます。

第3章　実地棚卸　　*87*

Q3-8 カウントおよび記録時の留意点

Q	カウントおよび記録の手続に関する留意点を教えてください。
A	カウントおよび記録の実施には適切な担当者を配置し，ダブルチェック体制のもと，適切な内部統制を確立してこれを実施する必要があります。

解　説

　カウントおよび記録の手続は，棚卸の目的を達成するための最も重要なプロセスです。カウントミスや恣意性の介入を防止するため，担当割の決定からダブルチェック体制の確立，棚札等への入力時のルールの遵守に至るまで，適切な内部統制を構築する必要があります。

1．担当者の配置

　カウントおよび記録は，保管責任を負っている者以外の人物によって実施されるのが望ましいと考えられます。責任者が実施してしまうと，当該部署の業績を良く見せるために恣意的な入力を行う誘因が働いてしまうからです。また，棚卸の目的を達成するため，担当者は正確なカウント手続を理解し，陳腐化や破損したアイテムを識別する能力を有している必要があります。

　担当者の配置は通常はロケーションごとに行います。よって，事前にロケーションマップを作成し，棚卸実施箇所を明確にする必要があります。対象箇所を明示することで網羅的な棚卸が可能となります。

2．ダブルチェック

　カウントおよび記録は2人1組で実施するのが基本です。この場合，1名がカウントと記録を行い，もう1名がそのチェックを行います。このようなダブルチェック体制を採ることでカウントミスや恣意性の介入を防止します。

3．カウント時の留意点

　在庫のカウント時はなるべく継続記録による在庫数量を参照しないようにす

ることで客観的なカウントが可能となります。チェック者も最初のカウント結果を参照する前にカウントを始めるのが望ましいでしょう。

また，段ボール等に在庫が保管されている場合は箱が未開封である場合を除き，必ず中身をカウントしなければなりません。箱の外に「○○個入り」と記載されていてもそれを鵜呑みにしてはいけません。

4．記録時の留意点

タグ/リストへ数量を入力する際は必ずボールペンを使用することとし，鉛筆やフリクションなど簡単に消せてしまうものの利用は控えます。また，タグ/リストには入力者および確認者の押印を残します。数量の訂正をする場合は二重線を引き，訂正印を押印することも必要です。また，事後的にタグ/リストを修正する場合には必ず上長の承認を必要とする仕組みを確立することも重要でしょう。このように記録時のルールを厳格化することで，棚卸結果の改ざんを防止することができます。

Q3-9 外部保管在庫の確認

Q	外部保管在庫の確認方法を教えてください。
A	基本的には外部倉庫等から預り証を入手して実在性を確認します。ただし，外部倉庫等は不正の手段として利用される事例も多いため，重要性に応じて現地視察を実施することが必要です。

解 説

外部保管在庫は実地棚卸の抜け道として不正に利用されやすい性質があります。在庫の実在性を確認するためには在庫証明を入手するのが基本ですが，金額的重要性の高い棚卸資産については定期的に現地に赴いて目視確認するなどの対応が必要です。

１．外部保管場所の理解

　外部保管在庫の確認方法を検討する際には，まず外部保管場所について理解する必要があります。その際には契約書・稟議書・預り証等により外部保管の理由および状況を確認するとともに当該保管場所での在庫の受払いおよび保管に関する内部統制を理解することも重要です。簿外資産を隠すために報告されていない外部倉庫を利用していた不正事例もあるので，外部倉庫の網羅的な把握にも注意を払う必要があるといえるでしょう。

２．在庫の確認手段の検討

　一般的に外部保管場所は遠隔地にあるケースが多く，現地で実物を目視確認するためには相応のコストがかかることから，通常は外部保管場所の管理者に預り証の発行を依頼し，その結果をもって実在性を確認することになります。ただし，不正の手段として用いられたり，不良品や滞留品を外部倉庫に集約している可能性等も鑑み，保管在庫の金額的重要性の高い外部保管場所については現地で実際にカウントを実施したり，在庫の状況を定期的に視察するなどの対応が必要であると考えられます。

３．未着品の確認手段

　外部保管在庫とは違いますが，輸入取引の多い会社で，取引条件としてFOB（Free On Board：本船渡し。船舶や貨車，飛行機などに荷積みされた時点でその商品の所有権が買主に移転するもの）を採用している場合や，CIF（Cost, Insurance and Freight：運賃保険料込み。買主の指定する場所に届いた時点でその商品の所有権が買主に移転するもの）を採用している場合には，棚卸の時点では在庫が手許になく，未着品（移送中在庫）となっているケースが多いものと考えられます。この場合，当該未着の実在性の確認は船荷証券（B/L），貨物代表証券，その他通関書類等との照合により実施することになりますので，未着品の確認のための内部統制を適切に構築しておく必要があります。

> **ここ注意！**
>
> 　外部保管在庫は，一般的な倉庫業者に保管しているものだけではなく，外注先に無償支給した原材料や，得意先で先方が検収していない製品などもこれに含まれます。棚卸資産全体の残高に占めるこれらの在庫金額の割合が大きい場合は，当然に実在性の検証が必要となりますので，保管場所の確認は網羅的な視点で行うことが重要です。

Q3-10　立会者の視点

Q	経理担当者や内部監査人が棚卸に立ち会う際には，どのような点をチェックすべきでしょうか。
A	立会者は，棚卸が正確かつ網羅的に実施されているかを，棚卸の準備からカウントおよび記録，在庫管理，事後作業に至るまでのすべてのプロセスにおいて，チェックを行うことが必要です。

解　説

　棚卸立会とは，一般的には公認会計士の会計監査の一環として行われる手続であり，棚卸資産の実在性および状態を確認するために監査人が実地棚卸を視察する作業です。ただし，外部の会計士だけでなく，会社内部の経理担当者・内部監査人・監査役等も実地棚卸に立ち会うことは重要であり，実地棚卸を効果的・効率的なものにするために会計士と同様の視点からチェックを行うことが求められます。

１．立会方法

　立会者は基本的には，カウントおよび記録を行う担当者が実際に作業を行っている現場に立ち会って，適宜質問やテストカウントをしながらチェックを行います。ただし，実務上は実際の棚卸作業がすべて完了した後で，経理担当者等が棚卸実施箇所に赴き，棚卸結果を参照しながらテストカウントや現場視察を行うケースも多くみられます。経理担当者等の監査が実質的な二次チェック

の意味も持つ場合には後者のケースが多いでしょう。

２．チェック項目

立会者の着眼点は，基本的にはこれまでの論点で述べている事項が主になりますが，以下が例として考えられます。

(1) 事前準備
- 実地棚卸要領が整備されているか，また，その内容は十分か
- 実地棚卸に関する諸連絡が関係各所に周知されているか
- 在庫の保管状況は適切であるか
- 棚札は網羅的に貼付されているか
- 前回の監査指摘事項の改善措置はとられているか

(2) カウントおよび記録手続
- カウントは２人１組の体制で行われているか
- 棚札/リストの記入・押印は適切になされているか
- カウントミスがないか
- カウントおよび記録の実施方法は適切であるか
- 棚卸中の荷動きに関する統制は適切に機能しているか
- 外部保管在庫について網羅的に預り証等による確認を行っているか

(3) 在庫管理
- 不良品や滞留品は適切に識別・管理されているか
- 除却予定品は適切に識別され，除却予定は明確であるか
- 棚卸除外品の管理は適切であるか

(4) 事後作業
- タグ・コントロールは行われているか
- 棚札等はすべて回収されているか

実務上は上記の事項をチェックリストにして運用している会社もあります。立会者は会社の在庫や実地棚卸について深く理解し，さまざまな観点からチェックを行うことが重要です。

Q3-11 実地棚卸の総括

Q	実地棚卸の実施後に行うべき事項を教えてください。
A	棚卸の実施後には，まず現品に貼付した棚札等を回収します。そして，棚卸差異の調整を行って基準日における在庫を確定し，総括として棚卸責任者へ結果を報告し承認を得るプロセスが必要です。

解 説

　カウントおよび記録の手続とタグ・コントロールが完了した後は，棚卸を総括するための作業をしていくことになります。まず，実地棚卸のロケーションにて棚札等の回収を行います。そして，棚卸差異の発生原因の調査を行い，在庫数量を確定します。また，不良品や滞留品については評価損計上の要否を検討し，除却予定品については除却稟議の起案などの内部手続を経る必要があります。また，棚卸の帳票類は適切に保存し，棚卸結果については最終的な責任者に報告し，承認を得る必要があります。

１．棚札等の回収

　在庫の現物に棚札の控えや付箋等を貼付している場合には，最終的にこれを回収することが必要です。ここで回収漏れがある場合，次回の棚卸において当該在庫への棚札等の貼付が漏れるなどの影響が出るおそれがあります。なお，差異分析の過程における在庫の再カウントは棚札等がないと適切に実施できなくなりますので，この順番には注意が必要です。

２．棚卸差異の調整

　棚卸差異の調整についてはＱ３-５に記載のとおりです。

3．不良品・滞留品の評価の検討

　実地棚卸で検出された不良品や滞留品については販売可能性や使用可能性について検討を行い，販売可能性等がなく正常な営業循環過程から外れていると判断された場合には，収益性の低下の事実を反映すべく，適切に会計上，評価減を行う必要があります。また，廃却を行う計画がある場合には除却稟議の起案などの正式な内部手続を経ることが重要です（在庫が手許に残っている段階で，今後の販売見込み等を理由に廃棄損を計上する場合，税務上は損金算入されないケースがあるので注意が必要です）。

4．棚卸結果の報告と承認

　棚卸の結果については適切に総括した資料を作成し，棚卸の最終的な責任者および関係各所への報告と，責任者の承認を得るプロセスが必要です。ここでは，棚卸差異の発生状況や発生原因の分析を報告して差異を減少させるための今後の対応策を検討したり，棚卸の監査人による指摘事項を報告して今後の改善策を図っていくことが効果的であると考えられます。

5．帳票類の保存

　Ｑ３－６でも述べたとおり，実地棚卸に係る帳票類は適切に保存しておく必要があります。特に，在庫管理の観点からは棚卸を期中で実施する場合でも，棚卸基準日における最終確定残高についての資料を適切に作成・保存し期末日の残高との比較により棚卸資産の異常な増減がなかったか否かを確認することも重要です。棚卸実施日以降に発生した重要な取引等により在庫が大きく変動している場合には，期末日の残高の実在性の確認のため，当該取引の影響を検討するプロセスが必要になるでしょう。

Q3-12　実地棚卸要領

Q	実地棚卸要領に記載すべき項目を教えてください。
A	実地棚卸要領は棚卸の実施に係るマニュアルです。 実地棚卸要領には，実地棚卸を効果的・効率的に実施するために必要な事項（実地棚卸の概要，担当割，実施手順，注意事項等）を網羅的に明記しておく必要があります。

解 説

　実地棚卸要領（実地棚卸指示書）とは，棚卸の実施方法についての会社の取り決めを記載したマニュアルであり，当該文書が適切に整備されていなければ，そもそもの効果的・効率的な棚卸を行うための前提が崩れてしまうような重要性の高い文書です。よって，実地棚卸要領には棚卸を行うために必要な情報が網羅されている必要があります。

1．実地棚卸要領に記載すべき項目

　以下に，一般的に実地棚卸要領に含めるのが望ましい項目を列挙します。実際に要領を作成する場面では，各社の事情に合わせて加除することが考えられます。

- 棚卸基準日
- 棚卸実施日と当日のタイムスケジュール
- 実地棚卸対象となる部門・ロケーション
- ロケーションごとの責任者・カウント実施者・チェック担当者
- 棚卸リスト/タグの取扱い
  棚卸リスト/タグの配布・回収およびコントロールの手順。リストやタグのサンプルを添付することも考えられます。
- カウントおよび記録の手順
  アイテムの種類の記録や数量の決定方法のほか，携帯デバイスの利用など特殊なカウント方法がある場合にはその利用方法の記載も含みます。

第 3 章　実地棚卸　　95

- 最初のカウントから最終のシートまたは要約表への転記および集計の方法
- 陳腐化品，破損品，滞留品の識別とその取扱い
- 外部保管在庫の確認の方法
- 棚卸実施中の荷動きがあった場合の手続
- 棚卸除外品を区分けするための方法

  除外品に貼り紙をする場合には，当該貼り紙のサンプルを添付することも考えられます。
- 棚卸差異調整の手順

ここ注意！

　実地棚卸要領は一度作成したら終わりではなく，実地棚卸の実施に関連するすべての者に対してメールやイントラネットなどの手段により周知するとともに，実際に実地棚卸要領に従って実地棚卸が行われているか否かを絶えずチェックしていくことが重要です。また，内容については毎期これを見直し，効率性や実効性を鑑みて実態と合致していない部分があれば適宜改変していく必要があります。

2．実地棚卸要領のサンプル

実地棚卸要領

1．棚卸の目的
　在庫の実地調査により期末棚卸資産残高を確定するとともに，在庫管理の維持向上を図ること。
2．棚卸基準日
　20XX年3月31日
3．棚卸実施日
　20XX年4月1日
4．棚卸対象品目
　①製品　②商品　③仕掛品　④原材料　⑤貯蔵品
5．棚卸対象ロケーション
　①○○○工場，△△△工場，□□工場
6．実地棚卸の事前準備
　①　同一品種・同一品名のものは，できる限り同一箇所にまとめて配置する。
　②　不良品はできるだけ整理しておき，棚卸基準日に残存するものは同一箇所

にまとめて配置する。

③ 外部預け品は原則として預け先より返却を受けることとするが，返却を受けることができない場合は，預り証の発行を依頼する。

④ 外部からの預り品は原則として預り先へ返却を行うこととし，返却できない場合は棚卸対象品目とは明確に区分して配置し，棚卸除外品であることがわかる貼り紙を貼付する。

⑤ 棚卸実施日の2日前までに原則として棚卸資産の入出庫を締め切る。棚卸実施日の前日に在庫システムを更新し，棚卸リストを出力する。なお，棚卸リストのコントロールシートを作成すること。

⑥ 棚卸当日にやむを得ず入出庫を行う場合には，所管の責任者の承認を得たうえで入出庫伝票を適切に保管し，入庫品については棚卸除外品として，棚卸対象品とは明確に区分して保管する。

7．実地棚卸の方法

① 実地棚卸は原則として棚番の小さいほうから順に行う。

② 実地棚卸は2人1組で行い，1名が品名・品目コード・数量等を読み上げ，他の1名がリストへの記入を行う。すべての棚のカウントが終了したら読上者と記入者を交替し，ダブルチェックを行う。

エリアごとの担当者・立会者および実施スケジュールの一覧は以下のとおり。

＜製品＞

エリア		実施者	立会者	時間	責任者
No.001	○○倉庫	△△△	□□□	9：30〜10：00	XXX
No.002	（省略）				

：

＜商品＞

エリア		実施者	立会者	時間	責任者
No.031	●●室	▲▲▲	■■■	13：00〜13：20	◇◇◇
No.032	（省略）				

：

③ リストへの記入はボールペンで行うこととし，カウントした品目のリストの該当箇所に2名とも押印を行う。書き損じがあった場合には二重線を引き，訂正印を押印したうえで正しい内容を記載する。

④ 不良品や長期滞留品を発見した時は，リストの余白にその旨を記載したう

えで棚卸責任者へ報告する。

⑤　立会者のテストカウントにおいて，カウントミスが検出された場合には棚卸実施者が再カウントを行い，適切に修正する。

8．棚卸リストの回収および集計

①　棚卸責任者は，すべてのエリア責任者から棚卸終了の連絡を受けた後，コントロールシートに従って棚卸リストの回収を指示する。

②　棚卸責任者は回収した棚卸リストの記載内容をレビューし，記載漏れの有無や，訂正入力が適切に行われているかなどをチェックする。

③　集計担当者は棚卸リストより差異分析表を作成する。差異が一定金額以上発生している品目については，再カウントを指示するなどして差異の原因分析を行う。

9．総括および報告

①　棚卸管理者は，棚卸結果を棚卸結果報告書にまとめたうえで次の資料を本社へ報告し，棚卸統括責任者の承認を得る。

(ア)　棚卸リスト

(イ)　コントロールシート

(ウ)　差異分析表

(エ)　棚卸結果報告書

第4章

原価計算

Point

- 原価計算は，外部報告目的および内部管理目的のために実施されます。
- 標準原価計算や予定価格を用いた実際原価計算を行うことで，決算を迅速化し原価管理においても有用となります。
- 原価差異が生じた場合は，適切な会計処理が必要であると同時に，発生要因を分析することが重要です。
- 材料の有償支給時には，収益認識会計基準に従った会計処理が求められる点に留意が必要です。

Q4-1 原価計算の目的

Q	原価計算はどのような目的で行われるのでしょうか。
A	原価計算の主たる目的として，財務諸表作成目的，価格計算目的，原価管理目的，予算管理目的，基本計画設定目的が挙げられます。

解 説

原価計算基準では，原価計算の目的として以下の5点が挙げられています。

(1) 財務諸表作成目的
(2) 価格計算目的
(3) 原価管理目的
(4) 予算管理目的
(5) 基本計画設定目的

(1) 財務諸表作成目的とは，企業の出資者，債権者，経営者等のために，過去の一定期間における損益ならびに期末における財政状態を財務諸表に表示するために必要な真実の原価を集計することをいいます。

　　原価計算によって，売上に対応する売上原価および期末棚卸資産残高を算定することができ，原価計算は棚卸資産会計の基礎となることを意味しています。

(2) 価格計算目的とは，製品の販売価格を計算する際に必要な原価資料を提供することをいいます。

　　原価計算によって棚卸資産に集計された原価に対し，適正な利益を上乗せするなどして販売価格を決定することができます。

(3) 原価管理目的とは，経営管理者の各階層に対して，原価管理に必要な原価資料を提供することをいいます。原価管理とは，原価の標準を設定してこれを指示し，原価の実際の発生額を計算記録し，標準と比較してその差異の原因を分析し，これに関する資料を経営管理者に報告し，原価能率を増進する措置を講ずることをいいます。

第4章　原価計算　　*101*

　　発生した原価差異は，原則として売上原価に賦課される会計処理が行われますが，その発生要因を分析することが原価管理において重要となります。

(4)　予算管理目的とは，予算の編成ならびに予算統制のために必要な原価資料を提供することをいいます。

　　原価計算によって，製造原価や売上原価の管理を行い，利益計画の策定および計画と実績との比較における基礎情報を把握できることを示しています。

(5)　基本計画設定目的とは，経営の基本計画を設定するにあたり，必要な原価情報を提供することをいいます。基本計画とは，経済の動態的変化に適応して，経営の給付目的たる製品，経営立地，生産設備等経営構造に関する基本的事項について，経営意思を決定し，経営構造を合理的に組成することをいい，随時的に行われる決定を指します。

　　原価計算は，企業が製造を行う製品の基本的事項を含め，中長期的な経営計画を策定する際にも有用であることを示しています。

ここ注意！

　原価計算制度は，財務諸表の作成，原価管理，予算統制等の異なる目的が，重点の相違はあるが相ともに達成されるべき計算の一定秩序であり，「随時断片的に行われる原価の統計的，技術的計算ないし調査ではなくて，財務会計機構と有機的に結びつき常時継続的に行われる計算体系」とされています。例えば，財務会計目的（外部報告向け）の原価計算を実施した後に，一定の基準に従い，部門別や製品別に分解した数値を管理会計目的（内部報告向け）に使用する方法などが考えられます。原価計算の外部報告目的と内部報告目的については，Ｑ4-2にて解説します。

Q4-2 原価計算の概念

Q	外部報告目的の原価計算と内部管理目的の原価計算では，どのような相違がありますか。
A	外部報告目的の原価計算は，財務会計と密接に関連し，企業外部の利害関係者に対し，法律に従った財務諸表の開示に役立ちます。 内部管理目的の原価計算は，管理会計と密接に関連し，企業の意思決定機関に対し，企業独自の計算方法による分析資料の作成に役立ちます。

解 説

1．外部報告目的

　企業は，出資者や債権者，一般投資家に対して，財務諸表を通じて企業の経営成績および財政状態を開示することが求められます。このような目的で実施される会計を，財務会計といいます。

　原価計算は，企業が財務諸表を作成するにあたり，売上に対応する売上原価の算定，期末棚卸資産残高の算定のための情報を提供します。外部報告に用いられる財務諸表として貸借対照表，損益計算書，製造原価報告書が挙げられ，これらは会社法や金融商品取引法等の法律に基づき作成されます。

2．内部管理目的

　企業は，生産活動を効率的に行うため，生産の状況を企業内部で把握し，改善していくことが必要不可欠です。このような目的で実施される会計を，管理会計といいます。

　原価計算は，製品の販売価格の決定や標準原価の設定による原価管理，予算・中期計画の策定といった意思決定に際し，生産の状況や収益性，原価差異の発生状況を分析するための情報を提供します。内部報告においては，法律で定められた規制はなく，企業の目的に応じた計算方法を採用することが可能です。

第4章　原価計算　　*103*

3．原価計算基準の一般的基準

　原価計算基準において，一般的基準として外部報告目的および内部報告目的に関する事項が挙げられています（原価計算基準「6　原価計算の一般的基準」）。内容を要約すると，以下のようになります。

【外部報告目的＝財務会計】
　原価計算は，財務諸表の作成に役立つために，
(1)　すべての製造原価要素を原価計算の対象とし，それ以外の販売費および一般管理費と区別する。
(2)　実際原価として，予定価格や標準原価による実際原価の計算を採用することも可能である。
(3)　予定価格や標準原価による場合に原価差異を適切に処理する。
(4)　これらを達成するため，原価に関する帳簿体系を確立する。

【内部報告目的＝管理会計】
　原価計算は，原価管理に役立つために，
(5)　管理責任の区分は作業区分等に基づく部門とし，原価発生の責任を明らかにする。
(6)　原価要素を機能別，直接費と間接費，固定費と変動費，管理可能費と管理不能費に区分し計算する。
(7)　原価の物量を測定表示することを重点に置く。
(8)　原価の標準は原価発生の責任を明らかにし，原価能率を判定する尺度として設定する。
(9)　原価の実績を，標準と対比しうるように計算記録する。
(10)　原価の標準と実績との差異を分析，報告する。
(11)　必要に応じて重点的，経済的に，かつ，迅速に行う。
(12)　原価の実績を，予算と対比しうるように計算記録する。

Q4-3　原価計算の種類

Q	原価計算にはどのような種類があるのでしょうか。
A	原価計算の種類として，以下の分類が挙げられます。 【目的別の分類】標準原価計算，実際原価計算 【生産形態別の分類】個別原価計算，総合原価計算 【加工形態による分類】単純総合原価計算，等級別総合原価計算，組別総合原価計算，工程別総合原価計算

解説

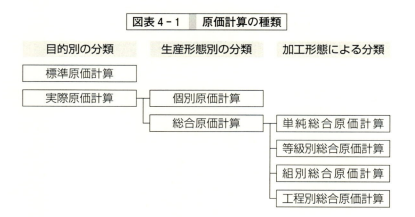

図表4-1　原価計算の種類

1．目的別の分類

(1) 標準原価計算

標準原価を用いて原価計算を行う方法です。計算結果は原価低減の目標となり，原価管理目的達成のため有用な情報を提供します。

(2) 実際原価計算

実際にかかったコストを用いて原価計算を行う方法です。実際原価の計算においては，製造原価をまず費目別に計算（費目別計算）し，原価部門別に計算

（部門別計算）し，最終的に製品別に集計（製品別計算）します。

２．生産形態別の分類

(1)　個別原価計算

　種類を異にする製品を個別的に生産する生産形態に適用される計算方法です。製品はそれぞれ個別の仕様が特定製造指図書にて定められており，それぞれの製品ごとに原価計算が行われます。

(2)　総合原価計算

　同じ製品を大量に連続して生産する生産形態に適用される計算方法です。

３．加工形態による分類

(1)　単純総合原価計算

　同種の製品を反復連続して生産する場合に適用される計算方法です。同一工場内ですべて同一製品を大量生産している場合に適しています。製造工程全体で発生した製造原価をもとに，完成品の製造原価を計算します。

(2)　等級別総合原価計算

　同一工程において同種の製品を連続生産するものの，製品の形状，大きさ等によって等級別に区分しなければならない場合に適用される計算方法です。各等級製品には重量や面積などといった等価係数が定められ，完成品の製造原価を集計する際に加味されます。

(3)　組別総合原価計算

　同じ工程や製造ラインで，異種製品を連続生産する場合に適用される計算方法です。製品の種類ごとに組をつくり，その組別に間接費の配賦計算を実施することで，完成品の製造原価を計算します。

(4)　工程別総合原価計算

　複数の製造工程を経て製品を生産する場合に適用される計算方法です。第一

工程で中間製品，第二工程で完成品が製造されるような場合に適しており，複数の工程ごとに，原材料等の投入状況を原価計算に反映させます。

Q4-4 費目別計算

Q	費目別計算とはどのようなものでしょうか。また，その計算にあたっての留意点を教えてください。
A	費目別計算とは，原価要素を費目別に分類し測定する手続です。基本構造として，原価を①材料費，②労務費，③経費，④製造間接費に分類します。留意点として，直接費と間接費の分類が挙げられます。間接費の配賦計算においては，配賦基準の選択が重要です。

解説

　一定期間における原価要素を費目別に分類し測定する手続を費目別計算といいます。原価要素の分類基準は原価計算基準「8　製造原価要素の分類基準」において規定されていますが，基本構造としては，①材料費，②労務費，③経費，④製造間接費という分類となります。原価計算上の留意点としては，直接費と間接費の分類，間接費の配賦計算における配賦基準の選択が挙げられます。

1．材料費計算

　材料費計算にあたって，まず直接材料費と間接材料費を区分します。主要材料費や買入部品費など，製品との関連を直接的に把握できる材料費が直接材料費となり，補助材料費や工場消耗品費，消耗工具器具備品費など，個々の製品とは直接的な結びつきがない材料費が間接材料費となります。

　直接材料費は材料費計算の対象となり，材料の消費量に単価を乗じることで計算されます。一方，間接材料費は「4．製造間接費計算」の対象となります。

2．労務費計算

　労務費計算にあたって，まず直接労務費と間接労務費を区分します。製造に

直接関与する直接工による労働が直接労務費となり，間接的な作業を行う間接工や総務など製造部門以外の従業員による労働が間接労務費となります。ただし，直接工による労働がすべて直接労務費となるわけではなく，直接工が実施した間接作業時間や手待時間等は間接労務費の対象となります。

直接労務費	直接工による直接作業時間（段取時間，加工時間等）
間接労務費	直接工による間接作業時間（間接作業時間，手待時間等）
	間接工，製造部門以外の従業員の労務費

　直接労務費は労務費計算の対象となり，作業時間に賃率を乗じることで計算されます。一方，間接労務費は「4．製造間接費計算」の対象となります。

3．経費計算

　経費計算にあたって，まず直接経費と間接経費を区分します。経費とは，材料費・労務費以外の原価要素をいいます。外注加工費など，製品との関連を直接的に把握できる経費が直接経費となり，減価償却費など，個々の製品とは直接的な結びつきがない経費が間接経費となります。

　直接経費は経費計算の対象となり，実際の発生額をもって計算されます。一方，間接経費は「4．製造間接費計算」の対象となります。

4．製造間接費計算

　以上1～3において，直接費に分類されなかった原価が製造間接費となります。製造間接費は個々の製品や部門との関連が直接的に把握できないため，どのような配賦基準で各製品・部門に負担させるかが重要となります。

　配賦基準とすべき指標は，製造間接費の発生と因果関係をもつものである必要があります。例えば，配賦基準として機械稼働時間を用いたとします。その場合，減価償却費のように，機械の稼働に伴って発生する製造間接費にとっては因果関係のある指標となり，実態に即した配賦計算を行うことが可能ですが，間接材料費のように，機械稼働時間とは必ずしも連動せずに発生する製造間接費にとっては，配賦計算の結果が実態を反映しないものとなります。

Q4-5 部門別計算

Q	部門別計算はなぜ必要なのでしょうか。また，その流れを教えてください。
A	部門別計算は，(1)製造間接費配賦計算の精度を高めるため，(2)原価管理責任を明確にするために必要です。 部門別計算は，第1次集計，第2次集計の流れで行われます。

解 説

1．部門別計算の目的

　製造原価を直接費と製造間接費に区分し，製造間接費について配賦計算を行う際，製造間接費は直接的に各製品との関連性がないため，配賦基準には製造間接費の発生と因果関係をもつ指標を選択することが重要です。

　しかし，工場全体で単一の配賦基準を設けて配賦計算を実施すると，各部門において考慮すべき事項を配賦計算に含めることができず，実態に即した計算が行われない可能性があります。例えば，同一工場内に切削部門と組立部門が存在する場合，切削に用いる機械の稼働時間を単一に用いて配賦計算を行うと，手作業中心の組立部門には因果関係のない配賦基準が適用されてしまいます。これでは，原価計算の主たる目的である原価管理のために，有用な情報を提供することができません。そのため，製品別計算の前段階において部門別計算を行うことで，製造間接費の配賦計算を精緻化することができます。

　また，工場全体で原価計算を実施すると，業績評価のために有用な原価管理責任が不明確となります。部門別計算を行うと，各部門にて負担する製造原価は各部門においてコントロールできる部分となり，責任の範囲内になります。また，負担すべき原価が発生した原価差異が実際にどの部門で発生しているのか，および，その原因を分析することで，各部門の管理者それぞれの原価管理状況を把握することができ，意思決定のための情報を入手することができます。

2. 部門別計算の手続

(1) 第1次集計

　製造間接費には，特定部門において直接的に発生する部門個別費と，複数部門に共通して発生する部門共通費が存在します。部門個別費を特定部門に直課し，部門共通費を複数部門に配賦することを第1次集計といいます。

　例えば，特定部門に配属された工具の労務費はその部門の部門個別費として直課され，複数部門に関与している監督者の労務費は，部門間接費として配賦計算されます。

(2) 第2次集計

　第1次集計においては，製造部門と補助部門を分けることなく，個別費の直課と共通費の配賦を行います。第2次集計においては，補助部門に集計された補助部門費を製造部門に配賦します。

　配賦計算においては，それぞれの補助部門が供給するサービス量を配賦基準とし，関連する製造部門に負担させることで実施します。

図表4-2　部門別計算の流れ

第1次集計

		労務費	配賦計算（監督者の労働時間（合計140時間）を配賦基準とする）
A製造部門	A作業員	240,000 ◀	200,000（100時間…280,000×100時間/140時間）
B製造部門	B作業員	220,000 ◀	60,000（ 30時間…280,000× 30時間/140時間）
C補助部門	C作業員	200,000 ◀	20,000（ 10時間…280,000× 10時間/140時間）
	監督者	280,000	

第2次集計

第1次集計後	部門費	配賦計算（C補助部門によるサービス提供書（合計220kg）を配賦基準とする）
A製造部門	440,000 ◀	100,000（100kg…220,000×100kg/220kg）
B製造部門	280,000 ◀	120,000（120kg…220,000×120kg/220kg）
C補助部門	220,000	

110

Q_{4-6}　標準原価計算

Q	標準原価計算を導入するメリットを教えてください。
A	標準原価計算によって，(1)原価管理，(2)財務諸表作成，(3)予算編成に有用な情報を入手しつつ，(4)記帳手続の簡便化・迅速化を達成することができます。

解　説

　標準原価計算とは，目標とすべき原価標準を設定し，これに基づき製品原価（標準原価）を計算する方法をいいます。実際原価計算とは，財貨の実際消費量をもって製品原価（実際原価）を計算する方法をいいます。

　標準原価計算では，あらかじめ定めた原価標準を用いて原価計算を行い，実際原価との比較および差異の分析を実施します。

　標準原価計算を導入することによるメリットとして，以下が挙げられます。

1．原価管理を効果的に行うための有用な情報を提供する。
2．真実の原価として，財務諸表数値算定の基礎となる。
3．予算編成において信頼しうる基礎を提供する。
4．記帳の簡便化，迅速化に貢献する。

1．原価管理目的

　原価計算基準では，この原価管理目的が標準原価計算の最も重要な目的とされています。

　標準原価は，目標とすべき原価標準であるため，現場責任者や作業員に対して作業の目標水準を伝達し，モチベーションとして働きかけるために用いられます。また，製造活動が進行するにつれて，目標と実績がどれだけ乖離しているかを確かめることで，現場管理や改善策の立案に貢献します。最終的には，標準原価と実際原価の差額である原価差異を分析することによって，経営者の意思決定に有用な情報を提供します。また，各現場責任者の業績評価の指標と

して用いることも可能です。

2．財務諸表作成目的

　財務諸表において，棚卸資産や売上原価の金額を算定することが求められますが，標準原価計算はこれに必要なデータを提供します。標準原価計算に基づいて計算された棚卸資産や売上原価の金額は，適切な原価差異の処理を条件に，原価計算基準において「真実の原価」として認められています。

3．予算編成目的

　目標水準としての標準原価を基礎として，予算を編成することができます。当該予算に対して実績との比較を実施する際には，原価差異の分析と同様に各原価要素ごとの要因を把握することができます。

4．記帳手続の簡便化・迅速化目的

　実際原価計算を行う場合は，財貨の実際消費量および実際の価格の情報収集には時間を要するため，集計を待つことで決算の遅延に影響するおそれがありますが，標準原価計算を行うことで記帳手続を迅速に行うことができます。

> ここ注意！
>
> 　標準原価計算には上述のようなメリットが存在する一方，製品のライフサイクルが短縮化されている場合や多品種少量生産の場合は，原価標準の改訂頻度が増加し，原価差異の分析に要する時間が増加するなど，デメリットも存在することに留意が必要です。

Q4-7 原価差異

Q	予定価格を採用する意義を教えてください。また，発生する原価差異にはどのようなものがあるのでしょうか。
A	予定価格を採用することによって原価計算の迅速化，原価管理目的に貢献します。 発生する原価差異は，各費目ごとに下記が挙げられます。 材料費：材料副費配賦差異，受入価格差異，消費価格差異 労務費：賃率差異 製造間接費：製造間接費配賦差異

解 説

1．予定価格を採用する意義

　実際原価計算において，財貨の実際消費量に乗じる単価には予定価格を用いることができます。実際原価の算定において，実際価格による支出額の集計には時間を要するため，集計を待つことで決算の遅延に影響したり，迅速な意思決定ができない状況になりかねません。

　そのため，実務上は将来の一定期間における実際価格を予想することによって定めた単価（予定価格）を用いて実際原価を計算することが有用です。そのうえで，予定価格と実際価格との間に生じた差異を適切に会計処理に反映し，差異の要因を分析することが求められます。

　また，予定価格の採用により，原価の増減によって消費能率の良否を把握することが可能になります。例えば，材料費の発生額が増加している場合，予定価格を採用していれば，市場価格変動など外的要因の影響が排除されるため，消費能率の悪化が材料費の増加に影響しているということがわかります。実際価格を採用している場合，材料仕入価格の上昇が原価差異に影響している可能性があるため，消費能率の良否を把握するには，当該影響を排除したうえで原価管理を行うことが必要になります。

第4章　原価計算　　*113*

２．発生する原価差異の種類

　予定価格を採用した実際原価計算を実施した場合，実際原価は「予定価格×実際消費量＝実際原価」という算式により計算されます。そのため，実際価格に基づく実際原価「実際価格×実際消費量＝実際原価」との間に差異が生じます。

⑴　材料費に関する原価差異

　材料に対して予定価格を採用した際に，主に３つの原価差異が発生します。

①　材料副費配賦差異

　材料の購入時には，購買代価以外のコストである材料副費が発生します。この材料副費を予定配賦率によって算定し材料の購入原価に加算することで生じる差異を「材料副費配賦差異」といいます。外部からの請求書や検収部門の原価集計に時間がかかることもあり，原価計算基準において当該予定配賦率の使用が認められています。

②　材料受入価格差異

　材料副費も加えた材料の受入価格を予定価格等で計算する際には，実際発生額との差額が材料受入価格差異として生じます。

③　材料消費価格差異

　材料を各製造部門に払い出すときの消費価格に予定価格等を採用した際に生じる原価差異を，材料消費価格差異といいます。

⑵　労務費，製造間接費に関する原価差異

　直接労務費を予定賃率をもって計算した際には，実際の賃金との差額は賃率差異として認識されます。

　製造間接費を予定配賦率をもって計算した際には，実際発生額との差額は製造間接費配賦差異として認識されます。

Q4-8 評価損の製造原価算入

Q	製造過程で，保有する棚卸資産の収益性が低下した場合，製造原価に算入する必要があるでしょうか。
A	製造過程で不可避的に生じた場合は，製造原価として処理します。 臨時的な要因で発生した場合は，売上原価として処理します。 臨時的な要因，かつ，発生額が多額の場合は，特別損失として処理します。

解 説

1．製造過程で不可避的に生じた場合

　製造過程で保有する棚卸資産の収益性が低下して簿価を切り下げる場合において，その発生が不可避的に生じたと考えられる場合は，製造原価として処理します（棚卸資産会計基準17）。

　製造過程で棚卸資産の物質的・機能的な劣化が生じた場合，正常品として販売することができないため，簿価の切下げが必要となります。例えば，ガラス製品の製造を行う場合は，ひび割れが生じた等，毀損したものについては販売できません。再度原材料として投入する場合であっても，毀損までに投下した原価は回収不能となります。

　また，精密部品の製造では，検査段階で品質条件を満たさない場合は販売できず処分することが多いと考えられます。その他の製造業についても，原材料を一定量常備した結果，品質劣化が生じ取得価額を切り下げる場合や，製造した製品が毀損した場合には簿価切下げが必要となります。

　このようなケースで生じる簿価切下額は，その発生が不可避的であり毎期経常的に発生する場合は，正常品が負担することになります。すなわち，簿価の切下げが必要になった棚卸資産に集計された原価は，原価計算の計算過程で製造原価に含められ，正常品の取得原価に含められます。

2．臨時的な事象により生じた場合

　上述のように，製造原価に含められるべき原価は不可避的に生じるものであ

ることが前提であるため，臨時的な事象により発生したと考えられるものは，売上原価で処理することになると考えられます。すなわち，毎期経常的に生じる性質のものについては，不可避的に発生する範囲を超えない場合は製造原価として処理しますが，機械の故障等により臨時に棚卸資産の物質的劣化が生じた場合は，製造原価に含めず，売上原価で処理を行うことが適切と考えられます。

　また，棚卸資産の簿価の切下げが臨時的に発生し，かつ，その発生額が多額の場合は，特別損失に計上することも検討します。

　ただし，棚卸資産の簿価の切下げが製造工程で経常的に発生している場合であっても，重要性がない場合には売上原価で一括して計上することができると考えられます。

図表 4 - 3　　評価損の原価算入

製造工程で生じる収益性の低下に基づく棚卸資産の簿価切下げ	経常的	不可避的		製造原価	・製造過程で経常的に生じる仕損 ・原材料保有に伴う物質的劣化　等
	臨時的	不可避的ではない	重要性なし	売上原価	・事業部門の統廃合に伴う廃棄 ・天災による棚卸資産の毀損　等
			重要性あり	特別損失	

ここ注意！

　製造原価に含める棚卸資産の簿価切下げは，原価計算方法との関係で検討すべき事項である点に留意が必要です。棚卸資産の簿価切下額の処理区分を変更する場合には，棚卸資産の簿価切下額の配賦方法について，負担すべき部門または製品群の検討，計算のロジック等の検討を併せて行う必要があります。

116

Q4-9　原価差異の会計処理

Q	原価差異の会計処理はどのように行うのでしょうか。
A	原価差異は，原則として当年度の売上原価に賦課します。 材料受入価格差異は，材料の払出高と期末在高に賦課します。 比較的多額な原価差異が発生した場合は，売上原価と期末在高に賦課します。 標準原価計算において，数量差異，作業時間差異，能率差異等であって異常な状態に基づくと認められるものは，非原価項目として処理します。

解説

　原価差異とは，原価計算によって発生する以下のような金額のことをいいます。

1．実際原価計算制度において，原価の一部を予定価格等をもって計算した場合における，原価と実際発生額との差額
2．標準原価計算制度における，標準原価と実際発生額との差額

　原価差異の会計処理は，原価計算の種類および原価差異の発生要因によって異なります。

1．実際原価計算における原価差異の会計処理

　原価差異は，材料受入価格差異を除き，原則として当年度の売上原価に賦課します。

　材料受入価格差異については，当年度の材料の払出高と期末在高に賦課します。この場合，材料の期末在高については，材料の適当な種類群別に配賦計算を行います。すなわち，A材料において発生した受入価格差異は，A材料の払出高と期末在高に，B材料において発生した受入価格差異は，B材料の払出高と期末在高に，それぞれ配賦計算を行います。

　予定価格が不適当なため，比較的多額の原価差異が生じた場合，直接材料費，

第4章　原価計算　　*117*

直接労務費，直接経費および製造間接費に関する原価差異の処理は，次の方法によります。

(1)　個別原価計算の場合，以下の方法のいずれかによります。

①　当年度の売上原価と期末における棚卸資産に指図書別に配賦

②　当年度の売上原価と期末における棚卸資産に科目別に配賦

(2)　総合原価計算の場合，当年度の売上原価と期末における棚卸資産に科目別に配賦します。個別原価計算のように指図書別の管理は行われないため，科目別に配賦することとされています。

2．標準原価計算における原価差異の会計処理

数量差異，作業時間差異，能率差異等であって異常な状態に基づくと認められるものは，非原価項目として処理します。それ以外については，原価差異はすべて実際原価計算制度における処理の方法に準じて処理します。

3．税務上の処理との相違

税務上において求められる原価差異の処理については，**Q4-11**にて解説を行っているため，そちらを参照してください。

> **ここ注意！**
>
> 標準原価の勘定記入方法には，大きく分けてシングルプランとパーシャルプランが存在します。シングルプランは，各費目（材料費・労務費・製造間接費）の勘定において標準原価差異が認識される方法であり，パーシャルプランは，仕掛品勘定において標準原価差異が認識される方法です。両者いずれの方法を用いても，上述の会計処理方法については相違ありません。

Q4-10 材料支給の会計処理

Q	材料支給における有償支給と無償支給の相違や税務上の取扱いを教えてください。
A	有償支給と無償支給は，材料支給時，完成品買戻時，代金決済時の処理が異なります。 有償支給は，消費税の課税対象取引となります。

解説

1．有償支給と無償支給

製品に特殊な加工技術を要する場合や，多種多様な材料を調達する必要がある場合，量産体制を持つ専門他社のほうが有利に加工できる場合には，材料加工作業の一部を外部企業に委託するケースがあります。このような外注加工の形態は，有償支給，無償支給の2つに大別されます。

有償支給とは，外注加工の対象となる材料等を有償で外注先に支給する方法です。対象となる材料等の手配は支給元が行い，材料等の原価または一定の差額を上乗せした価格で外注先に支給し，加工賃を上乗せした価格で完成品を買い戻します。

無償支給とは，外注加工の対象となる材料等を無償で外注先に支給する方法です。外注先より完成品を買い戻す際は，加工賃のみを支払います。

2．収益認識会計基準による会計処理の見直し

企業会計基準第29号「収益認識に関する会計基準」（以下「収益認識会計基準」といいます）は，IFRS第15号「顧客との契約から生じる収益」を踏まえ，収益認識に関する包括的な会計基準として公表されました。令和3年4月1日以後開始する事業年度の期首から原則適用されます。

従来より，我が国では収益認識に関する包括的な会計基準が開発されておらず，有償支給取引についても，支給時において支配の移転を認識し在庫をオフバランスし，売上を計上しているケースが存在していました。また，当該収益

第4章　原価計算　　*119*

の認識に関連する会計不正が行われていた事例も存在します。

　今後，収益認識会計基準を適用する場合は，有償支給取引については当該基準に従った会計処理を行うよう，見直しが必要です。

3．会計処理

(1)　有償支給

　収益認識会計基準では，収益を認識するための5ステップが図表4-4のとおり定められています。

図表4-4　収益を認識するための5ステップ

ステップ1 契約の識別	ステップ2 履行義務の 識別	ステップ3 取引価格の 算定	ステップ4 履行義務に 取引価格を 配分	ステップ5 履行義務 充足により 収益を認識

　有償支給取引において，ステップ5「履行義務充足により収益を認識」の観点から，材料等の支給時に収益を認識すべきか否かが論点となります。

　設例を用いて会計処理を解説します。

設例 4 - 1　有償支給

前提条件

- A社（支給元）とB社（支給先）における製品Xの購入契約。
- A社は，A社が製造した部品Y（帳簿価額600千円）をB社に1,000千円で有償支給し，加工後の製品Xを1,500千円でB社から購入。
- B社は，部品YをA社に供給する製品Xの製造にしか使用できない。
- 部品Yについて，B社が検収した時点で，当該支給部品に対する所有権および危険負担は，A社からB社に移転。
- 有償支給した時点でA社には法的な債権が生じ，同時にB社は法的な債務を負う。
- A社からB社への部品Yの有償支給に係るA社の債権は，製品Xの納入月の翌月末日に決済。
- B社からA社への製品Xの納入に係るA社の債務は，製品Xの納入月の末日に決済。
- 製品Xの納入時点において，製品Xに組み込まれた支給部品Yの価格は，支給時の価格と同額。

会計処理

　A社は，B社より加工した製品Xを購入することにより，製品Xに組み込まれた支給部品Yの全量を取得するため，当該契約は実質的に買戻契約に該当し，B社が当該支給部品Yの使用を指図する能力や当該支給部品Yから残りの便益のほとんどすべてを享受する能力が制限されていることから，A社からB社に支給部品Yの支配は移転していないと判断されます。支配が移転していないため，支給時においてA社の在庫はオフバランスされません。取引イメージおよび会計処理は以下のとおりです。

図表 4 - 5　　有償支給取引イメージ

支給元 A社	部品Yを1,000（簿価600）で有償支給 →	支給先 B社
	← 加工後の製品Xを1,500で購入	

第4章 原価計算 *121*

＜材料支給時＞

（借）	未 収 入 金	1,000	（貸）	有償支給取引に係る負債	1,000

＜完成品買戻時＞

（借）	棚 卸 資 産	500	（貸）	買 掛 金	1,500
	有償支給取引に係る負債	1,000			

＜代金決済時＞

（借）	買 掛 金	1,500	（貸）	未 収 入 金	1,000
				現 金 預 金	500

ここ注意！

　譲渡された支給品は，物理的には支給先において在庫管理が行われているため，企業による在庫管理に関して実務上の困難さがある点が指摘されており，この点を踏まえ，個別財務諸表においては，支給品の譲渡時に当該支給品の消滅を認識することができることとされています。なお，その場合であっても，支給品の譲渡に係る収益と最終製品の販売に係る収益が二重に計上されることを避けるために，当該支給品の譲渡に係る収益は認識しないことが適切と考えられています（収益認識適用指針104，181）。

(2) 無償支給

　無償支給の場合，支給元は外注先の加工賃に対して仕入計上を行い，外注先は加工賃のみを支給元に対し売上計上することになります。外注先にとっては，有償支給材料等の全量を加工後に売り戻すことが予定されており，また，有償支給材料等の価格変動リスクを負っていないため，リスク負担の観点から，加工代相当額のみを純額で収益に計上することになります。支給元においては，支給対象の材料等は有償支給の場合と同様に支配の移転が認められず，在庫のオフバランスもされません。

4．税務上の留意点（有償支給）

消費税法において，有償支給による材料支給取引は「対価を得て行う資産の譲渡」に該当するため，課税売上取引となり，完成品の納入取引は課税仕入取引となります。ただし，有償支給元がその支給に係る材料等を自己の資産として管理しているときは，その材料等の支給は，資産の譲渡に該当しないとされています（消基通5－2－16）。

Q4-11 税務上の留意事項

Q	原価計算における税務上の論点を教えてください。
A	税務上，適正な原価計算の結果を棚卸資産に集計する必要があります。原価差額は，一部例外を除き，調整計算が求められます。

解 説

1．税務上の棚卸資産の取得価額

税務上，自己の製造等に係る棚卸資産の取得価額は，(1)当該資産の製造等のために要した原材料費，労務費および経費の額，(2)当該資産を消費し，または販売の用に供するために直接要した費用の額，の合計額とされています（法令32Ⅰ②）。すなわち，通常の原価計算による取得価額の算定が求められています。

また，税務上，原価差額のうち期末棚卸資産に対応する金額については，その評価額に加算する必要があります（法基通5－3－1）。すなわち，原価計算において予定価格等を用いている場合，発生する原価差異については税務上も適切な配賦計算が必要となります。

このように，税務上においても通常の原価計算の結果が期末棚卸資産残高に反映されることになりますが，原価の集計漏れなどがあった場合，期末棚卸資産が過小となり，費用（損金）が過大に計上されることになります。適正な税務申告のため，上記に示した原価の集計をもれなく実施し，損金が過大とならないよう留意する必要があります。

２．原価差額の調整が不要な場合

　税務上，適正な原価計算に基づいて取得価額が算定されているときは，その原価の額に相当する金額をもって取得価額とみなす規定が設けられています（法令32Ⅱ）。すなわち，原価計算が適正であれば，原価差益は益金の額に算入され，原価差損は損金の額に算入され，期末の棚卸資産に配賦されないことになります。

　また，原価差額が少額（その製造費用の概ね１％以内）であるときは，その計算を公開した明細書を確定申告書に添付することにより，原価差額の調整を行わないことができるものとされています（法基通５－３－３）。原価差額が少額かどうかについては，事業の種類ごとに判定することとなりますが，法人が製品の種類別に原価計算を行っている場合には，継続して製品の種類の異なるごとにその判定を行うことができます（同５－３－３（注））。

　材料受入価格差異について，原価計算基準では，配賦計算にあたり材料の適当な種類群別に配賦することが規定されています。一方，税務上においては，種類群別に配賦することまでは求めず，期末原材料棚卸高に対応する部分の金額を個々の資産に配賦せずに一括して処理することを認めています（同５－３－８）。

ここ注意！

　法人税基本通達において，原価差額の簡便調整方法が認められています。すなわち，法人が各事業年度において生じた原価差額を仕掛品，半製品および製品の順に調整することをしないで，その原価差額を一括し，以下に掲げる算式により計算した金額を期末棚卸資産に配賦したときは，これを認めるものとされています（同５－３－５）。

（算式）

$$原価差額 \times \frac{期末の製品，半製品，仕掛品の合計額}{売上原価＋期末の製品，半製品，仕掛品の合計額}$$

Q4-12　内部管理体制(1)　原価計算プロセスにおける留意事項

Q　原価計算プロセスにおいて存在するリスクと，内部統制構築のためのポイントを教えてください。

A　原価計算プロセスにおいて，1．作業時間の集計・原価の付替え，2．直接費と間接費の区分，3．製造間接費の配賦基準の選択，4．原価計算方法の選択が内部統制上のポイントとなります。

解　説

1．作業時間の集計・原価の付替え

　費目別計算のうち材料費や経費については，各製造指図書において使用されるものが特定されているため，比較的集計を誤るリスクは低いと考えられます。一方，製造活動を行った作業員の労務費については，各案件に対して実際に作業を行った時間の集計を誤るリスクが高いと考えられます。

　1人の作業員が1日に複数の案件に関する直接作業を行った場合，例えばA案件に何時間，B案件に何時間という集計が曖昧になってしまう傾向にあります。また，各案件に集計された労務費について，利益率の平準化のため，採算の悪い案件に集計した作業時間を事後的に採算の良い案件に付け替え，収益性の判断を意図的に歪める可能性もあります。

　作業時間の集計を誤らないためには，作業時間票を整備し，案件ごとの作業時間を日次で報告・承認する体制を構築することが考えられます。また，案件ごとの工数管理システムの導入により，人為的な集計ミスを低減することも可能です。原価の付替処理そのものについては，実際に時間集計の誤りがあった場合などに必要な処理であるため，一律に禁止することは望ましくありません。リスクを軽減するため，意図的な付替えではないことを責任者が承認しなければ付替えができない体制を構築する必要があります。異常な原価の付替えをモニタリングするため，各案件の利益率を比較することも有用ではありますが，意図的な原価の付替えは通常，上述のように異常な利益率の平準化に用いられることが少なくありません。そのため，日頃から案件ごとの利益率を把握し，

予想利益率と実際利益率の比較などによって異常性を把握する視点が重要です。

２．直接費と間接費の区分

　費目別計算において，直接費と間接費を区分し，間接費については配賦計算を行う必要がありますが，当該区分を誤ることでその後の原価計算を誤るリスクが存在します。区分を誤らないために，原価計算規程において原価要素分類表や勘定科目体系を定めて周知徹底を図ることや，原価計算資料において区分が正しく行われていることを責任者が承認する体制の構築が必要です。

３．製造間接費の配賦基準の選択

　製造間接費の配賦計算において，配賦基準の選択を誤ることにより配賦計算が不適切となるリスクが存在します。配賦基準とすべき指標は製造間接費の発生と因果関係をもつ指標とし，実態に即した負担をさせることが必要です。原価計算規程において配賦基準を定めることや，環境の変化に応じて適時に見直しを行う体制を構築することで，配賦基準の選択を誤るリスクを軽減することができます。

４．原価計算方法の選択

　原価計算の方法は，各生産形態によって異なり，適切な方法を選択する必要があります。個別受注に基づく生産形態の場合は個別原価計算，大量生産の場合は総合原価計算，また，等級別や組別，工程別の総合原価計算をそれぞれの形態に応じて選択することで，適正な原価計算を実施することができます。

Q4-13　内部管理体制(2)　原価差異分析

Q	多額の原価差異が発生した場合，どのような対応が求められるでしょうか。
A	多額の原価差異については，発生要因ごとに異なる会計処理を行う必要があります。 原価管理の観点から，原価差異の分析や標準単価の見直しを適時に検討することが求められます。

解 説

　多額の原価差異が生じた場合は，1．発生要因に基づく会計処理が求められます。また，2．原価差異の発生要因を分析する必要があり，3．標準単価が不適切な可能性があるため，適時に見直しを行う必要があります。

1．会計処理上の留意点

　通常の原価差異は，原則としてその全額を売上原価に賦課します。ただし，標準価格が不適当だったために比較的多額の原価差異が生じたと認められる場合は，当年度の売上原価と期末棚卸資産に配賦します。また，数量差異，時間差異，能率差異等で異常な状態に基づく多額の原価差異が発生したものと認められる場合は，非原価項目として処理します。詳細は，Q4-9にて解説をしています。

2．原価差異の発生要因の分析

　1で述べたように，原価差異の発生要因によって会計処理が異なるため，どのような要因で原価差異が発生したかを分析する必要があります。また，差異発生の原因は何か，能率の良否はどうだったか，それに対する責任者は誰か，回避可能な要因であったか否か，などを明確にすることで，原価管理の改善策を講じることができるようになるため，原価差異の分析は原価管理目的において非常に重要となります。

(1) 直接材料費差異の分析

直接材料費差異は，価格差異と数量差異に分けて分析を行います。

図表 4 - 6　直接材料費差異分析

【直接材料費差異】

価格差異 （@300－@310）×1,050kg＝△10,500 円	
標準原価 @300×1,000kg＝300,000円	数量差異 @300円×（1,000kg－1,050kg） ＝△15,000円

実際価格@310円

標準価格@300円

標準消費量
1,000kg

実際消費量
1,050kg

実際原価
@310×1,050kg＝325,500円

直接材料費差異：△25,500円 ｛ 価格差異△10,500円
数量差異△15,000円

価格差異の要因としては，購買先の選定を誤った場合などが考えられます。購買部門は，より合理的な価格で調達が可能な購買先を選定する必要が生じます。一方，例えば市場全体における価格変動が要因であった場合，購買部門は購買先の選定を変更するのではなく，市況の分析が重要な課題となります。

数量差異の要因としては，作業工程における不能率などが考えられます。作業中に作業員が多くの仕損品を発生させた場合や，製造機械の不具合が生じたことなどが要因となるため，発生要因の分析と対策が必要です。

(2) 直接労務費差異の分析

直接労務費差異は，賃率差異と時間差異に分けて分析を行います。

賃率差異の要因としては，時給の高い作業員が増加したことによる平均賃率の上昇などが考えられます。賃率の上昇を防ぐため，正社員とパート・派遣社員のバランスなど作業員構成の決定が重要となります。

128

図表 4 - 7　　直接労務費差異分析

【直接労務費差異】

実際賃率@850円

賃率差異 （@800－@850）×370h＝△18,500 円	

標準賃率@800円

標準原価 @800×350h＝280,000円	時間差異 @800円×（350h－370h） ＝△16,000円

標準時間　　　　　　　　　　　　実際時間
350h　　　　　　　　　　　　　　370h

実際原価
@850×370h＝314,500円

直接材料費差異：△34,500円 $\left\{\begin{array}{l}\text{賃率差異△18,500円}\\\text{時間差異△16,000円}\end{array}\right.$

　時間差異の要因としては，能率の悪化による作業時間増加などが考えられます。作業能率向上のため，技術指導の実施や熟練工の配置などの対策が必要となります。

(3)　製造間接費配賦差異の分析

　製造間接費配賦差異は，予算差異，変動費能率差異・固定費能率差異，操業度差異に分けて分析を行います。

　予算差異は，実際操業度のもとで，実際発生額が予算許容額をどれだけ上回ったかを示しています。要因としては，消耗品などの経費の浪費が考えられるため，発生要因の把握と分析が必要となります。

　能率差異は，標準となる操業度に対して実際の操業度がどれほどであったかを示しています。変動費能率差異は，作業能率によって発生するものであり，不利差異の発生要因としては作業員の技術不足等が挙げられます。固定費能率差異は，固定的に発生する費用であるため，短期的な要因で発生するものではなく，工場の設備投資過多などが要因として考えられます。

　操業度差異は，基準操業度に対する実際操業度水準の高低による固定製造間

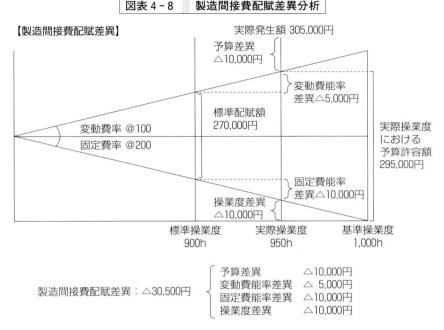

接費配賦額の過不足を表す差異です。固定費能率差異と同様に，短期的な要因で発生するものではなく，需要動向の変化による工場の設備投資過多や設備運転状況に基づく生産量の変化などが要因として考えられます。

3．標準単価の見直しの検討

　以上のように原価差異の発生要因を分析した結果，標準単価の設定自体が不適切であることにより原価差異が発生したと判断されることがあります。標準原価は，財貨の消費量について科学的・統計的調査に基づいて算定する必要がありますが，内外の企業環境が目まぐるしく変化する昨今において，実務上常に適正な標準単価を維持することは非常に困難です。そのため，原価差異の分析に際し標準単価を見直し，適正な水準を維持できるような管理体制の構築が求められます。

Q4-14 内部管理体制(3) 規程の整備

Q	原価計算規程を作成する際に，どのような点に留意すればよいのでしょうか。
A	適正な原価計算を継続的に実施できるよう，一般的事項から各計算要素の定義，詳細な計算方法までを規定する点に留意が必要です。

解 説

製造活動を行う企業において，適正な原価計算を継続的に行うために，原価計算規程を整備することが重要です。原価計算規程を作成するにあたって，項目として定めるべきと考えられる事項および留意点は下記のとおりです。

1．原価計算の目的と一般的事項

原価計算の必要性を周知するため，原価計算の目的を記載することが一般的です。原価計算基準に記載された目的を基礎とし，各社特有の事項があれば付記することが考えられます。

また，一般的事項として，原価計算に用いる原価（標準原価，予定原価，実際原価）や原価計算方法，原価計算の期間（月次，半期，年次）を規定します。標準原価や予定原価を採用している場合は，数値の見直しを検討する頻度についても記載することが考えられます。

2．費目別計算に関する事項

費目別計算を適切に実施するため，原価要素の分類や計算方法を規定する必要があります。材料費計算については，購入原価に含めるべき付随費用の定義を設けることで，取得価額の算定を適切に行うことができます。労務費計算については，時間外手当や賞与，退職給付費用をどのように原価計算の期間に割り当てるかを定めることが有用です。経費計算については，支払経費や測定経費の計算方法を定めることが考えられます。

また，いずれの費目においても，直接費と間接費の区分に関する原価要素の

分類について定義することが必要です。労務費については，直接作業時間と間接作業時間の区分に関する定義も定めておく必要があります。

３．部門別計算に関する事項

　部門別計算にあたって，各原価部門とその職制区分を規定することが考えられます。これは，原価責任の明確化や製造間接費配賦計算の精緻化に役立ちます。また，部門個別費と部門共通費の定義，部門共通費および補助部門費の配賦基準および配賦方法を規定します。

４．製品別計算に関する事項

　製品別計算として，個別原価計算や総合原価計算（単純，等級別，組別，工程別総合原価計算）などさまざまな計算方法が存在するため，企業が採用した計算方法について定めることが求められます。総合原価計算においては，完成品総合原価と期末仕掛品原価の算定方法についても記載します。

５．その他記載事項

　その他の記載事項として，非原価項目の定義や原価差異の計算方法，会計処理，分析に関する事項を定めることが考えられます。

ここ注意！

　原価計算制度は，財務会計と有機的に結びつく計算体系であるため，会計基準の改正等があった場合は，原価計算規程についてもその都度見直しの必要性について確認する必要があります。例えば，日本基準とIFRSでは，原価計算の観点で差異が存在しています。詳細は，巻末付録①「IFRSとの差異一覧」をご参照ください。

第 5 章

在庫評価

Point

1. 概　要
   - 棚卸資産の簿価の切下げにより，企業の財政状態および経営成績に関する情報をより適時かつ適切に提供することが可能となります。
2. 会計処理
   - 棚卸資産の簿価の切下げは，原則として市場価格に基づき算定されます。
   - 再調達原価のほうが把握しやすく，正味売却価額が当該再調達原価に歩調を合わせて動くと想定される場合，再調達原価を採用することができます。
3. 内部管理体制
   - 資産の収益性低下の種類ごとに異なるため，それぞれの種類に分けて整理する必要があります。
   - 決算時に検討するのではなく，決算前に規程を整備しておく必要があります。

Q5-1 棚卸資産の評価の趣旨

Q	棚卸資産の簿価切下げはなぜ必要なのでしょうか。
A	企業の財政状態および経営成績に関する情報をより適時かつ適切に提供するためです。

解 説

　従来，我が国において，適正な期間損益計算の観点から，棚卸資産の原価を当期の実現収益に対応させることが望ましいと考え，棚卸資産は原則として原価法により評価されてきました。しかし，現在の棚卸資産会計基準では，収益性の低下により投資額の回収が見込めなくなった場合には，帳簿価額を切り下げるべきと考えています。

　これは，棚卸資産の収益性が当初の予想よりも低下した場合，回収可能な額まで帳簿価額を切り下げることにより，財務諸表利用者に適時かつ適切な情報提供を可能にするためです。これにより，過大な帳簿価額を減額し，将来に損失を繰り延べることがなくなります。

　基本的に，各資産の会計処理は投資の性質に対応して定められていると考えられることから，収益性の低下の有無についても図表5-1のように，投資が回収される形態に応じて判断する必要があります。これにより，企業の財政状態および経営成績に関する情報をより適時かつ適切に提供することが可能となります。

図表5-1　各資産と投資の性質

棚卸資産	販売目的で保有されており，販売による投下資本の回収を目的とする。
固定資産	生産等に使用する目的で保有されており，利用による投下資本の回収を目的とする。
金融資産	契約に基づく市場価格の変動等により利益を得ることを目的として保有されており，市場価格の変動等による投下資本の回収を目的とする。

第5章　在庫評価　*135*

図表5-2　棚卸資産を取り巻く市場

ベンダー　➡　企業　➡　顧客

購買市場　　　　　　売却市場

　棚卸資産を取り巻く市場には，大きく購買市場と売却市場があります（図表5-2参照）。購買市場とは当該資産を購入する場合に企業が参加する市場をいい，売却市場とは当該資産を売却する場合に企業が参加する市場をいいます。棚卸資産の収益性は，原則として，売却市場における時価に基づき判断されます。

> **ポイント**
> 　棚卸資産の簿価切下げにより，企業の財政状態および経営成績に関する情報をより適時かつ適切に提供することが可能となります。

Q5-2　損益計算書上での表示区分の考え方

Q	簿価切下額の損益計算書上の表示区分はどこでしょうか。
A	通常の販売目的の棚卸資産の場合，簿価切下額は原則として売上原価または製造原価に表示されます。 トレーディング目的の棚卸資産の場合，簿価切下額は売上高に純額で表示されます。

解説

　簿価切下げが生じた場合，通常，企業では以下の仕訳を起票します。

> （借）　棚卸資産評価損　　　×××　　（貸）　棚　卸　資　産　　　×××

　この場合の棚卸資産評価損の表示区分は，棚卸資産の保有目的により異なります。棚卸資産の保有目的には，大きく通常の販売目的とトレーディング目的

が存在します。

1. 通常の販売目的

通常の棚卸資産は売却を目的とするため，棚卸資産の評価は収益性に基づき，原則として売価の低下が収益性の低下を示します。

原則	売上原価または製造原価に表示
例外	臨時かつ巨額の場合，特別損失に表示

以上に基づき，棚卸資産の簿価切下額の表示区分は図表5-3のようにまとめられます。詳細はQ6-2を参照ください。

図表5-3　　棚卸資産の簿価切下額の表示区分

収益性の低下に基づく棚卸資産の簿価切下げ	経常的	不可逆的		製造原価	・製造工程で経常的に生じる仕損 ・原材料保有に伴う物質的劣化　等
	臨時的	不可逆的ではない	重要性なし	売上原価	・事業部門の統廃合に伴う廃棄 ・天災による棚卸資産の毀損　等
			重要性あり	特別損失	

2. トレーディング目的

トレーディング目的の棚卸資産は，加工や販売の努力を行うことなく，市場価格の変動等により利益を得ることを目的として保有しており，期末の市場価格との差が収益性の変動を示します。詳細はQ6-6を参照ください。

原則	純額で売上高に表示
例外	重要性が乏しい場合は営業外収益または営業外費用に表示

Q5-3　棚卸資産のグルーピング

Q	棚卸資産のグルーピングは，どのような単位で行いますか。
A	グルーピングは，投資の成果を適切に把握できる単位で行われます。

解説

　グルーピングは，投資の成果を適切に把握できる単位で行われます。通常，投資の成果は個別品目ごとに確定することから，収益性の低下を判断し，簿価切下げを行う単位も，原則として個別品目単位とされています。

　しかし，以下のような場合は，複数の棚卸資産を一括りとした単位で行うほうが投資の成果を適切に示すことができると考えられています。ただし，複数の棚卸資産を一括りとした単位で評価する場合，含み益と含み損が相殺され，含み損が小さくなる可能性があるため，慎重に検討する必要があります。

(1) 補完的な関係にある複数商品の売買を行っている企業において，いずれか一方の売買だけでは正常な水準を超えるような収益は見込めないが，双方の売買では正常な水準を超える収益が見込めるような場合

　例えば，一定の製品とセットで，付属品や消耗部品等を販売する場合，海外向け家電製品等のようにパッケージを変えることにより別の品目に変更することが可能な製品等が挙げられます。

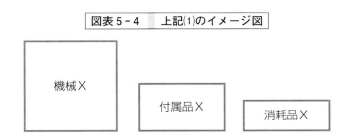

図表5-4　上記(1)のイメージ図

(2) 同じ製品に使われる材料，仕掛品および製品を1グループとして扱う場合

　例えば，共通の材料や部品が複数の製品に使用されることから，個別の

製品に材料や部品を紐付けることが困難な場合等が挙げられます。

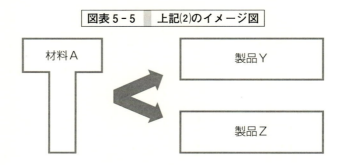

図表5-5　上記(2)のイメージ図

　以上について，グルーピングは，棚卸資産を取り巻く環境に大きな変化がなければ，毎期継続して適用する必要があります。しかし，棚卸資産を取り巻く環境に大きな変化がある場合，最も適切に投資の成果を示す方法（原則である個別品目単位も含めて）の見直しを検討する必要があります。

Q5-4　棚卸資産の保有目的ごとの評価基準

Q	棚卸資産の評価は保有目的別にどのように行うのでしょうか。
A	通常の販売目的の棚卸資産の評価は，原則として正味売却価額により行います。 トレーディング目的の棚卸資産の評価は，市場価格に基づく価額により行います。

解説

　棚卸資産の評価は時価により判断され，時価は市場価格によって決まります。当該市場価格は保有目的により異なるため，以下にて保有目的ごとに説明していきます。

1．通常の販売目的

　通常の棚卸資産は売却を目的として保有するため，棚卸資産は取得価額をもって貸借対照表価額とするものの，期末における正味売却価額が取得価額を下回っている場合，正味売却価額をもって貸借対照表価額とします。

　売価とは，売却市場における市場価格に基づく価格であり，このような市場が存在しないときには，合理的に算定された価額となります。当該市場は，市場参加者が少なく，当該企業のみが売手になるような相対取引しか行われない場合も含みます。

| 図表 5 - 6 　通常の販売目的である棚卸資産の評価 |

評価額		意　義
正味売却価額	市場価格に基づく価額による	正味売却価額＝売価^(※)－見積追加製造原価－見積販売直接経費 （※）　売価とは，購買市場と売却市場が区分される場合における売却市場の時価。
	合理的に算定された価額による	正味売却価額＝合理的に算定された価額^(※)－見積追加製造原価－見積販売直接経費 （※）　合理的に算定された価額とは，同等の棚卸資産を売却市場で実際に販売することが可能な価額として見積る。
正味売却価額に代わるもの		以下のような方法による価額 ・帳簿価額を処分見込価額まで切り下げる方法 ・一定の回転期間を超える場合，規則的に帳簿価額を切り下げる方法
再調達原価		再調達原価＝購入価格^(※)＋購入に付随する費用 （※）　購入価格とは，購買市場と売却市場が区分される場合における購買市場の時価。

| 図表 5 - 7 | 収益性の低下による簿価切下げのイメージ図 |

売価（または合理的に算定された価額）100	見積追加製造原価30		
	見積販売直接経費20	棚卸資産の取得原価70	簿価切下げ20
	正味売却価額50		貸借対照表価額50

2．トレーディング目的

　トレーディング目的の棚卸資産は，加工や販売の努力を行うことなく，市場価格の変動等により利益を売ることを目的として保有するため，期末の市場価格をもって貸借対照表価額とします。

　金融商品会計基準では，合理的に算定された価額も認められていますが，棚卸資産会計基準では，適用対象を市場価格のあるものに限定し，適用範囲の解釈の拡大を避ける意図があると考えられます。

| 図表 5 - 8 | トレーディング目的である棚卸資産の評価 |

評価額	意　義
市場価格に基づく価額	購買市場と売却市場が区分されていない単一の市場での時価

（※）　棚卸資産会計基準では，トレーディング目的の棚卸資産の評価において，合理的に算定された価額は認められない。

ここ注意！

　棚卸資産の簿価切下げは，原則として市場価格に基づき算定されます。
　再調達原価のほうが把握しやすく，正味売却価額が当該再調達原価に歩調を合わせて動くと想定される場合，再調達原価を採用することができます。

第5章　在庫評価　*141*

Q5-5　正味売却価額の算定方法

Q	正味売却価額の算定はどのように行うのでしょうか。
A	正味売却価額の算定は，原則として以下の式で算定されます。 正味売却価額＝売価－（見積追加製造原価＋見積販売直接経費）

解 説

1．市場価格に基づく価額が存在する場合

　棚卸資産について，市場が存在する場合は，市場価格に基づく価額（売価）に基づき評価されます。

> 正味売却価額＝売価－（見積追加製造原価＋見積販売直接経費）
> - 売価……購買市場と売却市場が区分される場合における売却市場の時価
> - 見積追加製造原価……製造過程の仕掛品等の状態から最終製品に至るまでに要するコスト
> - 見積販売直接経費……棚卸資産を販売するために直接的にかかる付随費用，いわゆるアフター・コスト（例えば，荷造費，移管費，運送費，保管費用等）

2．市場価格に基づく価額が存在しない場合

　一般的に，市場価格に基づく価額が存在しない場合も多いと想定されます。市場が存在しない場合には，合理的に算定された価額により評価されます。

> 正味売却価額＝合理的に算定された価額－（見積追加製造原価＋見積販売直接経費）
> - 合理的に算定された価額は，同等の棚卸資産を売却市場で実際に販売することが可能な価額として見積る。
> - 見積追加製造原価，見積販売直接経費については，1と同じ。

　この際，市場参加者が少なく，当該企業のみが売手になるような相対取引しか行われない場合までも含むとされるため，以下のように観察可能でなくとも売手が実際に販売できると合理的に見込まれる程度の価格が含まれます（棚卸資産会計基準34）。

- 期末日前後での販売実績に基づく価額
- 特定の販売先との間の契約で取り決められた一定の売価
- 仕掛品における加工後の販売見込額に基づく正味売却価額

3．例外的な場合

　実務上，収益性が低下していないことが明らかであり，事務負担をかけて収益性の低下の判断を行うまでもないと認められる場合には，正味売却価額を見積る必要はないと考えられています（棚卸資産会計基準48）。

Q5-6　正味売却価額の具体的な算定方法

Q	棚卸資産の形態別の，具体的な正味売却価額の算定はどのように行うのでしょうか。
A	具体的な正味売却価額の算定方法は，製品であれば売価から見積追加製造原価および見積販売直接経費を控除して算定する等，棚卸資産の形態により異なってきます。

解　説

　具体的な正味売却価額の算定方法は，棚卸資産の形態により異なります。

1．製　品

　製品は，販売の目的をもって所有する製造品その他の生産品です（財規ガイドライン15−6　1）。原則として，売価から見積追加製造原価および見積販売直接経費を控除して算定します。売価とは，購買市場と売却市場が区分される場合における売却市場の時価をいいます。売価は，直近月の平均売価，直近3か月の平均売価等を用いることもできると考えられます。

2．仕掛品/半製品

　仕掛品は，製品，半製品または部分品の生産のため現に仕掛中のものです

（財規ガイドライン15－9）。通常，仕掛品としての売価は存在しません。そのため，原則として，製品と同様に売価から見積追加製造原価および見積販売直接経費を控除して計算します。しかし，製品の売価に仕掛率を加味して計算することもできます。仕掛率とは，製品になるまでの工程全体における現時点までの工程の進捗度合で算定した進捗率です。

　以上については，半製品についても同様です。半製品とは，中間的製品としてすでに加工を終わり現に貯蔵中のもので販売できる状態にあるものです（財規ガイドライン15－7）。

3．原材料

　原材料とは，製品の製造目的で費消される物品で未だその用に供されていないもの（ただし，半製品，部分品または貯蔵品に属するものを除きます）です（財規ガイドライン15－8）。材料は通常，再調達原価のほうが把握しやすいため，正味売却価額が当該再調達原価に歩調を合わせて動くと想定される場合には，再調達原価により算定することができます。

> **ここ注意！**
>
> 　場合によっては，期末の突発的な市場価格等の変動により，評価額が突発的に変動する可能性がある点に注意が必要です。
> 　評価額が突発的に変動する可能性は，算定基礎に平均値を用いる計算方法を採用することで緩和できます。

Q5-7 販売実績を用いて正味売却価額を算定する際の留意点

Q	合理的に算定された価額として，期末日前後で販売実績による平均価額を用いる場合，平均する期間はどの程度の期間を採用することが多いでしょうか。
A	期末日以前直近1か月もしくは一定期間（直近3か月等）を採用することが多いと考えられます。

解 説

　正味売却価額は期末において見込まれている将来時点の売価により算定されることが適当です（棚卸資産会計基準41）。しかし，保有する棚卸資産の将来販売時点の売価を客観的に把握することが実務上困難な場合，期末日前後の販売実績に基づいて算定した価額を用いて正味売却価額を算定し，棚卸資産の評価を行うことが考えられます。

　企業の決算スケジュールを勘案すると，期末日後の販売実績を集計して決算に織り込むことは困難であるため，期末日以前直近もしくは一定期間の販売実績金額を販売実績数量で除した値を用いることが多いと考えられます。

　棚卸資産を販売する市場の特性，棚卸資産の性質等を加味して各社独自に決定するため一律に定めることはできませんが，例示すると以下のような方法が考えられます。

(1) 売　価

- 直近1か月の売上額を販売数量で除した価額を売価とする。
- 直近3か月の販売実績に基づく売上額を販売数量で除した価額を売価とする[※1]。
- 決算月を除く3か月の売上額を販売数量で除した価額を売価とする[※2]。
- 年間の販売実績に基づく売上額を販売数量で除した価額を売価とする[※3]。
- [※1]　異常な価額を算定しないようにある程度の期間をもたせて算定する。
- [※2]　決算作業の前倒しを考慮して決算月を含まずに算定する。
- [※3]　価格の変動が大きくないため年間の販売実績に基づき算定する。

---

(2) 直接販売費

- 全社の直近3か月の販売直接費を数量で除して販売直接費の単価を算定。
- 事業部ごとに直近3か月の販売直接費を数量で除して販売直接費の単価を算定。
- 全社で期末日の前四半期の販売直接費を数量で除して販売直接費の単価を算定。
- 利益管理区分ごとに年間の販売直接費を数量で除して販売直接費の単価を算定。

---

(3) 追加原価

- 追加作業工数の見積りに予想加工単価を乗じて算定。
- 年間の実際振替価額を用いて算定。
- 予定振替価額を用いて算定。

第5章　在庫評価　*145*

- 標準原価を用いて算定。
- 製品とグルーピングして製品の仕損率を仕掛品金額に乗じて算定。

Q5-8　販売活動および一般管理活動目的で保有する棚卸資産

Q	販売活動および一般管理活動目的で棚卸資産を保有する場合，その収益性が低下したときには簿価を切り下げる必要はありますか。 また，簿価を切り下げる場合，簿価切下額は損益計算書上のいずれの区分で認識されるのでしょうか。
A	販売活動および一般管理活動目的で保有する棚卸資産も，その収益性が低下したときには簿価を切り下げる必要があります。 損益計算書上，当該棚卸資産を実際に消費した場合に費用計上される損益区分と同じ区分に計上すべきと考えられます。

解　説

1．簿価切下げの要否

　販売活動および一般管理活動目的で保有する棚卸資産も，その収益性が低下したときには簿価を切り下げる必要があります。このような棚卸資産として，例えば，売却を予定しない貯蔵品（短期間に消費される事務用消耗品，販売促進目的，社内管理目的で保有する貯蔵品）等が挙げられます。これらは，販売促進や社内管理を目的としており，通常の販売により投資の回収をするものではありません。しかし，棚卸資産会計基準の趣旨は，棚卸資産の収益性の低下を適切に帳簿価額に反映させることであり，以下の場合には簿価を切り下げる必要があります。

物理的な劣化	品質低下や，物理的な欠陥が生じた場合等
経済的な劣化	陳腐化して利用価値が低下した場合等

２．簿価切下額の損益計算書上の表示区分

　棚卸資産会計基準では，簿価切下額が販売促進に起因する場合には販売費として表示することが考えられますが，本会計基準では当該会計処理を示していないと記載され，簿価切下額の表示区分は明記されていません。

　しかし，販売活動および一般管理活動目的で保有する棚卸資産の簿価切下額は，当該棚卸資産を実際に消費した場合に費用計上される損益区分と同じ区分に計上すべきと考えられます。これは，以下の理由によるものです。

- 評価時点の簿価切下額と消費時点の費用で異なる計上区分となると，実態を適切に表さない。
- 洗替法を採用した場合，原則によると戻入額が売上原価に計上され，消費時の費用は販売費及び一般管理費に計上され，損益区分が異なってしまう。

▶ ここ注意！

　販売活動および一般管理活動目的で保有する棚卸資産についても，収益性が低下している場合，簿価切下げが必要となります。
　簿価切下額は，該当する棚卸資産を実際に消費した場合に費用計上される損益区分と同じ区分に計上する必要があります。

Q5-9　複数の市場がある場合の正味売却価額の算定方法

Q	複数の市場がある場合の棚卸資産の評価はどのように行うのでしょうか。
A	複数の売却市場向けに棚卸資産を区分できる場合は特定区分ごとに評価を行い，区分できない場合はそれぞれの売却市場の販売比率に基づく加重平均売価等を用いることができます。

解　説

　企業が複数の売却市場に参加する場合とは，特定の棚卸資産に関して企業自身が複数の販売経路を有しており，その販売経路ごとに売価が異なる場合が考えられます。具体的には，以下の例が挙げられます。

- 消費者への直接販売と，代理店経由の間接販売
- 正規販売と，アウトレット
- 特定の販売先との契約により一定の売価で販売することが決定されている場合と，そのような契約がない場合

1．複数の売却市場向けに棚卸資産を区分できる場合

　企業は，実際に販売できるものと見込まれる売価を用いて正味売却価額を算定する必要があります。このため，保有する棚卸資産の売却市場が特定できる場合には，その特定区分ごとに評価を行うことがあります。これは，棚卸資産の投下資本の回収を適切に表現するという観点から有用であるとの判断によっています。

2．複数の売却市場向けに棚卸資産を区分できない場合

　複数の売却市場が存在し，それぞれ売価が異なる場合でも，複数の売却市場向けに棚卸資産を区分できない場合，それぞれの売却市場の販売比率に基づく加重平均売価等を用いることができます。

　具体的には，図表5-9のようなAからCの市場のそれぞれで異なる売価，販売比率で販売されている場合，加重平均売価は1,650円となります。

図表5-9　加重平均売価の算出例

市　　場	(a)売価	(b)販売比率	(a)×(b)
A市場	2,000円	50%	1,000円
B市場	1,500円	30%	450円
C市場	1,000円	20%	200円
加重平均売価	－	－	1,650円

> **ここ注意！**
>
> 　複数の売却市場があり売却市場ごとに販売価格が異なる場合も，売却市場ごとに棚卸資産を区分して評価する必要があります。
> 　複数の売却市場向けに棚卸資産を区分できない場合，それぞれの売却市場の販売比率に基づく加重平均売価等を用いて評価します。

Q5-10　棚卸資産の評価の際の原価差異の処理

Q	予定価格等または標準原価を用いているために原価差異が生じた場合に，当該原価差異を配賦した後の棚卸資産の帳簿価額に基づいて収益性の低下の判断を行う必要があるでしょうか。
A	原則として，原価差異配賦の影響を考慮した棚卸資産の帳簿価額に基づいて収益性の低下の判断を行う必要があります。

解　説

　予定価格等または標準原価を用いた際の原価差異を売上原価と期末棚卸資産に配賦している場合には，原価差異の配賦計算後の取得原価をもって貸借対照表価額としていることから，収益性の低下の判断の際には，原則として原価差異配賦の影響を考慮する必要があると考えられます。

　しかし，原価差異を売上原価と期末棚卸資産に配賦計算を行っている場合でも，金額的重要性が乏しいときには，収益性の低下の判断に際して，原価差異を考慮しないことが許容されると考えられます。

> **ここ注意！**
>
> 　原則として，原価差異配賦後の棚卸資産の帳簿価額に基づき収益性の低下の判断を行う必要があります。

第5章　在庫評価　　*149*

$\mathbf{Q}$5-11　見積販売直接経費の算定方法

Q	品目ごとに紐付けられる経費を個別に集計する方法のほか，見積販売直接経費の算定はどのように行うのでしょうか。
A	直近の実績データから棚卸資産に対する直接経費率を算定し棚卸資産残高に当該比率を乗じる方法，予算や利益計画において予定直接経費が適切に設定されている場合に当該予定直接経費を使用する方法等が考えられます。

解　説

　見積販売直接経費とは，一般的には，棚卸資産を販売するために直接的にかかる付随費用，いわゆるアフター・コスト（例えば，荷造費，移管費，運送費，保管費用等）をいいます。業種や製品等の販売の態様にもよりますが，販売促進費やリベート，販売手数料や医薬品業界で特許が重要な場合，特許料が含まれる場合もあります。

　そのため，業種や製品等の販売の態様にもよりますが，以下のような算定方法が考えられます。なお，以下の方法によっても重要性のないものについては，考慮しないこともできます。

- 品目ごとに紐付けられる経費を個別に集計する。
- 直近の実績データから棚卸資産に対する直接経費率を算定し，棚卸資産残高に当該比率を乗じる。
- 予算や利益計画において予定直接経費が適切に設定されている場合，当該予定直接経費を使用する。

Q5-12 長期的には回収可能と評価される棚卸資産の評価

Q 個別の契約単位でみると収益性が低下する場合であっても，工場稼動期間全体においては，すべての原価が回収されることが確実と合理的に見込まれる場合には，個々の契約単位における収益性の低下を損失計上しなくてもよいでしょうか。

A 個別の契約単位でみると収益性が低下する場合には，個別の契約単位における収益性の低下を損失計上する必要があると考えられます。

解 説

　再処理工場のように稼動期間全体では適正利潤も含めて原価を回収できるように対価が決定されている場合，稼動が少ない開始段階の年度では固定費部分の影響により，個別の契約単位でみると原価が契約金額を超えてしまう可能性があります。

　収益性の低下の有無に関する判断および簿価切下げは，原則として個別品目ごとに行いますが，複数の棚卸資産を一括りとした単位で行うことが適切と判断される場合が示されています（棚卸資産会計基準12，53）。しかし，長期間にわたり将来投資する棚卸資産について，補完的な関係にあるとして一括りとする考え方は示されていません。

　また，本問のようなケースの場合に，工場稼動期間全体でみれば原価総額は回収されることが見込まれるとしても，損益計算は個別の契約単位で行うことから，回収可能な額まで帳簿価額を切り下げないことにより，結果として製品の引渡し完了時まで損失を繰り延べることになることは基準の趣旨から適切ではないと考えられます（棚卸資産会計基準36）。

　以上より，会社の契約実態により，契約期間（工場稼動期間）においてすべての原価が回収されることが確実と合理的に見込まれる場合であっても，個別の契約単位でみると収益性が低下する場合には，個別の契約単位における収益性の低下を損失計上する必要があると考えられます。

第5章　在庫評価　*151*

> **ここ注意！**
>
> 　契約期間（工場稼動期間）においてすべての原価が回収されることが確実と合理的に見込まれる場合であっても，個別の契約単位でみると収益性が低下する場合には，個別の契約単位における収益性の低下を損失計上する必要があります。

Q5-13 長期契約により原価が回収される場合

Q	長期の供給契約を結んでおり，契約が終了した段階では期間を通じて考えれば利益が確保できることを見込んでいますが，当期末に棚卸資産の帳簿価額が正味売却価額を上回っている場合，当期末において簿価切下げを行う必要がありますか。 また，供給契約中の期で滞留が生じた場合であっても収益性の低下はなかったものとして取り扱うことは可能でしょうか。
A	長期の供給契約で総額では利益を獲得できる見込みであっても，当期においては簿価切下げを行う必要があります。 長期滞留となった場合は，他の製品と相違することなく会社の事前に定めた方法により処理されることとなります。

解　説

1．簿価切下げの要否

　長期の供給契約の具体例として，企業は5年間の供給契約を結び，5年間での最低供給個数は契約で決定しており，5年間の契約が終了した段階では期間を通じて考えれば利益が確保できることを見込んでいるようなケースで考えます。このような供給契約で，仮に当期は製品生産を開始した段階で製造コストが高かったため，期末棚卸資産の帳簿価額が正味売却価額を上回っているものの，今後原価低減を進めて利益を確保する計画であったとします。

　棚卸資産会計基準では製品の収益性の低下の検討は個別品目ごとに行うことを前提としているため，長期の供給契約の場合，契約期間を通じて収益性の低下を判断することを意図していません。また，長期の供給契約を締結していて

も，環境の変化により違約金の支払いにより解約できるような契約であれば，必ずしも販売による投下資本の回収が可能であるとは限りません。したがって，長期の供給契約を締結していて，契約期間全体を通してみると投下資本の回収が見込まれている場合であっても，個別品目ごとに期末時点で算定された正味売却価額が帳簿価額を下回る場合は当該期の決算に際して簿価切下げの会計処理を行うことが必要になります。

2．滞留在庫が生じた場合の取扱い

また，本問のようなケースでは長期の供給契約に基づき生産を行うことから，通常，年度ごとの生産計画を毎期すり合わせ，滞留在庫が生じる状況は発生しないものと考えられます。しかし，現実として滞留の事実が発生した場合，物質的な劣化による収益性の低下や，契約の履行がなされないような状況がないかどうかを確認する必要があります。

したがって，長期滞留となった場合は，他の製品と区別することなく会社の事前に定めた方法により処理されることとなります。

ここ注意！

長期の供給契約を締結していて契約期間全体を通してみると投下資本の回収が見込まれている場合であっても，個別品目ごとに期末時点で算定された正味売却価額が帳簿価額を下回る場合は，当該期の決算に際して簿価切下げの会計処理を行うことが必要になります。

もし長期滞留が生じた場合，物質的な劣化による収益性の低下や，契約の履行がなされないような状況がないかどうかを確認する必要があります。

Q5-14 収益性の低下に関する新製品の取扱い

Q	新製品に関しては，発売後の一定期間において，減損会計適用指針第12項(4)の考え方を類推し，収益性の低下の判定対象から外すことはできますか。
A	棚卸資産会計基準の趣旨に基づき，発売後の一定期間における新製品といえども，収益性の低下の判定対象から外すことはできないと考えられます。

解 説

　例えば，医薬品業界における新製品で，発売後の一定期間において多額の販売促進費をかけている場合のように，見積販売直接経費が多額となり，収益性の低下の判定方法を一律に適用すると，新製品については一定期間において帳簿価額を全額切り下げなければならなくなる可能性があります。

　棚卸資産会計基準では，収益性が低下した場合における簿価切下げは，取得原価基準のもとで回収可能性を反映させるように，過大となっている帳簿価額を減額し，将来に損失を繰り延べないことを趣旨としています。

　固定資産では，事業の立上げ時など，あらかじめ合理的な事業計画が策定されており，当該計画にて当初より継続してマイナスとなることが予定されている場合，実際のマイナスの額が当該計画にて予定されていたマイナスの額よりも著しく下方に乖離していないときには，減損の兆候には該当しないものとしています（減損会計適用指針12(4)）。しかし，棚卸資産については，減損会計適用指針のような考え方は存在しません。

　そのため，棚卸資産会計基準の趣旨に基づき，発売後の一定期間における新製品といえども，収益性の低下の判定対象から外すことはできないと考えられます。

> **ここ注意！**
>
> 　発売後の一定期間における新製品といえども，収益性の低下の判定対象から外すことはできません。

Q5-15　非常に短期に販売される棚卸資産

Q	非常に短期に販売される棚卸資産について，正味売却価額を算定する必要がありますか。
A	非常に短期に販売される棚卸資産については，必ずしも正味売却価額を算定する必要はないと考えられます。

解 説

　非常に短期に販売される棚卸資産として，例えば生鮮食品等が考えられます。これらについては，必ずしも正味売却価額を算定する必要はないと考えられます。

　これは，非常に短期に販売される棚卸資産の帳簿価額は，通常，期末直前に仕入れたものから構成されていると想定されるため，再調達原価の変動がほとんどなく，収益性が低下していないことが明らかであり，事務負担をかけて収益性の低下の判断を行うまでもないと考えられるためです。

　棚卸資産会計基準では，収益性が低下していないことが明らかなケースの例示はされていませんが，棚卸資産のすべてを評価することが原則である以上，収益性が低下していないことが明らかであることの判断は相当程度慎重に行う必要があります。

Q5-16 正味売却価額がマイナスの場合

Q	正味売却価額がマイナスになる場合は，どのような会計処理が必要となりますか。
A	通常の取引であれば棚卸資産の帳簿価額が損失の上限になりますが，特定の場合には引当金の計上を検討する必要があります。

解 説

　正味売却価額は，原則として売価から見積追加製造原価および見積販売直接経費を控除して算定します。そのため，見積追加製造原価および見積販売直接経費が売価を超える場合，正味売却価額がマイナスになることがあります。

1．通常の取引

　通常の取引であれば，正味売却価額がマイナスのときは，このまま製造して販売しても損失が出ることが見込まれるため，その後の製造や販売を取りやめることによって，棚卸資産の帳簿価額が損失の上限になると考えられます。

２．取引先との契約等が存在する場合

　取引先との契約などの存在により，正味売却価額がマイナスと見込まれ損失が発生する見込みの棚卸資産についても，当該棚卸資産の製造，販売を取りやめることができないこともあると考えられます。

　この場合，図表５-10のように，企業会計原則注解（注18）により，マイナス部分の正味売却価額を反映させるため，引当金の計上を検討することになります（棚卸資産会計基準44）。企業会計原則注解（注18）では，以下の要件をすべて満たす場合，引当金を計上することとされています。

---

①　将来の特定の費用または損失であること
②　その発生が当期以前の事象に起因していること
③　発生の可能性が高いこと
④　その金額を合理的に見積ることができること

図表５-10　　正味売却価額がマイナスのイメージ図

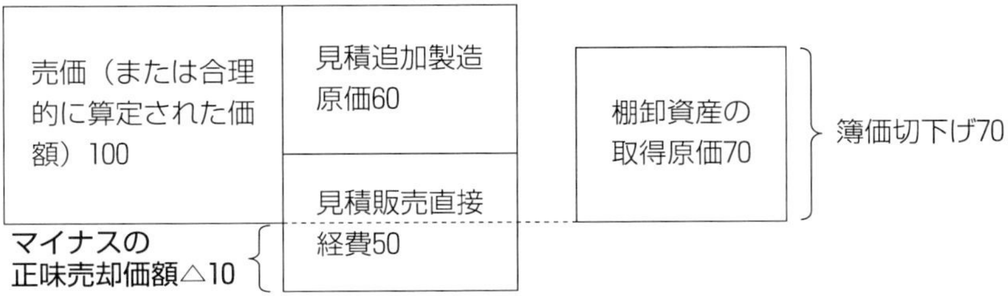

Q5-17　再調達原価により評価する場合

Q	再調達原価により評価することができるのは，どのような場合ですか。
A	正味売却価額が当該再調達原価に歩調を合わせて動くと想定される場合，継続適用を条件として再調達原価により評価することができます。

解 説

通常は正味売却価額をもって期末棚卸資産の額として評価しますが，製造業における原材料等のように，再調達原価のほうが把握しやすく，正味売却価額が当該再調達原価に歩調を合わせて動くと想定される場合，継続適用を条件として再調達原価により評価することができます。

なお，これは両者が完全に連動していることを求めているのではなく，時期や金額の幅で多少の相違はあっても，概ね正味売却価額が再調達原価に反映されていれば問題ありません。

その上で，図表5-11のように「正味売却価額＞再調達原価」の状況となっていれば再調達原価によることができると考えられます。反対に「正味売却価額＜再調達原価」となっている場合には再調達原価を適用することはできません。

図表5-11　　正味売却価額＞再調達原価	
正味売却価額	超過利潤
	正常利潤
	再調達原価

ここ注意！

正味売却価額が再調達原価に歩調を合わせて動くと想定される場合，継続適用を条件として再調達原価の適用が認められます。

両者に時期や金額の幅で多少の相違はあっても，概ね正味売却価額が再調達原価に反映されていれば問題ありません。

第5章　在庫評価　　*157*

Q5-18　為替変動がある場合の原材料の評価

Q	為替変動がある場合の原材料の評価について，期末の為替変動の影響で円高になった場合，再調達原価に基づき評価損を計上すべきでしょうか。
A	原則として，製品の販売価格から算定された正味売却価額に基づいて簿価切下げの必要性を判断すべきと考えられます。

解 説

　具体的な数字を設定して説明します。

　期中に1ドル＝120円で購入した原材料が，期末の為替変動の影響で1ドル＝100円になりましたが，当該原材料を用いた製品の販売価格は固定的・硬直的です。この場合，以下の2つの考え方があります。

A	原材料の再調達原価が20円下落しているため，評価損を売上原価に計上する。
B	原材料の再調達原価と製品の販売価格に関連性が乏しいため，製品の販売価格から算定された正味売却価額に基づいて収益性の低下の有無を判断し，簿価切下げの必要性を判断する。

　棚卸資産会計基準では，原則として正味売却価額により評価することとされていますが，原材料のみについて正確に正味売却価額を算定することは通常困難と考えられることから，再調達原価を用いることが認められています（棚卸資産会計基準10）。

　Bの考え方は，棚卸資産会計基準に示された原則的なものであり，製品の販売価格から原材料の正味売却価額を算定することが可能であるならば，この考え方によるべきです。ただし，製品の製造原価の一部を構成するにすぎない原材料のみについて正確に正味売却価額を算定することは通常困難と考えられることから，棚卸資産会計基準では再調達原価を用いることが認められています。これに対して，Aの考え方は，棚卸資産会計基準上，「正味売却価額が当該再調達原価に歩調を合わせて動くと想定される場合」を条件としています。

したがって，製品の販売価格から原材料の正味売却価額がある程度正確に算定できるのであれば，再調達原価の高低にかかわらずBの考え方によるべきです。しかし，そのような算定が困難な場合や不正確な見積りによらざるを得ない場合には，Aの考え方に基づいて，正味売却価額の代理数値として客観的に把握可能である再調達原価を用いることも認められると考えられます。

Q5-19 品質低下・陳腐化評価損の計上区分（仕入先や運送業者に責のある品質低下）

Q	仕入先の品質不良を原因とする原材料・商品の処分損や，運送業者の運搬ミスを原因とする品質劣化による原材料・商品の処分損（会社に原因がない処分損）は，棚卸資産会計基準により，売上原価または製造原価に計上してよいでしょうか。 また，その場合に対応する保険金収入や補償金は営業外収益に計上すると計上区分が異なり，段階損益での整合性がとれなくなるのですが，この点は問題ないでしょうか。
A	仕入先の品質不良を原因とする原材料・商品の処分損は，原材料であれば製造原価または営業外費用，商品であれば返品同様の処理が考えられます。 運送業者の運搬ミスを原因とする品質劣化による原材料・商品の処分損は，運送会社へ請求されるものであるため，未収入金等へ振り替え，保険金収入時に入金処理することが考えられます。 主たる営業活動以外から発生した収益である補償金・保険金と，主たる営業活動の結果生じた処分損の表示区分が異なることに問題はないと考えられます。

解 説

1．仕入先の品質不良を原因とする原材料・商品の処分損

　棚卸資産会計基準第39項では，正味売却価額が下落することにより収益性が低下しているという点から，品質低下・陳腐化・低価法評価損に相違を設ける意義が乏しいとして，同一の取扱いとしています。これは仕入後に何らかの原因により収益性が低下しているものについての取扱いと考えられ，当該案件の

ように，仕入時点においてすでに品質不良であるものについては「収益性の低下」には含まれないと考えられます。

(1) 商品の処分損は，原価性の有無により処理することが考えられますが，通常仕入先の原因により返品する場合には，仕入戻しとして処理することから，返品されなくとも会社で処分する場合には返品処理と同様に考え，処分損と補償金（仕入相当額）とを相殺する処理も考えられます。

(2) 加工された原材料に関しては，製造に関連し不回避的に発生するのであれば製造原価，それ以外であれば営業外費用として処理することが考えられます。

２．運送業者の運搬ミスを原因とする品質劣化による原材料・商品の処分損

会社の責任ではなく運送会社のミスの場合，運送会社へ請求されるものであるため，棚卸資産から未収入金等へ振り替え，保険金収入時に入金処理することが考えられます。

企業会計上，主たる営業活動から発生した収益を営業収益，それ以外の収益を営業外収益・特別利益とし，企業本来の業務または主たる営業活動から生じる費用を営業費用，それ以外の費用を営業外費用・特別損失として損益計算書が作成されます。そのため，主たる営業活動以外から発生した収益である補償金・保険金と主たる営業活動の結果生じた処分損の表示区分が異なることに問題はないと考えられます。

Q5-20 有償支給を受ける場合の評価

Q	原材料の有償支給を受ける場合，(有償支給先における)原材料の評価はどのように考えるのでしょうか。
A	有償支給を受けた原材料は，通常，収益性の低下の評価対象にならないと考えられます。ただし，物理的な劣化を原因とする収益性の低下は，評価対象となります。

解説

図表5-12を例に，原材料の有償支給を受ける場合とは，製品の販売元（有償支給元）から，製品の製造のための原材料（原材料A）が有償で支給され，必要に応じて自社（有償支給先）で手配した原材料（原材料B）等と組み合わせて製品（製品AB）として納入しているような場合をいいます。この際，通常，有償支給された原材料単価にあらかじめ定められた加工単価を上乗せした金額により，製品の買取りを行う旨の受託生産契約を締結することになります。

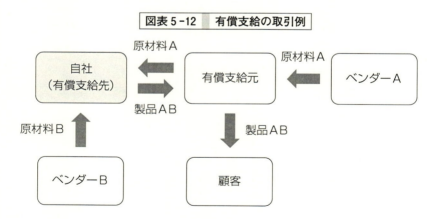

図表5-12 有償支給の取引例

1．原材料の有償支給を受ける場合（原材料A）

棚卸資産会計基準は契約により取り決められた一定の売価を用いて正味売却価額を算定することができるとしていますが（棚卸資産会計基準8），ここで

いう契約により取り決められた一定の売価とは，取引当事者間の相対取引により合意された価額も含む概念となります。

上記のような受託生産契約を締結している場合，原材料（原材料A）の価格は，製品（製品AB）の納入価格と歩調を合わせて動くものといえ，通常，有償支給を受けた原材料は，収益性の低下の評価対象にならないと考えられます。ただし，物理的な劣化を原因とする収益性の低下は，評価対象となります。

２．自社（有償支給先）で原材料を調達する場合（原材料B）

自社で独自に原材料を調達する場合には，通常，原材料や製品の収益性の低下に関するリスクを負うことになります。そのため，自社で独自に調達した原材料は，収益性の低下の評価対象になります。

Q5-21	連結グループ内取引による棚卸資産の評価方法
Q	連結グループ内から原材料や製品等を購入する場合，連結グループ内のそれぞれの会社でどのように評価するのでしょうか。
A	連結グループ内の各社の保有する棚卸資産について，各社で外部への販売価格に基づき収益性の低下を判断する必要があります。

解 説

連結グループ内から原材料や製品等を購入する場合には，連結子会社から材料を仕入れ，親会社で製造を行うケースや，親会社が製造した製品を連結子会社が外部に売却するケース等があります。

図表5-13の取引例のように，親会社が原材料を100円で調達し，10％の手数料を上乗せして，連結子会社が110円で仕入れ，これに加工費50円が追加されて，親会社における製品の帳簿価額が160円となった場合を想定します。こうした場合で当該製品の売価が下落し100円となったときにおける連結子会社の保有する製品，親会社の保有する原材料についての処理を説明します（説明の便宜上，見積販売直接経費は考慮していません）。

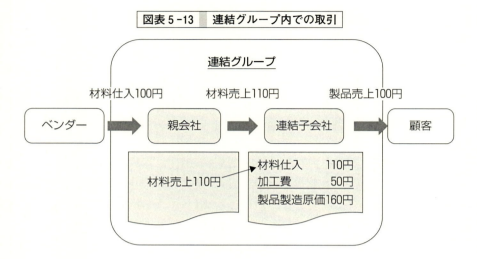

連結子会社が保有している製品については，収益性の低下として，当該製品の帳簿価額を100円に切り下げる必要があります。

| （借）棚卸資産評価損 | 60 | （貸）棚卸資産 | 60 |

親会社が保有している原材料について，製品の売価の下落に伴い材料についても収益性が低下していると判断される場合には，帳簿価額の切下げが必要になります。

| （借）棚卸資産評価損 | (※)37.5 | （貸）棚卸資産 | 37.5 |

（※）帳簿価額100円に連結子会社における製品下落率 $\left(1-\dfrac{100}{160}\right)$ を乗じる算定方法が考えられます。

しかし，親会社が連結子会社以外にも原材料を販売しており，売価が100円以上であり，収益性が低下していないと判断される場合には，簿価を切り下げる必要はないと考えられます。

第 5 章　在庫評価　　*163*

Q5-22　簿価切下額の戻入れ

Q	前期に計上した収益性の低下による簿価切下額の戻入れを行うことは可能でしょうか。
A	棚卸資産の簿価切下げについては洗替え法が認められており，この方法によると，前期に計上した簿価切下額について戻し入れることが可能になります。

解　説

　棚卸資産の簿価切下額の戻入れに関しては，当期に戻入れを行う方法（洗替え法）と行わない方法（切放し法）のいずれかの方法を棚卸資産の種類ごとに選択適用できます（棚卸資産会計基準14）。洗替え法によると，前期に計上した簿価切下額について戻し入れることが可能になります。固定資産や売買目的以外の有価証券の減損処理については切放し法に限定されているのに対して，棚卸資産の簿価切下げについては洗替え法が認められています。これは，以下の2つの対立する考え方があること，従来より洗替え法と切放し法が認められてきたこと，いずれが実務上簡便的かは企業によって異なることによるものです。

①　固定資産や売買目的以外の有価証券の減損処理が損失発生の可能性の高さを要件とすることに対して，棚卸資産における収益性の低下は，期末における正味売却価額が帳簿価額を下回っているかどうかによって判断し，損失の発生可能性の高さを簿価切下げの要件としていないことから，洗替え法のほうが切放し法に比し，正味売却価額の回復という事実を反映することができるため，収益性の低下に着目した簿価切下げの考え方と整合的である。

②　固定資産や売買目的以外の有価証券の減損処理と同様に，収益性の低下に基づき過大な帳簿価額を切り下げ，将来に損失を繰り延べないために行われる会計処理については，いったん費用処理した金額を正味売却価額が回復したからといって戻し入れることは適切ではない。

実務上は，例えば，洗替え法によると仕訳伝票の処理のみで足りるとも考えられますが，切放し法によると在庫受払システムの簿価切下げを行う必要があります。このような点を考慮して選択することも考えられます。

> **ここ注意！**
>
> 棚卸資産の簿価切下げについては洗替法が認められており，洗替法によると前期に計上した簿価切下額の戻入れを行うことが可能になります。
> 切放し法によると，在庫受払システムの設定上も，簿価切下げを反映させる必要があります。

Q5-23 税務上の評価基準の取扱い

Q	棚卸資産の評価基準に関する税法上の取扱いを教えてください。
A	税法上の評価基準は，原価法と低価法の選択適用とされています。 税法上のグルーピングは，原則的には個別品目ごと（棚卸資産の種類ごと）に低価の事実の判定を行うことになります。

解 説

1．評価基準

税法上の評価基準は，原価法と低価法の選択適用とされています。税務上の低価法による評価額も，原価法評価額と通常は正味売却価額とされる当該事業年度終了時の価額とのいずれか低い額とされています。そのため，所轄税務署への評価方法の届出または変更承認申請により低価法を選定すれば，会計上の正味売却価額までの切下げによる評価損が税務上も認められることになります。

一方，営業循環過程から外れた滞留または処分見込み等の棚卸資産に関する処分見込価額までの切下げ，または，一定の回転期間を超える場合の規則的な帳簿価額の切下げについては，税務上は一定の資産の評価損の要件に該当しない限り，損金の額に算入することはできないため注意が必要です。

第5章　在庫評価　　*165*

２．グルーピング

　原則的には個別品目ごと（棚卸資産の種類ごと）に低価の事実の判定を行うことになりますが，一定の場合にはグルーピングを行うことが認められています。

　事業の種類ごと，かつ商品または製品，半製品，仕掛品，主要原材料および補助原材料その他の棚卸資産の５つに区分した場合のみ，その区分ごとに一括計算する方法が認められています（法基通５−２−９）。なお，切放し低価法を採用している場合には，棚卸資産の種類の異なるものごとに翌事業年度以降の原価の修正を行うものとされているため，グルーピングを行うことができないとされており，注意が必要になります。

> **ここ注意！**
>
> 　所轄税務署への評価方法の届出または変更承認申請により低価法を選定すれば，会計上の正味売却価額までの切下げによる評価損が税務上も認められます。
> 　切放し低価法を採用している場合，グルーピングを行うことはできません。

Q5-24　税務上の評価損の取扱い

Q	税務上の棚卸資産の評価損に関する取扱いを教えてください。
A	税務上の「特定の事実」に該当する場合は損金経理により損金に算入することとなり，該当しない場合は損金として認められないこととなります。

解 説

　災害による著しい損傷により，当該資産の価額がその帳簿価額を下回ることとなったことなど特定の事実が生じた場合において，損金経理によってその帳簿価額を事業年度終了の時における当該資産の価額まで減額したときは，当該評価損の額について，損金の額に算入するものとされています（法法33Ⅱ）。また，会社更生法等の規定による更生計画認可の決定があったことにより，法定の評価替えをしてその帳簿価額を減額した場合，その額は損金の額に算入されます（法法33Ⅲ）。

上記の「特定の事実」に該当するものは，法人税法施行令第68条第1項および同項第1号に規定が設けられており，以下の①から④の事項が定められています。このうち，①から③については，当該事実が生じたことにより，当該資産の価額がその帳簿価額を下回ることとなったことが条件として挙げられています。

① 当該資産が災害により著しく損傷したこと
② 当該資産が著しく陳腐化したこと
③ ①または②に準ずる特別の事実
④ 法的整理の事実（会社更生法等の法定手続に準ずる事実）

また，この特定の事実に該当する，または該当しない事象の例示として，法人税基本通達9-1-4から9-1-6には，図表5-14に挙げたそれぞれの事象が掲げられています。

図表5-14　「特定の事実」に該当する，または該当しない事例

(1) **該当する事例**
- いわゆる季節商品で売れ残ったものについて，今後通常の価額では販売することができないことが既往の実績その他の事情に照らして明らかであること
- 当該商品と用途の面では概ね同様のものであるが，型式，性能，品質等が著しく異なる新製品が発売されたことにより，当該商品につき今後通常の方法により販売することができないようになったこと
- 破損，型崩れ，たなざらし，品質変化等により通常の方法によって販売することができないようになったこと
- 民事再生法の規定による再生手続開始の決定があったことにより，棚卸資産につき評価替えをする必要が生じたこと

(2) **該当しない事例**
- 棚卸資産の時価が単に物価変動，過剰生産，建値の変更等の事情によって低下しただけの場合

第5章　在庫評価　*167*

Q5-25　税務上の棚卸資産の評価基準の届け出

Q	税務上の棚卸資産の評価損に関する届出方法を教えてください。
A	新たに設立された会社では，設立年度の確定申告書の提出期限までに，評価方法を届け出る必要があります。 いったん採用した棚卸資産の評価方法を変更する場合には，納税地の所轄税務署長の承認を得る必要があります。

解 説

1．評価方法の新規申請

　新たに設立された会社にあっては，設立年度の確定申告書の提出期限までに，事業の種類ごと，かつ棚卸資産の区分（商品または製品，半製品，仕掛品，主要原材料および補助原材料その他の棚卸資産）ごとに選定した評価方法を届け出る必要があります。これは，新たに他の種類の事業を開始した場合または事業の種類を変更した場合も同様です（法令29）。

2．評価方法の見直し

　いったん採用した棚卸資産の評価方法を変更する場合には，納税地の所轄税務署長の承認を得る必要があります（法令30Ⅰ）。必要な申請書（法規9の2）を，評価方法を変更しようとする事業年度の開始の日の前日までに，納税地の所轄税務署長に提出し，承認を得る必要があります（法令30Ⅱ）。

3．特別な評価方法の申請

　法令で定められている評価方法以外の方法を採用しようとする場合には，一定の事項を記載した申請書（法規9）を納税地の所轄税務署長に提出し，承認を得る必要があります（法令28の2Ⅱ）。この申請によって，評価方法の変更申請とは異なり，承認を受けた日の属する事業年度以降，当該特別な評価方法によることができます（法令28の2Ⅰ）。

Q5-26 棚卸評価損の税効果会計上の取扱い

Q	棚卸評価損の税効果会計上の取扱いを教えてください。
A	棚卸資産の評価に関する会計と税務の資産または負債の額に相違が生じる場合には，税効果会計を適用する必要があります。

解説

　税効果会計は，企業会計上の資産または負債の額と課税所得計算上の資産または負債の額に相違がある場合において，法人税その他利益に関連する金額を課税標準とする税金（以下「法人税等」といいます）の額を適切に期間配分することにより，法人税等を控除する前の当期純利益と法人税等を合理的に対応させることを目的とする手続です。主に以下のような場合に，棚卸資産の評価に関する会計と税務の資産または負債の額に相違が生じます。

① 税務上の評価方法で原価法を採用
② 低価法採用時に長期滞留在庫に対する評価損を認識
③ 税務上のグルーピングで個別品目（棚卸資産の種類）を採用

　一般的に，会計上の評価損の認識のタイミングのほうが早くて棚卸資産の額が小さくなるので，税務上の損金処理が認容されるタイミングまで，税効果会計を適用することが必要になります。具体的には，通常は棚卸資産の回転期間は比較的短いため，翌期には税務上認容されるケースが多く，将来の税金削減効果を会計上で表現するため，会計上の税効果を認識することが必要になります。

設例 5-1 棚卸資産の評価に関する税効果の例

（前提条件）

- X1期の収益は1,000，費用は800。費用800には損金算入が認められない長期滞留在庫の評価損100が含まれている。
- X2期の収益は900，費用は700。X2期に，X1期に評価損を計上した長期滞留在庫を廃棄したため，X1期に発生したズレが解消し，100の損金算入が認められる。

第 5 章　在庫評価　　*169*

- 税率30%

会計上（税効果会計あり）

X1期
収益　1,000 費用　800（評価損100を含む） 税引前当期純利益　200
税金費用　60（30%） 　法人税等　90（45%） 　法人税等調整額△30
税引後当期純利益　140

X2期
収益　900 費用　700 税引前当期純利益　200
税金費用　60（30%） 　法人税等　30（15%） 　法人税等調整額　30
税引後当期純利益　140

※　税効果会計を適用しない場合，法人税等の金額がそのまま税金費用となるため，税引前当期純利益が同じでも税金費用が異なる。

税務上

X1期
税前利益　200 加算　100（評価損のみ） 減算　0 課税所得　300
法人税等　90

X2期
税前利益　200 加算　0 減算△　100（評価損のみ） 課税所得　100
法人税等　30

Q5-27 内部管理体制⑴ 棚卸資産評価の管理面における留意事項

Q 棚卸資産評価の管理面における留意事項を教えてください。

A 資産の収益性低下の種類ごとに異なるため，それぞれの種類に分けて整理していく必要があります。
1. 低価法，強制評価減
2. 減耗
3. 品質低下，陳腐化による滞留品
4. 品質低下，陳腐化による廃棄予定品

解 説

　棚卸資産評価に関する管理のポイントは，資産の収益性低下の種類ごとに異なるため，それぞれの種類に分けて整理していく必要があります。まずは，資産の収益性の低下を管理する前提として，企業の投下資本の回収の形態を明確にする必要があります。具体的には，自社の棚卸資産の保有目的，種類や品目・グルーピング等を明確にする必要があります。

　その上で，資産の収益性の低下を管理する方法を検討する必要があります。以下では，収益性の低下の種類ごとに，管理のポイントを確認していきます。共通するポイントは，企業における棚卸資産の評価基準が棚卸資産会計基準に従っているかを事前に十分に確認してルール化を行い，実際の処理がそれに従ったものであるかを複数の者が確認し，コントロールするという点です。

1. 低価法，強制評価減

　期末時点の正味売却価額の低下が収益性の低下に結びつかないことは極めて稀であると考えられます。したがって，企業は必ず正味売却価額を算定し，評価を実施しなければなりませんが，評価の社内ルールが決まっていない等の理由によって，適切な評価がされないリスクがあります。また，グルーピングを操作したり，正味売却価額を意図的に操作したりすることによって，期間損益を意図的に操作するリスクも考えられます。

まずは，棚卸資産の品目・グルーピングについて，複数の販売市場がある場合は，販売市場ごとの売価の把握方法，見積追加製造原価および見積販売直接経費の見積方法を決めておく必要があります。その際，棚卸資産は日々多くの取引があり，多品目である場合が多いため，システムを活用している場合が多く，また，棚卸資産の形態にもよりますが，特に，大量の製品・商品を取り扱う場合，販売管理で使用するシステムと在庫管理で使用するシステムが一体となって運用されていることが多いと考えられます。

仕掛品については，その進捗度に基づいて評価されます。しかし，多品種にわたる製品を有している場合に，決算時に人的作業により進捗度を測定することは実務的に困難な場合もあります。そのため，進捗度を事前に数段階に分け，各段階の進捗率を決定しておき，どの段階に適合するかに基づき判断する方法が多く採用されています。人的作業による進捗度の決め方としては，いくつかの工程ごとに区切る方法や仕掛品の重量や大きさなどで区分する方法等，その製品の性質に合わせた合理的な方法によって決めることがポイントです。

2．減　耗

減耗は，日々の処理の結果である帳簿上の数量と実地棚卸における現物数量との差異の認識が前提となります。したがって，差異が棚卸時に正しく把握されないと，認識すべき損失が正しく認識されないことになるとも考えられます。また，実地棚卸時に差異が適切に認識されてもそれが正しく処理されないリスクも想定されます。すなわち，会計上の再入力が意図的に異なる設定とされることによって，在庫の過少計上もしくは過大計上が起こるかもしれません。

これに対応するためには，定期的な実地棚卸により数量を確かめるコントロールが重要と考えられます。実地棚卸のポイントについては，「第3章　実地棚卸」にて記載しています。

3．品質低下，陳腐化による滞留品

品質低下や陳腐化の状態にある資産は，廃棄されない場合，通常，企業内部で滞留しているものと想定されます。品質低下の場合は物理的な劣化が起きており，陳腐化の場合は経済的な劣化が発生しているため，外部へ販売すること

が困難になっているためです。このような状態の資産は，収益性が低下している状態が比較的観察しやすいものと考えられますが，これらが把握されず，通常価格で評価されてしまう可能性もあります。

　これに対応するため，品質低下については，定期的な実地棚卸の際などに，品質低下している棚卸資産の有無を確認する必要があります。実地棚卸のポイントについては，「第3章　実地棚卸」にて記載しています。

　また，企業は，通常，年間の経営計画の一環として，適切な販売目標を設定し，それに見合った生産計画または仕入計画を策定しています。そのため，陳腐化については，当該計画を在庫評価に反映させることがポイントです。具体的には，生産部門と販売部門による定期的な製販会議により将来の需要予想を修正し，それに伴い在庫管理部門は過剰な在庫や終売在庫の有無を，経理部門とも共有・協議することで，在庫の評価に適切に反映させる必要があります。

4．品質低下，陳腐化による廃棄予定品

　廃棄は，品質低下や陳腐化等によって通常の状態では販売不能になった際に廃棄を実行することで発生します。すなわち，廃棄すべきものであっても，廃棄を実行しない限り発生しないともいえます。廃棄すべきものを適切に廃棄しない場合，不必要な在庫が増加して保管コストが増加するばかりか，損失の先送りとなる可能性があります。一方で，廃棄の処理過程を利用して，未承認の廃棄処理が行われるかもしれません。実際は廃棄の必要性がない在庫を廃棄とみせかけて処分し，当該棚卸資産を担当者が横流しするリスクも考えられます。

　これに対応するためには，実地棚卸の際などに廃棄すべきものとして認識された棚卸資産については，廃棄前であっても，評価損の計上を会計的に検討することがポイントです。

　また，この場合，事後的に実際に廃棄されたことを確かめることが必要と考えられます。廃棄予定を理由として会計上，評価損を計上した棚卸資産については，評価損のリストを在庫管理部門に回覧し，廃棄が行われたことを確認し，上席者が承認することがポイントです。

第 5 章　在庫評価　　*173*

> **ポイント**
>
> 　棚卸資産の評価に関する管理のポイントは資産の収益性低下の種類ごとに異なるため，それぞれの種類に分けて整理する必要があります。
> 　管理の方法については，決算時に検討するのではなく，決算前に規程を整備しておく必要があります。

Q5-28 内部管理体制(2)　その他の棚卸資産評価の管理

Q	返品在庫等の在庫評価については，どのような管理を行うこととなるでしょうか。
A	取引形態に分けて整理していく必要があります。 1．返品在庫の管理 2．支給在庫の管理 3．保守用部品の管理

解　説

1．返品在庫の管理

　販売先等へ出荷した棚卸資産が返品されたときに，何もせずにただ受け入れる場合，または受入処理が放置されている場合は，さまざまなリスクが生じることが考えられ，財務情報の適正性を損ねることになります。したがって，返品の業務フローを明確にして，各業務ステップにおけるコントロールを検討することが必要となります。

　返品も購入品と同じく，自社内へ棚卸資産を受け入れるものの，返品は売上の取消処理になるため，企業の財務情報に対して大きく影響を及ぼします。したがって，返品については，責任の範囲や不良内容について慎重に確認することがポイントです。

　返品された商品や製品が新品同様に販売できる場合には，出荷時の価額で受け入れることになりますが，手直しが必要な場合や中古品扱いなど新品と同様の価格で販売できない場合等には，当該返品の価額をどのように付すかという

問題があります。それらを簡単にまとめると，以下のようになります。

① 手直しにより新品同様として取り扱う場合，実際原価計算であれば手直し費用を棚卸資産価額に上乗せし，標準原価計算であれば新品と同じ品目コードと価額で受け入れ，手直し費用は原価計上することが考えられます。

② 中古品として取り扱う場合，新品とは別の品目コードを付して，別品目として扱うのが適切です。さらに，評価減の必要性についても検討し，棚卸資産の価額が過大とならないよう留意する必要があります。

図表5-15　返品在庫のリスクと管理

リ ス ク	管 理
•合理的な理由がない返品を受け入れる。	•得意先から事前に返品の連絡を受けた営業部門等は，関係部門への返品の連絡をする。 •外部から事前連絡のない返品については，受入れの可否について，関係部門に確かめる。 •返品伝票を上席者が承認する。
•承認された返品内容と異なる現品を受け入れる。	•返品伝票，現物の照合を行う。
•良品か不良品かの判別ができないまま在庫にして再出荷してしまう。 •不良品ではないのに得意先から返品される。 •不良内容が現状在庫にも影響を及ぼす。	•返品された現品の検査を行い対処する。

2．支給在庫の管理

　製造工場においては，原材料を自社で購入し，外注先へ支給する場合があります。材料支給が有償で行われる場合には，その在庫管理責任は外注先にある場合が多く，無償で行われる場合には，自社に在庫管理責任があることが多く見受けられます。したがって，それぞれの形態によって，想定されるリスクが異なることから，コントロールおよび管理のポイントも変わってきます。

第5章　在庫評価　*175*

　有償支給においては，支給時点や買戻し時点で利益が付加されることが通常であると考えられますが，このような利益は買い取った棚卸資産を外部に販売するまでは未実現利益として，製品に付加されて残存することとなります。このような利益の幅を調整することや，支給を繰り返して取引経路を複雑化させることによって，実際には，材料支給であるにもかかわらず，会計上は売上高や仕入高として計上され，その金額が嵩上げされてしまうことも考えられます。

　有償支給の経路が単純でない場合，取引の流れや付加される未実現利益の金額を検証しておく必要があります。この場合においても，取引担当者ではなく，経理担当者等の第三者が客観的に数値の検証をすることが必要です。売上高および仕入高の二重計上が発生していないか，未実現利益が計上されていないかといった点を検討し，処理結果を上席者が確認することがポイントです。

図表5-16　支給在庫のリスクと管理

リ ス ク	管　　理
• 外注先の支給材料の在庫数量が受払管理台帳と一致しない。 • 無償支給において在庫が破損，陳腐化，滞留，減耗する。	• 定期的に外注先から在庫証明を入手し，管理台帳と照合する。 • 外注先に出向いて実地棚卸を行う。
• 有償支給において在庫が他へ流用される。	• 支給した材料の受払管理台帳を作成し，受払集計表により報告する。 • 支給材料は自社専用部品のみとし，汎用品は外注先で手配する方針にする。
• 外注委託品を発注しているが，関連する材料が支給されない。	• システムに製品の部品構成表を登録し，必要な材料が自動的に発注喚起されるようにする。
• 支給材料が過大に出庫される。	• システムに製品の部品構成表を登録し，必要な材料が自動的に発注喚起されるようにする。 • 材料を支給する際には上席者が承認する。 • 受払集計表に基づき在庫量を監視する。

3. 保守用部品の管理

　保守用部品は，貯蔵品勘定として棚卸資産に計上している場合が多く見受けられます。その用途は製造工場における機械装置等のメンテナンスであり，一般的には，使用されたときに固定資産に関連する費用（修繕費等）として計上されます。

　保守用部品は，単価が低かったり，使用頻度が少ないため，日常の受払いによる管理ではなく，月末（または期末）における実地棚卸の結果を受けて在庫数量を洗い替える方法を採用している場合が多く見受けられます。

　また，保守用部品は長期にわたり使用する固定資産の修理用品であることから，長期に保管されるケースが多く，その使用期限および品質の管理がポイントとなります。

図表5-17　保守用部品のリスクと管理

リ ス ク	管 理
• 現物の在庫と資産計上された金額が一致しない。 • 品質低下により使えないものが資産計上される。	• 実地棚卸を実施する。 • 品質の点検を行う。
• 保守用部品が生産中止になり，入手できないため，固定資産の修理ができない。	• 購入可能か否かの情報を入手し，先行手配等を検討する。 • 先行手配する場合には，稟議書を作成し関係部門によって協議し承認する。
• 保守用部品を必要以上に大量に発注する。	• 発注量について仕入先と交渉する。 • 大量発注しなければならない場合には，稟議書を作成し関係部門によって協議し承認する。 • 在庫を過剰に保有している場合には，在庫数量を定期的に把握し，処理について検討する。

第5章　在庫評価　　*177*

Q5-29　内部管理体制(3)　棚卸資産に関する評価規程，評価ルール

Q	棚卸資産に関する評価規程，評価ルールを作成する際にどのような点に留意すればよいでしょうか。
A	決算前に社内ルールを設け，決算ごとに評価ルールが実態に合っているか定期的に確認することが必要となります。

解 説

　棚卸資産の評価については，社内ルールを設け，決算ごとに評価ルールが実態に合っているかを定期的に確認することが必要となります。特に，滞留在庫の評価を含め，収益性の低下を継続的に把握できるように留意する必要があります。

　その上で，社内ルールに従って計算担当者が評価を実施し，評価区分に従ったリスト等を作成の上，上席者が確認し承認する体制を整えることで，ルールに沿った評価計算となっているかについてダブルチェックすることが必要となります。

　また，評価に棚卸資産の情報を適切に反映させるためには，実地棚卸結果の処理プロセスに基づき処理することが重要となってきます。在庫管理部門は，定期的に在庫情報を関係部門へ報告し，計算担当者は当該情報をもとに評価計算を実施することが求められていると考えられます。

【経理規程（例）】

```
（棚卸資産の評価）
第○条　棚卸資産の評価基準および評価方法は，次のとおりとする。
(1)　商品・製品・半製品　移動平均法による原価法
(2)　仕掛品　個別法による原価法
(3)　原材料　総平均法による原価法
(4)　貯蔵品　総平均法による原価法
　…
```

【棚卸資産管理規程 (例)】

(棚卸資産の評価)
第○条　通常の販売目的で保有する棚卸資産は，取得原価をもって貸借対照表価額とし，期末における正味売却価額が取得価額よりも下落している場合には，当該正味売却価額を貸借対照表価額とする。
2　営業循環過程から外れた滞留または処分見込み等の棚卸資産については正味売却価額等，合理的に算定された価額まで切り下げる。
…

図表5-18　棚卸資産評価のルール (例)

検討項目	検討内容の詳細
グルーピング	• 基本的には個別に評価するが，グルーピングを実施する場合，その範囲について合理的な説明ができているか。 • グルーピングの範囲を理由なく変更していないか。
評価の基礎となる単価	• 販売見込額として，売価や再調達原価は継続的に把握できるものを使用しているか。 • 販売見込価額の情報は合理的なものを入手できるか。 • 販売見込価額は合理的な見積りのもと，使用できるか（通常の棚卸資産では使用できるが期末日前後の販売価格が使えるか否か等） • 販売成績が直近にない場合には，販売見込価額を別途検討できる体制にあるか。 • 評価額について，適切な専門家の利用を検討したか。
計算根拠範囲	• 正味売却価額を算定するにあたり，見積追加製造原価や見積販売直接経費の算定方法は合理的か。 • 複数の銘柄を取引している相手先に対するリベートで総取引量に応じて金額が決定する場合等において，銘柄ごとへの配分方法は確立しているか。 • 正味売却価額がマイナスとなる場合に引当金（企業会計原則注解（注18））を計上するルールが定まっているか。
滞留在庫の評価方法	• 実地棚卸などにより，棚卸資産の状態を確かめる体制が整っているか。 • 評価にあたっては処分見込価額とするか，規則的簿価切下げとするか。

第6章

決算処理，開示

Point

- 期中の在庫管理，期末の在庫確定の結果は，決算処理を通じて決算書の開示に反映されます。
- 収益性の低下に基づく簿価切下額は，売上原価等の内訳項目または注記による方法で表示します。
- 棚卸資産の評価基準および評価方法は，会計方針として注記の対象になります。継続適用が求められており，変更には正当な理由が必要です。

Q6-1 棚卸資産に関する決算処理

Q	棚卸資産に関して必要な決算処理にはどのようなものがあるでしょうか。
A	決算処理として，会計期間末において在庫金額を確定すること，決算書上の開示を行うことが挙げられます。

解 説

　棚卸資産に関して必要な決算処理として，１．会計期間末における在庫金額を確定すること，２．一連の会計処理を開示に反映することが挙げられます。

１．会計期間末における在庫金額の確定

　在庫金額を確定するために必要な決算処理は，以下のとおりです。

---

(1) 棚卸資産の評価方法を選択する。
(2) 実地棚卸により，在庫数量を確定する。
(3) 原価差異を把握し，配賦する。
(4) 在庫評価を行い，収益性の低下（簿価切下額）を把握する。

---

(1) 決算処理の第一段階として，棚卸資産の評価方法を選択し，期末棚卸資産価額の算定方法を決定しなければなりません。各評価方法の詳細は「第２章　在庫管理」をご参照ください。

(2) 実地棚卸により，期末時点の在庫数量を把握します。棚卸差異や棚卸減耗があれば，決算処理に反映されます。実地棚卸の詳細は「第３章　実地棚卸」をご参照ください。

(3) 原価計算の実施により発生した原価差異の配賦計算を実施します。原価計算および原価差異の会計処理について，詳細は「第４章　原価計算」をご参照ください。

(4) 在庫評価を行い，収益性の低下を把握し簿価切下処理を実施します。在庫評価の詳細は「第５章　在庫評価」をご参照ください。

第6章 決算処理，開示　　*181*

２．開　示

　期中を通じて棚卸資産の管理を行い，期末において在庫金額を確定した結果
は，最終的に決算書の開示に反映されます。主な開示項目は以下のとおりです。

---

(1) 貸借対照表：流動資産に棚卸資産残高を計上
(2) 損益計算書：売上原価の計算，収益性の低下による簿価切下額，実地棚卸に
　　よる差異，棚卸資産除却損，原価差異の配賦額など
(3) 注記：棚卸資産の評価基準および評価方法，収益性の低下による簿価切下額

---

(1)　貸借対照表において，期末時点の棚卸資産残高を流動資産に計上します。

(2)　損益計算書において，売上原価の金額は，前期末および当期末の棚卸資
　　　産残高を用いて計算します。また，収益性の低下による簿価切下額，実地
　　　棚卸の結果把握した棚卸差異，棚卸資産の除却による損失，原価計算の結
　　　果生じた原価差異などは，当期の損益として処理し，損益計算書に反映さ
　　　せます。

(3)　注記において，棚卸資産の評価基準および評価方法を開示します。また，
　　　収益性の低下による簿価切下額を損益計算書における売上原価等の内訳項
　　　目として区分掲記しない場合は，注記として開示します。

Q6-2　収益性の低下による簿価切下額の開示

| Q | 収益性の低下による簿価切下額は，決算書においてどのように開示される
でしょうか。 |
|---|---|
| A | 決算書における表示区分は，収益性の低下の発生要因により，売上原価ま
たは製造原価，特別損失の区分に計上されます。 |

解　説

　期末棚卸資産に対して収益性の低下による帳簿価額の切下げが生じた場合，
その金額は決算書において開示する必要があります。簿価切下げによる損失額
の損益計算書における表示区分は，その発生要因によって異なります。

1．収益性の低下が通常の販売活動において発生した場合

棚卸資産の収益性の低下が通常の販売活動に関連して発生した場合は，販売活動としての売上高に対応する費用として，売上原価に計上します。

簿価切下額が販売促進活動に起因する場合には，販売費として表示することも考えられますが，棚卸資産会計基準では販売促進の意味を拡大解釈されることを防ぐため，このような会計処理を示していません。

2．収益性の低下が製造活動から発生した場合

収益性の低下が製造活動において不可避的に発生したと認められる場合は，簿価切下額は製造原価に計上します。例えば，製造活動の過程においてガラスなどの製造品の一部が破損した場合などが該当します。

評価損の製造原価算入に関する考え方については，Ｑ4－8にて解説しています。

3．収益性の低下が臨時の事象により多額に発生した場合

臨時的な事象を要因として，かつ，多額の収益性の低下が発生した場合，簿価切下額は特別損失に計上します。ここでいう臨時的な事象とは，重要な事業部門の廃止や災害損失の発生など，極めて稀なケースが想定されています。

なお，特別損失に計上されるような臨時かつ多額の収益性の低下については，翌期の処理において洗替え法は認められず，切放し法が強制されています。

4．洗替え法における戻入額の計上区分

特別損失に計上される場合を除いて，前期末における収益性の低下を当期に戻し入れる洗替え法の適用が認められますが，当該戻入額については，簿価切下額を計上した区分と同じ区分である必要があります。すなわち，売上原価に計上された簿価切下額の戻入額は売上原価の区分に，製造原価に計上された簿価切下額の戻入額は製造原価の区分に，それぞれ計上されます。

5．表示方法

簿価切下額を売上原価または製造原価に計上する際，決算書においてそれぞ

第6章 決算処理，開示 **183**

れの総額に含めて開示を行うと，利害関係者は実際の収益性の低下がどれだけあったのかを読み取ることができません。そのため，表示方法としては2通りの方法が定められています。

（1）売上原価または製造原価の内訳項目として，内容を示す名称で区分掲記

【記載例】

売上原価	
商品期首棚卸高	100
当期商品仕入高	300
合計	400
棚卸資産評価損	30
商品期末棚卸高	120
売上原価合計	310

（2）注記として開示

【記載例】

（損益計算書関係）
　通常の販売目的で保有する棚卸資産の収益性の低下による簿価切下額は次のとおりであります。
　売上原価　　　30千円
（損益計算書関係）
　通常の棚卸高は収益性の低下による簿価切下後の金額であり，次の棚卸資産評価額が売上原価に含まれております。
　売上原価　　　30千円

Q6-3 簿価切下額と相殺する戻入額

Q 収益性の低下による簿価切下額を開示する際に，前期計上額を戻し入れる場合に相殺する戻入額については，売却して実現した金額を除くべきでしょうか。

A 理論的には売却による実現した部分を除く方法が適切と考えられますが，会社の実態に応じた判断が必要となります。

解説

1．収益性の低下による簿価切下額として開示する金額の考え方

前期末において，棚卸資産の収益性の低下を帳簿価額に反映した場合，当該簿価切下額について，当期において戻入れを行う方法（洗替え法）と戻入れを行わない方法（切放し法）のいずれかの方法を選択適用できます。

収益性の低下による簿価切下額を決算書において開示することを求めている棚卸資産会計基準の第18項では，「収益性の低下による簿価切下額（前期に計上した簿価切下額を戻し入れる場合には，当該戻入額相殺後の額）は，注記による方法または売上原価の内訳項目として独立掲記する方法により示さなければならない」と定めており，かっこ書きの記載において，洗替え法を適用している場合に開示すべき金額について定めています。

ここで定められている洗替え法を採用している場合の戻入額について，2つの考え方が存在します。

(1) 期中に売却されて実現された部分を除いた額を戻入額とする

(2) 前期末に収益性の低下により計上した簿価切下額を戻入額とする

2．相殺する戻入額としていずれの考え方を採用するか

棚卸資産会計基準は以下のような考え方に基づいています。これらを鑑みると，理論的には上記1(1)の考え方が適当と考えられます。

- 棚卸資産会計基準は，棚卸資産の評価を適切に行うための基準である

第6章　決算処理，開示　　*185*

- 同会計基準第18項において求められる注記は，期末において存在している棚卸資産に対する評価の注記である
- 同会計基準は，洗替え法と切放し法のどちらを採用しても結果的に大きく異ならないようにするという考え方に基づいている（第56項〜第59項）

　また，数値例を用いて考えると，例えば，前期末に簿価100（@10×10個）の棚卸資産について，収益性の低下により40（@4×10個）に簿価を切り下げ（評価損60計上），当期中に2個売れて期末を迎え，期末時点でさらに@3に下がってしまった場合を想定します。

　この場合，切放し法を採用していれば，当期末は8（@(4−3)×8個）の評価損が計上されます。洗替え法において1(1)の考え方によると当期に戻入益48（@6×8個），評価損56（@(10−3)×8個）となり，差引き8の評価損失が計上され，切放し法を用いた場合と同じになりますが，1(2)の考え方によると当期計上額が戻入益60，評価損56（@(10−3)×8個）となり，差引き4という意味のない損益が算出されてしまうことになります。

　ただし，会社の業種，業態や棚卸資産の種類および管理方法等により異なりますが，多数の製品，原材料等を保有している会社において，前期に簿価切下げした棚卸資産のうち，当期に販売等で実現した部分を個々に算定することは困難な場合があると考えられます。そのため，実務上は1(2)の考え方を採用せざるを得ない状況は少なくないと考えられます。最終的には，会社の実態に応じた個別の判断が必要になると考えられます。

Q6-4　注　記

Q	棚卸資産に関して求められる注記を教えてください。
A	会計方針の注記，収益性の低下による簿価切下額の注記が必要になります。

解　説

1．会計方針の注記

　重要な会計方針に係る事項に関する注記として，棚卸資産の評価基準および

評価方法の注記が求められます。

「評価基準」として，棚卸資産会計基準第7項では，通常の販売目的で保有する棚卸資産の貸借対照表価額については，取得価額をもって貸借対照表価額とし，収益性の低下に基づき簿価切下げを行うことを求めています。また，棚卸資産会計基準第15項では，トレーディング目的で保有する棚卸資産は，市場価格に基づく価額をもって貸借対照表価額とすることを求めています。

「評価方法」として，棚卸資産会計基準第6-2項では，個別法・先入先出法・平均原価法・売価還元法の中から選択することを求めています。

【注記例】

> 棚卸資産の評価基準および評価方法
> 　移動平均法による原価法（貸借対照表価額は収益性の低下に基づく簿価切下げの方法により算定）

2．通常の販売目的で保有する棚卸資産に係る損益の注記

通常の販売目的で保有する棚卸資産について，収益性の低下による簿価切下額を売上原価等の内訳項目として独立掲記しない場合，注記が求められます。

【注記例】

> （損益計算書関係）
> 　期末棚卸高は収益性の低下による簿価切下げ後の金額であり，次の棚卸資産評価額が売上原価に含まれております。　　　　　　　　　　　　700百万円

3．売価還元低価法採用時の棚卸資産の簿価切下額に関する開示の要否

売価還元低価法により算定された帳簿価額は，収益性の低下を反映した帳簿価額であるとみなす（棚卸資産会計基準13）とされています。このような場合であっても，独立掲記もしくは注記による簿価切下額の表示が必要と考えられます。収益性の低下に基づく簿価切下げ前の金額は，値下額および値下取消額を控除しない売価還元平均原価法に基づいて算定した金額と考えられるため，

第6章　決算処理，開示　　*187*

両者の差額が記載対象となります。

4．簿価切下額の戻入方法の開示の要否

　前期に計上した簿価切下額の戻入れに関しては，当期に戻入れを行う方法（洗替え法）と行わない方法（切放し法）のいずれかの方法を棚卸資産の種類ごと，または売価の下落要因ごとに選択適用できます。

　1つの経済的実態に対して複数の会計処理が認められており，会計方針としての記載が求められるかが問題となりますが，一般的に正味売却価額が回復するケースは必ずしも多くないと考えられることや，仮に正味売却価額が回復している場合には，通常販売され在庫として残らないと見込まれることから，洗替え法と切放し法のどちらを採用しても結果は大きく異ならないものと考えられるため，会計方針としての記載は求められていません。ただし，いずれの方法を選択した場合も継続適用が求められているため，変更した場合には，会計方針の変更に関する注記を検討することが必要になります。

Q6-5　棚卸資産除却損の表示

Q	棚卸資産除却損はどの表示区分に計上するのが適切でしょうか。また，注記は求められますか。
A	棚卸資産除却損は，損益計算書において，売上原価に含めて計上します。実際の廃却等により処分された時の処分コスト部分については，実態に応じた処理を行います。 注記による開示は不要です。

解説

1．損益計算書における表示区分

　棚卸資産を除却する際には，以下の損失が発生します。

⑴　営業循環過程から外れた滞留または処分見込み等の棚卸資産に関して，処分

> 見込額等に簿価を切り下げた場合の損失
> (2) 実際の廃却等により処分された時の処分コスト

(1) 営業循環過程から外れた滞留または処分見込み等の棚卸資産に関して，処分見込額等に簿価を切り下げた場合の損失

除却対象の棚卸資産の帳簿価額が100千円であり，除却による処分見込額が10千円であるとすると，当該帳簿価額を処分見込額に切り下げた際に90千円の損失が発生します。

当該部分は，棚卸資産会計基準に定められる収益性の低下に基づく簿価切下げに該当します。収益性の低下に基づく簿価切下額は，販売活動を行う上で不可避的に発生したものであるため，売上原価として表示することとされています（棚卸資産会計基準62）。

(2) 実際の廃却等により処分された時の処分コスト

上記の棚卸資産を処分するにあたって，廃却を依頼する業者に対する手数料など，帳簿価額の切下げとは別途処分のためのコストが発生します。

当該部分は，棚卸資産の廃却時に発生する付随費用と考えられ，上記(1)に伴うコストとして売上原価に計上するのが一般的と考えられますが，会社の営業活動などの実態に応じて，適切な表示区分に計上することになると考えられます。

2．注記の要否

在庫評価により収益性の低下を識別し，棚卸資産の帳簿価額を引き下げた場合，当該簿価切下額について売上原価等の内訳項目として開示しない場合は，注記による開示が必要となります。ここで注記が求められている切下額は，期末棚卸資産の在庫評価による帳簿価額の切下額であり，期中において棚卸資産を除却した際に生じた損失は含まれません。

棚卸資産会計基準では，翌期以降の販売により投下資金の回収が見込まれる期末棚卸資産に対し，収益性の低下を会計処理として反映することを求めてい

ます（棚卸資産会計基準7，40）。このような会計基準の趣旨を鑑みると，棚卸資産除却損の対象となった資産は期末時点の棚卸資産残高を構成せず，翌期以降に販売される対象とはならないため，決算書上の注記に含めることは適切ではないと考えられます。

ここ注意！

　例えば，賃貸業を本業としない企業で，土地建物の賃貸収入および費用を営業外損益として処理している場合に，その賃貸資産の補修用に貯蔵品を保管している場合があります。このような貯蔵品を除却した際においても，除却損は営業外費用ではなく，原則として売上原価で処理することとなります。棚卸資産会計基準では，棚卸資産の範囲に含まれる資産については原則として一律に取り扱われ，その保有目的により処理に相違はありません。

Q6-6　トレーディング目的で保有する棚卸資産の開示

Q	トレーディング目的で保有する棚卸資産の開示には，どのような留意点があるでしょうか。
A	貸借対照表において，市場価格に基づく価額をもって棚卸資産残高が計上されます。 損益計算書において，トレーディングにより発生した損益は，原則として純額で売上高に表示します。

解説

　トレーディング目的で保有する棚卸資産とは，通常の販売を目的とするものではなく，投機目的（市場価格の変動によって利益を得る目的）で保有する棚卸資産をいいます。このような棚卸資産は，その性質に伴い，決算書における開示において下記のように定められています。

1．貸借対照表における表示

　トレーディング目的で保有する棚卸資産は，市場価格に基づく価額で貸借対照表に計上されます。

トレーディング目的で保有する棚卸資産とは，加工や販売の努力を行うことなく単に市場価格の変動により利益を得ることを目的とするものであり，活発な取引が行われるよう整備された購買市場と販売市場が区別されない単一の市場（例えば金の取引市場）の存在が前提となっています。こうした棚卸資産について，投資家にとっての有用な情報は棚卸資産の期末時点の市場価格であると考えられることから，市場価格に基づく価額で貸借対照表に表示することが求められています（棚卸資産会計基準60）。

2．損益計算書における表示

トレーディングを目的として保有する棚卸資産の売買・換金には事業遂行上等の制約がなく，市場価格の変動が企業にとっての投資活動の成果と考えられることから，帳簿価額と市場価格の差額は当期の損益として処理することが適切とされています（棚卸資産会計基準60）。

トレーディング目的で保有する棚卸資産に関連して発生する損益には，期末時点の帳簿価額と市場価格の差額である評価損益および期中の売却時に発生する売却損益が挙げられ，原則として純額で売上高に表示します。

ただし，当該金額に重要性が乏しい場合には，営業外収益または営業外費用に計上することができます（財規72の2，連規51の2）。また，棚卸資産のトレーディングを主たる事業としていない場合には，主たる事業以外から生じる損益として，営業外収益または営業外費用に計上します。

トレーディング目的で保有する棚卸資産は投機的な目的で保有する資産であるため，市場価格の激しい変動により多額の評価損益が発生しても，原則的に特別損益には計上できません。ただし，極めて限定的ですが，災害等，特殊な要因で発生した多額の損失は特別損失に計上されます。

通常の販売目的で保有する棚卸資産とトレーディング目的で保有する棚卸資産の開示上の相違点は，図表6-1のようにまとめられます。

第6章 決算処理，開示　　*191*

図表6-1　開示の相違点

	通常の販売目的 で保有する棚卸資産	トレーディング目的 で保有する棚卸資産
評価基準	取得原価基準	時価基準
貸借対照表価額	帳簿価額（正味売却価額）	市場価格
評価損益の処理方法	評価差損の場合のみ当期 の損失に計上	評価損益について当期の 損益に計上

Q6-7　会計方針の変更

Q	評価方法の変更はどのような場合に認められますか。
A	評価方法の変更は会計方針の変更に該当するため，正当な理由がある場合に認められます。

解 説

1．棚卸資産の評価方法の変更は会計方針の変更に該当する

棚卸資産の評価方法は，事業の種類，棚卸資産の種類，その性質およびその使用方法等を考慮した区分ごとに選択し，継続して適用する必要があります。各評価方法の特徴により，企業の実態に即した方法を採用することが求められます。

棚卸資産の評価方法の変更は，会計方針の変更に該当します。会計方針の変更が認められるためには，正当な理由が必要となります。

会計方針の変更は，企業の事業内容または企業内外の経営環境の変化に対応して行われるものであり，会計事象等を財務諸表により適切に反映するために行われる場合は，正当な理由があるものとして，これが認められます。また，変更後の会計方針が一般に公正妥当と認められる企業会計の基準に照らして妥当であること，会計方針の変更が利益操作等を目的としていないこと，会計方針を当該事業年度に変更することが妥当であることについても，正当な理由と

して認められるために検討すべき要点となります。

> 【自発的な会計方針の変更の場合に求められる正当な理由】（監査・保証実務委員会実務指針第78号「正当な理由による会計方針の変更等に関する監査上の取扱い」8）
> ① 会計方針の変更が企業の事業内容または企業内外の経営環境の変化に対応して行われるものであること
> ② 会計方針の変更が会計事象等を財務諸表に，より適切に反映するために行われるものであること
> ③ 変更後の会計方針が一般に公正妥当と認められる企業会計の基準に照らして妥当であること
> ④ 会計方針の変更が利益操作等を目的としていないこと
> ⑤ 会計方針を当該事業年度に変更することが妥当であること

２．正当な理由による棚卸資産の評価方法の変更例

　正当な理由による棚卸資産の評価方法の変更としては，例えば，以下のような状況が考えられます。

> (1) 外的環境の変化により，原材料の調達価格が短期に著しく変動する状況となった場合
> (2) 新たな在庫管理システムを導入し，より実態に即した評価方法の適用が可能となった場合
> (3) 連結グループ内の会計方針を統一する場合

(1) 外的環境の変化により，原材料の調達価格が短期に著しく変動する状況となった場合

　原材料の調達価格等が比較的安定している状況においては，評価方法の選択によって期末棚卸資産価額の算定結果に大きな差異はありません。しかし，原材料の調達価格等が短期間に著しく変動するような状況において，インフレ局面を想定すると，平均原価法（総平均法・移動平均法）では，実際の調達価格よりも低い単価で期末棚卸資産価額が算定されます。

　外的環境がこのように変化した状況において，適正な期末棚卸資産価額の算

定および期間損益計算を行うため，評価方法を平均原価法（総平均法・移動平均法）から先入先出法や個別法に変更することは，企業内外の環境の変化に対応して行われる会計方針の変更であるため，正当な理由があると考えられます。

⑵ 新たな在庫管理システムを導入し，より実態に即した評価方法の適用が可能となった場合

　従来は適切な在庫管理システムが整備されておらず，期中の仕入価格を継続的に把握することが困難であるため，売価還元法や最終仕入原価法を採用していたとします。このような状況において，新たな在庫管理システムを導入し，棚卸資産の種類ごとの平均原価を継続的に算定することが可能となった年度において，評価方法を平均原価法（総平均法・移動平均法）に変更することは，会計事象等を財務諸表により適切に反映するために行われる会計方針の変更であるため，正当な理由があると考えられます。

⑶ 連結グループ内の会計方針を統一する場合

　同一環境下で行われた同一の性質の取引等について，連結会社（親会社および子会社）が採用する会計処理の原則および手続は，原則として統一しなければならないものとされています（連結会計基準17）。近年のM&Aの活発化に伴い，連結グループ内に占める連結子会社の割合が増加し，各社において異なる棚卸資産の評価方法を統一する必要が生じた際に評価方法を変更することは，企業内外の環境の変化に対応して行われる会計方針の変更であるため，正当な理由があると考えられます。

　なお，連結会社（親会社および子会社）が採用する棚卸資産の評価方法については，原則として統一することが望ましいものの，一般に財政状態および経営成績の表示に重要な影響を及ぼさないと考えられるため，事務処理の経済性等を考慮し，必ずしも統一を要さないものとされている点，留意が必要です（監査・保証実務委員会実務指針第56号「親子会社間の会計処理の統一に関する当面の監査上の取扱い」5⑵①）。

【注記例】

(会計方針の変更)

　当社における，商品及び製品の評価方法は，従来，主として総平均法によっていたが，○○○（**正当な理由の内容を記載する**）のため，当連結会計年度から先入先出法に変更した。当該会計方針の変更は遡及適用され，前連結会計年度については遡及適用後の連結財務諸表となっている。

　この結果，遡及適用を行う前と比べて，前連結会計年度の連結貸借対照表は，商品及び製品，利益剰余金がそれぞれ，○百万円，○百万円増加し，前連結会計年度の連結損益計算書は，売上原価が○百万円減少し，営業利益，経常利益及び税金等調整前当期純利益がそれぞれ同額増加し，親会社株主に帰属する当期純利益及び当期純利益が○百万円増加している。前連結会計年度の連結キャッシュ・フロー計算書は，税金等調整前当期純利益が○百万円増加し，棚卸資産の増減額が○百万円減少している。

　前連結会計年度の期首の純資産の帳簿価額に反映された会計方針の変更の累積的影響額により，連結株主資本等変動計算書の利益剰余金の遡及適用後の期首残高が○百万円増加している。

　なお，1株当たり情報に与える影響は，当該箇所に記載している。

ここ注意！

　会計方針を変更した際に，原則的取扱いである遡及適用が以下のような状況によって実務上不可能な場合には，過去に遡及して新たな会計方針を適用しないことが認められます（過年度遡及会計基準8）。

① 過去の情報が収集・保存されておらず，合理的な努力を行っても，遡及適用による影響額を算定できない場合

② 遡及適用にあたり，過去における経営者の意図について仮定することが必要な場合

③ 遡及適用にあたり，会計上の見積りを必要とするときに，会計事象や取引が発生した時点の状況に関する情報について，対象となる過去の財務諸表が作成された時点で入手可能であったものと，その後判明したものとに，客観的に区別することが時の経過により不可能な場合

第6章　決算処理，開示　　*195*

Q6-8 内部管理体制(1)　決算・開示プロセス

Q	棚卸資産の決算処理および開示において，どのような内部管理体制を構築する必要がありますか。
A	評価替えの適切な把握，総勘定元帳等の会計記録と棚卸資産台帳の照合を実施する内部管理体制を構築する必要があります。

解 説

1．必要となる内部管理体制

　棚卸資産の決算処理および開示のための内部管理体制（決算財務報告プロセス）を構築し，決算整理項目の会計処理を行うことで，棚卸資産の期末残高を確定します。棚卸資産に係る決算整理項目には①在庫の評価替え，②総勘定元帳と棚卸資産台帳の照合があります。

　まず，経理担当者は，棚卸資産管理システムから滞留在庫一覧表をアウトプットし，総勘定元帳残高と一致していることを確認します。上記一覧表および実地棚卸によって把握された簿価切下げの対象となる棚卸資産について，通常の販売目的で保有する棚卸資産，営業循環過程から外れた長期滞留品・不動品等の棚卸資産に区分して棚卸資産評価明細表を作成します。

　経理担当者は，区分ごとに収益性の低下を反映した会計処理を実施したうえで，棚卸資産評価明細表に評価後の棚卸資産価額を記入し，修正伝票を作成します。

　上席者は，棚卸資産評価明細表，修正伝票および根拠証憑について照合等を実施したうえで承認します。承認後，経理担当者は修正伝票を会計システムに入力します。

　最後に，経理担当者は総勘定元帳と棚卸資産評価明細表を照合し，上席者の承認を得ます。

　総勘定元帳と棚卸資産台帳の照合は，財務会計システムからの帳票である総勘定元帳と，棚卸資産管理システムからの帳票である棚卸資産台帳の金額が合致していることを確かめる目的で実施されます。通常両者は一致するはずです

が，差異がある場合にはその理由を調査し，早期に解決を図る必要があります。

なお，在庫の評価替えを洗替え法で実施する場合，棚卸資産台帳には評価替えを影響させず，総勘定元帳のみに反映させることも考えられます。その場合は合理的な理由で評価差額だけ両者に差異が生じることになります。

2．リスクとコントロール

この業務で考えられるリスクとしては，主に以下の3点が考えられます。

(1) 滞留在庫一覧表の滞留期間が誤っていたために，評価替えの対象とすべき在庫が対象から漏れてしまうリスク

(2) 上記と同様の理由で，評価替えの対象とすべきでない在庫を対象に含めてしまうリスク

(3) 簿価の切下げの適用を誤るリスク

(1)および(2)のリスクを防ぐためには，上席者が，滞留在庫一覧表の滞留期間等の妥当性についてサンプルチェック等により確認する必要があります。

(3)のリスクを防ぐためには，会社の作成した業務マニュアルが棚卸資産会計基準に準拠していることが必要です。作成した業務マニュアルは例外を設けずに厳格に適用する必要があります。

> **ここ注意！**
>
> 決算財務報告プロセスにおいて，会計上の見積りに関連する領域では財務諸表の虚偽表示が多い傾向にあります。棚卸資産の期末時点における収益性の判断（在庫評価）は，会計上の見積りに該当します。適切な内部統制を整備・運用することによって，評価額の算定が誤っていないか，恣意的に評価額が高く算定されていないか，という視点を持つことが重要です。

第6章 決算処理，開示　　197

Q6-9 　内部管理体制⑵　決算早期化

Q	棚卸資産に関する決算処理を早期化するには，どのような方法がありますか。
A	原価差異の情報収集の迅速化や実地棚卸の前倒し等により，決算早期化を図ることができます。

解 説

　棚卸資産に関する決算処理において，在庫の確定が決算遅延に影響している場合があります。決算処理を早期化するための方法として，1．原価差異の情報収集を迅速化すること，2．実地棚卸を前倒しすることが挙げられます。

1．原価差異の情報収集体制の構築

　原価計算による棚卸資産価額の算定において，標準原価計算の採用によって計算の迅速化を図ることができます。標準原価計算では，実際原価計算における財貨の実際消費量や実際価格を収集するのに要する時間が不要であるからです。しかし，決算処理を確定するためには，標準原価計算によって生じる原価差異の会計処理までを完了する必要があります。標準原価計算によって計算が迅速化されたとしても，原価差異の算定に時間を要した場合は，決算の遅延に影響してしまいます。

　原価差異は，標準原価（財貨の標準消費量×標準価格）と実際原価（財貨の実際消費量×実際価格）との差額として算定されます。決算処理において，原価差異を算定するために必要な情報は，財貨の実際消費量と実際価格です。

　これらの数値情報を早期に収集するための方法として，システムの導入および連携が挙げられます。生産システムの導入により財貨の実際消費量を適時に把握し，購買システムの導入により材料の購入価額を常に把握し，それらのシステムと会計システムの連携を行うことで，情報収集に要する時間を短縮させることができます。

２．実地棚卸を前倒しする方法

　実地棚卸は，期末日時点の在庫数量を確定するために実施されます。期末日の数量を確定する目的であるとはいえ，必ずしも期末日当日の在庫受払いがすべて終了した後でなければ，実施してはならないというわけではありません。

　実地棚卸結果を反映した在庫数量の確定が決算遅延に影響している場合，以下のような対策を検討することができます。

(1)　実地棚卸を期中に前倒しで実施する方法

　期末日より前の一定の日を棚卸基準日とし，実地棚卸を行う方法です。

　まず，棚卸基準日における在庫数量を確定し，期末日までの残余期間については受払いの妥当性を別途確認することで，期末日以降の決算処理における負担を軽減することができます。

(2)　循環棚卸を実施する方法

　期中を通じて，実地棚卸を一部ずつ実施していく方法です。

　在庫数量が多く期末日付近での一斉棚卸実施が困難な場合や，すべての棚卸資産の受払いを実地棚卸のために停止することが実務上困難な場合に適しています。期末日以外を棚卸基準日とした部分については，(1)と同様に期末日までの残余期間について受払いの妥当性を別途確認する必要があります。

　ただし，上記のいずれの方法を採用しても，棚卸基準日から期末日までの期間は合理的な期間内である必要があります。入庫と出庫の事実を追うことによって受払数量を検証することは可能ですが，実際に期末日において実地棚卸を実施する方法と比較すると，数量の確定を誤るリスクは高くなる点，留意が必要です。

第7章

四半期における処理

Point

- 四半期における特有の会計処理として，一定の要件を満たす場合，原価差異の繰延処理を採用することができます。
- 四半期における簡便的な会計処理として，以下の3点が認められています。
  - ——実地棚卸の省略
  - ——簿価切下げにあたっての簡便的な会計処理
  - ——原価差異の配賦方法における簡便的な会計処理
- 年度決算で棚卸資産の簿価切下げに切放し法を適用していても，四半期決算において，洗替え法を適用することができます。
- 四半期報告書では特有の会計処理の注記，および「たな卸資産」の内訳の注記が求められています。

Q7-1 年度決算と四半期決算の相違点

Q 年度決算と四半期決算で，棚卸資産の処理はどのように異なりますか。

A
- 四半期における特有の会計処理として，一定の要件を満たす場合，原価差異の繰延処理を採用することができます。
- 四半期における簡便的な会計処理として，以下の3点が認められています。
  ― 実地棚卸の省略
  ― 簿価切下げにあたっての簡便的な会計処理
  ― 原価差異の配賦方法における簡便的な会計処理
- 年度決算で棚卸資産の簿価切下げに切放し法を適用していても，四半期決算において，洗替え法を適用することができます。
- 四半期報告書では特有の会計処理の注記，および「たな卸資産」の内訳の注記が求められています。

解説

1．四半期における特有の会計処理

　四半期財務諸表は，原則として年度の財務諸表の作成にあたり適用される会計処理の原則および手続に準拠しなければなりません（四半期会計基準9，20，42）。

　これは四半期財務諸表は，中間財務諸表と同様に，四半期会計期間を年度と並ぶ一会計期間と捉える「実績主義」の考え方に基づいているためです。

　しかしながら，例外的に四半期特有の会計処理を認めたほうが，経済的実態をより適切に表し，財務諸表利用者に対して将来の業績予測に資する情報を提供することができるという見方があります。

　そのため，棚卸資産に関して一定の要件を満たす場合，継続的に適用することを条件に，四半期特有の会計処理として原価差異の繰延処理が認められています（四半期会計基準49）。詳細は後述のQ7-2にて解説します。

2．四半期における簡便的な会計処理

　四半期財務諸表は，年度の財務諸表や中間財務諸表よりも開示の迅速性が求められています。この点を踏まえ，企業集団または企業の財政状態，経営成績およびキャッシュ・フローの状況に関する財務諸表利用者の判断を誤らせない限り，簡便的な会計処理が認められています（四半期会計基準47）。

　棚卸資産に関しては，実地棚卸の省略，簿価切下げにあたっての簡便的な会計処理，原価差異の配賦方法における簡便的な会計処理という3つの簡便処理が認められています。詳細は後述のＱ7-3〜Ｑ7-5にて解説します。

3．棚卸資産の簿価切下げに係る洗替え法と切放し法

　棚卸資産会計基準では，簿価切下げにあたり，棚卸資産の種類ごとに，洗替え法と切放し法が選択適用できるとされています（棚卸資産会計基準14）。

　四半期決算においては，原則として年度決算において選択する方法と同様の方法を適用することになるため，年度決算で洗替え法を適用した場合，四半期決算においても洗替え法を適用することになります。

　一方で，年度決算において切放し法を適用している場合には，関連諸制度との整合性も考慮し，継続適用を条件として，洗替え法と切放し法のいずれかを選択適用することができるとされています（四半期適用指針7，87）。詳細は後述のＱ7-6にて解説します。

4．四半期報告書における開示

　四半期決算において，原価差異の繰延処理を特有の会計処理として採用している場合，質的および金額的な重要性が乏しい場合を除き，四半期報告書にその旨，およびその内容を注記することが求められています（四半期会計基準19(6)，四半期適用指針37，四半期連規12）。

　なお，四半期決算において簡便的な会計処理を採用している場合であっても，簡便処理は財務諸表利用者の判断を誤らせない限り認められるものであるため，重要性が乏しいと考えられており，注記は求められていません。

　また，貸借対照表において「たな卸資産」の名称で一括掲記した場合，その内訳を注記しなければなりません。ただし，第1四半期および第3四半期にお

いては，当該注記を省略することができます（四半期連規35④⑤）。詳細は後述のＱ7-7にて解説します。

> **ここ注意！**
>
> 四半期財務諸表は「実績主義」に基づき，原則として年度の財務諸表と同様に作成する必要があります。例外として認められている四半期における特有の会計処理は，一定の要件を満たし，かつ継続的に適用される必要があります。また，四半期における簡便的な会計処理は，財務諸表利用者の判断を誤らせない限り適用が認められていることに留意ください。

Q7-2 四半期特有の会計処理──原価差異の繰延処理

Q	四半期特有の会計処理である原価差異の繰延処理について教えてください。
A	標準原価計算等（予定価格を使用した実際原価計算を含みます）を採用している場合において，原価差異が操業度等の季節的な変動に起因して発生したものであり，かつ，原価計算期間末までにほぼ解消することが見込まれるときには，継続適用を条件として，当該原価差異を流動資産または流動負債として繰り延べることができます。

解 説

1．原価差異の繰延処理

四半期財務諸表は「実績主義」の考えに基づき，原則として年度の財務諸表の作成にあたり適用される会計処理の原則および手続に準拠しなければなりませんが，例外的に四半期特有の会計処理を認めたほうが，経済的実態をより適切に表し，財務諸表利用者に対して将来の業績予測に資する情報を提供することができる場合があります。

そのため，棚卸資産に関して一定の要件を満たす場合，継続的に適用することを条件に，四半期特有の会計処理として原価差異の繰延処理が認められています（四半期会計基準49）。

これは，標準原価計算（予定価格を使用した実際原価計算を含みます）を採

用している会社において，四半期決算時における原価差異が操業度等の季節的な変動に起因して発生したものである場合，当該原価差異を年度決算と同様に処理すると，売上高と売上原価の対応関係が適切に表示されない場合があるためです。

そこで，四半期会計期間における経済的実態をより適切に反映させるため，予定価格または標準原価が年間（または6か月等）の原価計算期間を基礎に設定されているために発生する操業度差異等の原価差異で，原価計算期間末である年度末（または第2四半期会計期間末等）までにほぼ解消することが見込まれる場合には，継続適用を条件として，当該原価差異を流動資産または流動負債として繰り延べることにより，季節的な変動を排除した売上原価の計算が可能であるため，当該特例処理が認められています（四半期会計基準50）。

ここ注意！

原価計算期間が四半期会計期間と同じ，またはそれよりも短い場合や，原価計算期間末までに原価差異の解消が見込まれない場合には，当該特例処理は採用することができませんので留意が必要となります（四半期会計基準50なお書き）。

また，原価差異の繰延処理は，設備投資型産業で大型の定期修繕に伴う操業の停止または低下により，季節的に重要な操業度差異が発生する企業等が想定されている例外的な処理と考えられます。

設例7-1　原価差異の繰延処理

（前提条件）

- 会社は標準原価計算を採用する3月決算のメーカーである。
- 毎年第1四半期に設備の大型修繕が行われるため，操業度が大きく低下し，原価差異（すべて操業度差異）が発生する。
- 原価計算期間は1年であり，原価計算期間末には当該操業度差異はほぼ解消されることが見込まれている。
- 簡略化のため，製造した製品はすべて四半期会計期間中に@20で販売されるものとし，また原価差異は売上原価にすべて賦課されるものとする。
- 標準原価の設定の際に使用された予想操業度，実際操業度は以下のとおりである。

	第1四半期 会計期間	第2四半期 会計期間	第3四半期 会計期間	第4四半期 会計期間	年間合計
予想操業度(個)	100	300	300	300	1,000
実際操業度(個)	100	300	300	300	1,000

- 標準原価の設定の際に変動費率は@2（年間変動費予算2,000÷年間製造見込個数1,000），固定費率は@8（年間固定費予算8,000÷年間製造見込個数1,000）と設定されている。
- 変動費，固定費，原価差異は以下のとおり発生している。

	第1四半期 会計期間	第2四半期 会計期間	第3四半期 会計期間	第4四半期 会計期間	年間合計	
標準変動費	200	600	600	600	2,000	
標準固定費	800	2,400	2,400	2,400	8,000	
標準売上原価	1,000	3,000	3,000	3,000	10,000	①
実際変動費	200	600	600	600	2,000	
実際固定費	2,000	2,000	2,000	2,000	8,000	
実際売上原価	2,200	2,600	2,600	2,600	10,000	②
原価差異 ＋が不利差異 －が有利差異	1,200	△400	△400	△400	0	②－①

第7章　四半期における処理　　*205*

（特例処理を採用しない場合）

	第1四半期 会計期間	第2四半期 会計期間	第3四半期 会計期間	第4四半期 会計期間	年間合計
売上高	2,000	6,000	6,000	6,000	20,000
売上原価	2,200	2,600	2,600	2,600	10,000
売上総利益	△200	3,400	3,400	3,400	10,000
粗利率	△10%	57%	57%	57%	50%

ポイント！
第1四半期会計期間の粗利率が年間合計の粗利率
から乖離しており，経済的実態を表していない

（特例処理を採用した場合）

	第1四半期 会計期間	第2四半期 会計期間	第3四半期 会計期間	第4四半期 会計期間	年間合計
売上高	2,000	6,000	6,000	6,000	20,000
売上原価	1,000	3,000	3,000	3,000	10,000
売上総利益	1,000	3,000	3,000	3,000	10,000
粗利率	50%	50%	50%	50%	50%
繰延原価差異	1,200	800	400	―	―

ポイント！
第1四半期会計期間の粗利率は年間合計の粗利率
と同率であり，経済的実態を表している

Q7-3 四半期の簡便的な会計処理① 実地棚卸の省略

Q	四半期の簡便的な会計処理である実地棚卸の省略について教えてください。
A	四半期末における棚卸高は，前年度に係る実地棚卸高を基礎として，合理的な方法により算定すること，すなわち実地棚卸の省略が認められています。

解 説

　四半期末における棚卸高は，前年度に係る実地棚卸高を基礎として，合理的な方法により算定することができるとされ，四半期決算において，棚卸資産の実地棚卸を省略することが認められています（四半期適用指針6）。

　年度決算においては，棚卸資産の数量は，継続的な受払記録による帳簿上の棚卸数量と，実地棚卸の実施による棚卸数量とを比較し，棚卸差異がある場合は調査・分析のうえで，年度末の棚卸数量を確定させます。

　一方で，四半期決算においては年度決算よりも開示の迅速性が求められているため，実地棚卸の省略が認められており，前年度に係る実地棚卸高を基礎として，合理的な方法により算定することができるとされています。

　四半期決算において実地棚卸を省略した場合，棚卸資産の数量は，前年度における実地棚卸の棚卸数量に，四半期決算までの期間の受払記録を加減して，四半期末の棚卸数量を算定することになります。

　また，期中に循環棚卸を実施している会社で，循環棚卸の対象となった棚卸資産については，循環棚卸実施による棚卸数量を基礎として，四半期決算までの期間の受払記録を加減して，四半期末の棚卸数量を算定することになります。

　棚卸資産の種類によっては，毎期一定のロスが発生することが過去の実地棚卸の結果から明らかであり，合理的なロス率を見積ることができる場合があります。このような場合において，四半期末の棚卸数量に合理的なロス率を調整することも，合理的な方法による算定に含まれると考えられます。

　3月決算会社で，第1四半期決算において実地棚卸を省略した場合の合理的な方法による算定のイメージは図表7-1のとおりです。

第7章 四半期における処理　207

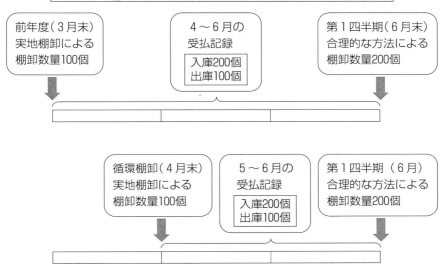

　実地棚卸の省略を採用するためには，棚卸資産の受払記録が整備されていることが前提とされています。これは，受払記録が整備されておらず，実地棚卸を実施しなくては棚卸数量が確定しないような場合は，前年度の実地棚卸数量を基礎として，合理的な方法で四半期末の棚卸数量を算定することは困難と考えられるためです。

　また，第2四半期末と年度末に実地棚卸を行い，第1四半期および第3四半期は実地棚卸を省略する実務がみられます。この点，そもそも簡便的な会計処理は財務諸表利用者の判断を誤らせない限りにおいて認められている処理ですので，必ずしも四半期会計期間の継続性は求められていないため，このような実務も認められるものと考えられます。

Q7-4 四半期の簡便的な会計処理② 簿価切下げにあたっての簡便的な会計処理

Q 四半期末における簿価切下げにあたっての簡便的な会計処理について教えてください。

A 通常の販売目的で保有する棚卸資産の簿価切下げにあたっては，収益性が低下していることが明らかな棚卸資産についてのみ正味売却価額を見積り，簿価切下げを行うことができます。

正常な営業循環過程から外れた滞留または処分見込み等の棚卸資産であって，前年度末において帳簿価額を処分見込額まで切り下げている場合には，当該四半期会計期間において前年度から著しい状況の変化がないと認められる限り，前年度末における貸借対照表価額を引き続き計上することができます。

解説

1. 通常の販売目的で保有する棚卸資産

四半期末における通常の販売目的で保有する棚卸資産の簿価切下げにあたっては，収益性が低下していることが明らかな棚卸資産についてのみ正味売却価額を見積り，簿価切下げを行うことができるとされています（四半期適用指針8）。

年度決算においては，通常の販売目的で保有する棚卸資産については，実務上，収益性が低下していないことが明らかであり，事務負担をかけて収益性の低下の判断を行うまでもないと認められる場合には，正味売却価額を見積る必要はないとされています（棚卸資産会計基準48）。すなわち，収益性が低下しているか不明，もしくは低下している場合には，正味売却価額を見積る必要があることとなります。

一方で，四半期決算においては，年度決算よりも開示の迅速性が求められているため，事務負担がかかる正味売却価額の見積りの範囲をより狭めることを容認しており，収益性が低下していることが明らかな棚卸資産についてのみ正味売却価額を見積り，簿価切下げを行うことができるとされています。

第7章　四半期における処理　　*209*

　　年度決算と四半期決算の扱いの相違は図表7-2のとおりとなります。

図表7-2	通常の販売目的で保有する棚卸資産の簡便的な会計処理	

	年度決算	四半期決算 簡便処理
収益性が低下していることが明らか	正味売却価額の見積りが必要	正味売却価額の見積りが必要
収益性が低下しているか不明		正味売却価額の見積りは不要
収益性が低下していないことが明らか	正味売却価額の見積りは不要	

　　なお，収益性が低下していることが明らかかどうかは，棚卸資産を管理する製造部門または営業部門の損益の状況や，品目別の損益管理を行っている場合における当該損失の発生状況などにより判断することとなります（四半期適用指針8なお書き）。

2．滞留または処分見込み等の棚卸資産

　　四半期決算において，正常な営業循環過程から外れた滞留または処分見込み等の棚卸資産であって，前年度末において帳簿価額を処分見込額まで切り下げている場合には，当該四半期会計期間において前年度から著しい状況の変化がないと認められる限り，前年度末における貸借対照表価額を引き続き計上することができます（四半期適用指針8）。

　　また，第1四半期末において帳簿価額を処分見込額まで切り下げていて，第2四半期末において，第1四半期末から著しい状況の変化がないと認められる場合においても，第2四半期末において，第1四半期末における貸借対照表価額を引き続き計上することが容認されていると考えられています。

Q7-5 四半期の簡便的な会計処理③ 原価差異の配賦方法における簡便的な会計処理

Q	四半期決算における原価差異の配賦方法における簡便的な会計処理について教えてください。
A	予定価格等または標準原価を用いている場合において原価差異が生じたときには，当該原価差異の棚卸資産と売上原価への配賦は，年度決算と比較して簡便的な方法によることができます。

解 説

1．簡便的な原価差異の配賦

　四半期決算において，予定価格等または標準原価を用いているために原価差異が生じた場合，当該原価差異の棚卸資産と売上原価への配賦は，年度決算と比較して簡便的な方法によることができます（四半期適用指針9）。

　年度決算においては，「原価計算基準」に従い，金額的に重要でない原価差異は売上原価に賦課し，金額的に重要な原価差異は売上原価と棚卸資産に配賦します。

　一方で，四半期決算においては，年度決算よりも開示の迅速性が求められているため，金額的に重要でない原価差異を売上原価に賦課することは年度と同様の取扱いとなりますが，金額的に重要な原価差異を売上原価と棚卸資産に配賦する場合において，年度よりも簡便的な配賦を行うことができるとされています。

　年度よりも簡便的な配賦方法として実務上，以下のような方法が考えられます。

---

① ころがし計算を省略する方法
　在庫への配賦計算を行うにあたって，原価差異について売上原価と期末在庫の各段階において配賦計算を行っていく，いわゆるころがし計算をするのが通常です。ただし，主要な在庫が製品であり，仕掛品，原材料等の比重が低いと考えられる場合には，原価差異と棚卸資産のいずれも細かく区分することなく全体を一括して主要な在庫へ配賦する方法が考えられます。

② 原価差異の配賦計算を行う単位の区分をより大きくする方法

　例えば，年度決算では配賦計算の単位が個々の製品ごとであるものを，同一ラインで製造される製品群あるいは工場単位の製品群等のより大きな区分により配賦計算を行う方法が考えられます。

　ただし，あまりに大きな区分とした場合，財務諸表利用者の判断を誤らせることとなるため，例えば，事業の種類別セグメントを超えない程度の区分による配賦計算を行うことが必要と考えられます（四半期適用指針89）。

　なお，四半期における原価差異の簡便的な配賦方法と，前述「Q7－2　四半期特有の会計処理——原価差異の繰延処理」とは，四半期適用指針においては，繰延処理の要件を満たす場合には，まず繰延処理を採用するか否かを検討し，繰延処理を採用しなかった場合には簡便的な処理を採用するか否かを検討する，という関係になっています。

　原価差異の繰延処理は，所定の要件を満たす場合に，継続適用を条件として操業度差異を繰り延べるという処理ですが，操業度差異以外の重要な原価差異については，原則的な配賦方法か簡便的な配賦方法により配賦計算を行うことが必要になります。また，繰延処理が採用できない場合は，すべての重要な原価差異について，原則的な配賦方法または簡便的な配賦方法により配賦計算を行うことが必要になります。

　また，四半期決算で簡便的な原価差異の配賦を行った場合でも，年度決算における原価差異の配賦は，原価計算基準に従った原則的な配賦方法を行う必要があるため，各四半期の簡便的な配賦結果の積み上げとすることはできず，期首にさかのぼって原則的な配賦計算を行うことになると考えられます。

Q7-6 棚卸資産の簿価切下げに係る洗替え法と切放し法

Q 四半期決算における簿価切下げに係る洗替え法と切放し法の適用方法を教えてください。

A 年度決算において洗替え法を適用している場合，四半期決算においても洗替え法を適用します。
年度決算において切放し法を適用している場合，四半期決算において，洗替え法と切放し法のいずれかを選択適用することができます。

解説

　棚卸資産会計基準では，簿価切下げにあたり，棚卸資産の種類ごとに継続適用を条件に，洗替え法と切放し法が選択適用できるとあります（棚卸資産会計基準14）。四半期決算においては，原則として年度決算に選択する方法と同様の方法を適用することになるため，年度決算で洗替え法を適用した場合，四半期決算においても洗替え法を適用することになります。

　一方で，年度決算において切放し法を適用している場合には，関連諸制度との整合性も考慮し，継続適用を条件として，洗替え法と切放し法のいずれかを選択適用することができるとされています（四半期適用指針7，87）。

　洗替え法と切放し法の年度と四半期の関係は図表7-3のとおりです。

図表7-3　洗替え法と切放し法の年度と四半期の関係

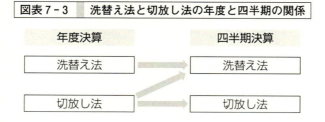

第 7 章　四半期における処理　　*213*

Q7-7 四半期報告書における開示

Q	四半期報告書を作成するにあたり，棚卸資産に係る開示の留意点を教えてください。
A	原価差異の繰延処理を採用した場合は，特有の会計処理の注記が必要となります。 第2四半期において，「たな卸資産」の名称で一括掲記した場合は，内訳の注記が必要となります。

解　説

1．特有の会計処理の注記

　四半期決算において，原価差異の繰延処理を特有の会計処理として採用している場合には，質的および金額的な重要性が乏しいときを除き，四半期報告書にその旨，およびその内容を注記することが求められています（四半期会計基準19⑹，四半期適用指針37，四半期連規12）。

　なお，四半期の特有の会計処理から原則的な会計処理，ないしは原則的な会計処理から特有の会計処理に変更した場合には，会計方針の変更に該当すると考えられますので，合理的な変更理由があることが前提となり，重要性の乏しい場合を除き，会計方針の変更等の注記が必要となります。

　一方で，四半期の簡便的な会計処理から原則的な会計処理，ないしは原則的な会計処理から簡便的な会計処理に変更した場合には，会計方針の変更には該当しないと考えられます。もともと簡便的な会計処理は財務諸表利用者の判断を誤らせない限り認められるものであるため，これを変更した場合であっても，財務諸表利用者に重要な影響を及ぼさないと考えられるためです。

2．「たな卸資産」の名称で一括掲記した場合の内訳注記

　四半期報告書の貸借対照表において「たな卸資産」の名称で一括掲記した場合，その内訳を注記しなければなりません。ただし，第1四半期および第3四半期においては，当該注記を省略することができます（四半期連規35④⑤）。

第8章

業種固有の論点

Point

(小売業)（Q8-1〜3）

- 棚卸資産の取扱品目が極めて多いため，売価還元法を採用する会社が多くみられます。
- 売価還元法には，連続意見書方式と法人税方式の2種類があります。
- 収益性の低下による簿価切下げについては，正味売却価額と比較する方法のほかに，売価還元低価法の採用が認められています。

(建設業)（Q8-4〜9）

- 工事契約に係る会計処理は工事契約会計基準，工事契約適用指針が適用されてきましたが，収益認識会計基準，収益認識適用指針の公表に伴い廃止されます。
- 工事契約における収益性の低下は工事損失引当金の計上により反映されます。

(不動産業)（Q8-10〜13）

- 販売用不動産等の期末評価については棚卸資産会計が適用され，他の棚卸資産と同様に正味売却価額との比較により収益性の低下を反映します。

Q8-1 小売業における棚卸資産

Q	小売業における棚卸資産の特徴，評価方法および収益性の低下について教えてください。
A	小売業では棚卸資産の取扱品目が極めて多いため，売価還元法を採用する会社が多くみられます。 売価還元法には，連続意見書方式と法人税方式の2種類があります。 収益性の低下による簿価切下げについては，正味売却価額と比較する方法のほかに，売価還元低価法の採用が認められています。

解 説

1．小売業における棚卸資産の特徴

　一般的に小売業の業態は取扱商品，販売方式等により定義されており，百貨店，スーパー，コンビニ，ホームセンター，ドラッグストア等が代表的な業態です。小売業における棚卸資産の一般的な特徴として，その取扱品目が極めて多いことが挙げられます。

2．小売業における棚卸資産の評価方法

　小売業では極めて多くの品目を取り扱う必要があるため，売価還元法を採用している会社が多くみられます。

　売価還元法は，商品を値入率や回転率の類似性に基づいてグルーピングし，グループごとに計算した期末の売価合計額に原価率を乗じて，期末商品の帳簿価額を算定する方法です（連続意見書第四 第一 二4）。

　売価還元法を採用した場合，商品単品ごとの厳密な受払管理が必要とされないため，事務負担の大幅な軽減になります。また，売価還元法以外の個別法，移動平均法，総平均法等により期末商品を算定するためには，膨大なデータ処理が必要となり，多額のシステム投資が必要となりますが，売価還元法はこのような多額のシステム投資は通常必要ありません。以上の理由から小売業において，売価還元法が広く採用されていると考えられます。

第8章 業種固有の論点 *217*

詳細は後述のQ8-2にて解説します。

3．小売業における棚卸資産の収益性の低下

棚卸資産の評価方法として売価還元法を採用する場合においても，先入先出法や総平均法といった他の評価方法を採用した場合と同様に，収益性の低下による簿価切下げは，正味売却価額まで切り下げる方法になります。

また，一定の要件を満たす場合は，売価還元低価法の採用も認められています。具体的には，値下額等が売価合計額に適切に反映されている場合は，売価還元低価法を採用することにより，期末商品の評価額が収益性の低下に基づく簿価切下額を反映しているものとみなすことができます。

採用できる売価還元法の種類は図表8-1のとおりです。

図表8-1 売価還元法のパターン

	期末商品の評価方法	収益性の低下による簿価切下方法
①	売価還元法（連続意見書方式）	正味売却価額まで切下げ
②	売価還元法（法人税方式）	正味売却価額まで切下げ
③	売価還元低価法（連続意見書方式）	売価還元低価法で評価されている場合，すでに収益性の低下は反映されているとみなされる。

なお，営業循環過程から外れて滞留している，または処分が見込まれる棚卸資産については，正味売却価額まで切り下げる方法に代えて，帳簿価額を処分見込価額まで切り下げる方法や，一定の回転期間を超える場合，規則的に帳簿価額を切り下げる方法が認められているのは，通常の棚卸資産と同様となります（棚卸資産会計基準9）。詳細は後述のQ8-3にて解説します。

Q8-2 売価還元法

Q	売価還元法の計算方法について教えてください。
A	売価還元法は，値入率等の類似性に従って商品をグループ分けし，1グループに属する期末商品の売価合計額に原価率を乗じて求めた原価額を期末商品の貸借対照表価額とする計算方法です。

解説

1. 売価還元法の計算方法

　取扱品種の極めて多い小売業および卸売業における棚卸資産の評価には，売価還元法の適用が認められており，実務上も多くの会社が採用しています。

　売価還元法は，商品の形状，性質，等級といった自然的分類に基づく品種の差異をある程度無視し，異なる品目を値入率，回転率の類似性に従って適正なグループにまとめ，1グループに属する期末商品の売価合計額に原価率を乗じて求めた原価額を期末商品の貸借対照表価額とします（連続意見書第四 第一 二4）。実務上は仕入先ごとの値入率に着目して，値入率の類似性からグループをまとめていることが多いようです。

　また，売価還元法は，一定時点（例えば期末や四半期末）で保有する期末在庫帳簿価額を計算する方法であり，払出原価を計算するための方法ではないため，適時に払出原価を算定することはできません。

2. 連続意見書方式

　上場企業等においては，連続意見書第四において示されている売価還元平均原価法を採用していることが多いと考えられます。当該方法により期末在庫帳簿価額，および売上原価を計算すると，盗難やロス等による棚卸減耗損が全額売上原価として期間費用になる計算結果となるため，より経済的実態を表した計算になるためです。

　連続意見書による算定方法は図表8-2のとおりとなります。

第8章 業種固有の論点　219

図表8-2　連続意見書方式による売価還元平均原価法

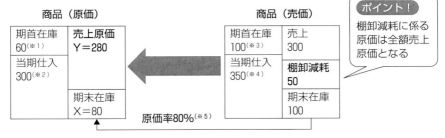

【前提条件】
- 当期受入原価総額　　　　　300
- 原始値入額　　　　　　　　 60
- 値上額(値上取消額なし)　　 20
- 値下額(値下取消額なし)　　 30

【原価率の算定方法】

$$原価率 = \frac{60\,(※1) + 300\,(※2)}{100\,(※3) + 350\,(※4)} = 80\%\,(※5)$$

(注)（※4）の計算：当期仕入売価350＝当期受入原価総額300＋原始値入額60
　　　　　　　　　　　　　　　　　　　　　　＋値上額20－値下額30

【期末在庫(原価)，売上原価の算定方法】
期末在庫(原価)＝期末在庫(売価)100×原価率80％＝80(上記表のX)
売上原価＝期首在庫(原価)60＋当期仕入(原価)300－期末在庫(原価)80＝280(上記表のY)

3．法人税方式

　中小企業等においては法人税方式による売価還元法が採用されていることが多いと考えられます。当該方法により期末在庫帳簿価額，および売上原価を計算すると，盗難やロス等による棚卸減耗損に係る原価は期末在庫と売上原価に按分されます。すでに消滅した棚卸資産の原価の一部を期末在庫に賦課させる計算結果となるため，連続意見書方式よりも合理性に乏しい計算方法といわれ

ています。

　法人税方式は，商品のアウトプット側の売価のほうが，インプット側の売価に比べて把握しやすい数値であるという実務上の簡便性を重視している計算方式であると考えられます。

　法人税方式による算定方法は図表8-3のとおりとなります。

図表8-3　法人税方式による売価還元法

【前提条件】
図表8-2と同じ

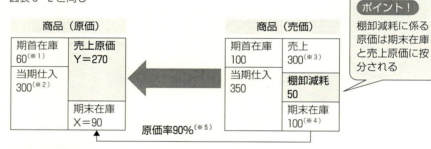

【原価率の算定方法】
$$原価率＝\frac{60（※1）＋300（※2）}{300（※3）＋100（※4）}＝90\%（※5）$$

【期末在庫(原価)，売上原価の算定方法】
期末在庫(原価)＝期末在庫(売価)100×原価率90％＝90（上記表のX）
売上原価＝期首在庫(原価)60＋当期仕入(原価)300－期末在庫(原価)90＝270（上記表のY）

4．グルーピングの方法

　売価還元法を採用する場合，商品の物理的特性をある程度無視し，異なる品目を原価率の類似性により適切にグルーピングする必要があります。実務的には，仕入先ごとに値入率（値入率＝1－原価率）が同じとなることが多いことに着目して，仕入先ごとにグルーピングを行う実務がみられます。

第8章　業種固有の論点　　*221*

　ここで，グルーピングの範囲を大きく取りすぎると，原価率の大きく異なる品目が1つのグループに含まれてしまい，原価率の平均化がされてしまう結果として，適切な期末在庫価額，売上原価が算定できなくなります。

　一方で，原価率の類似性を厳密に捉えすぎて，グルーピングの範囲を小さく取りすぎると，実際の在庫と原価率のグルーピングの紐付けの事務手続が複雑になってしまい，売価還元法を採用するメリットを損ねてしまいます。

　よって，グルーピングの範囲を決定する際には，適切な原価算定の観点と事務手続量の両面から慎重に検討することが必要になります。

5．連続意見書方式を採用した場合の税務の取扱い

　前記のとおり，売価還元法について，その計算式が連続意見書方式と法人税方式で異なります。よって連続意見書方式を採用した場合，税務上，棚卸資産の特別な評価方法として納税地の所轄税務署長の承認を受けなければなりません。

> **ここ注意！**
>
> 　法人税方式を採用した場合，税務上の調整は必要ありませんが，前記のとおり連続意見書方式よりも合理性が乏しい，実務上の簡便法を重視している計算方法と考えられるため，その適用には慎重な対応が必要となります。

Q8-3　売価還元低価法

Q	売価還元法を採用している場合の在庫評価（収益性の低下の反映）はどのように行うのでしょうか。また，売価還元低価法について教えてください。
A	売価還元法（連続意見書方式，法人税方式）を採用している場合であっても，正味売却価額と比較して，簿価の切下げを行います。 売価還元低価法を採用する場合は，当該計算によって算定された期末在庫帳簿価額はすでに収益性の低下を反映した帳簿価額とみなすことができます。

解 説

1．売価還元法を採用している場合の正味売却価額との比較

　棚卸資産の評価方法として売価還元法を採用する場合においても，先入先出法や総平均法といった他の評価方法を採用した場合と比較して，簿価切下げの考え方に相違はありません。すなわち，商品グループ別の正味売却価額合計と，売価還元法によって算定された商品グループ別の期末在庫帳簿価額とを比較し，収益性が低下している場合には，正味売却価額まで簿価の切下げを行います。これは連続意見書方式，法人税方式のどちらを採用していても同様です。

　具体的な算定方法は以下のとおりになります。

簿価切下額＝商品グループ別の正味売却価額合計[※1]－商品グループ別の売価合計額×売価還元法による原価率
（※1）　商品グループ別の正味売却価額合計＝商品グループ別の売価合計－（見積追加製造原価＋見積販売直接経費）

　ここで，売価還元法で採用されるグルーピングは，個別品目単位ごとの評価を原則とした投資の収益性を判断する趣旨により行われていないため，棚卸資産会計基準第12項で想定するグルーピングの方法と整合しない可能性がある点に留意が必要です。この点，実務上の便宜を図り，値入率または回転率の類似性に基づくグルーピングにより算定された正味売却価額を用いることが許容されると考えられます（棚卸資産会計基準13，54）。

　また，正味売却価額を算定する際に，見積販売直接経費を控除しますが，小売業等の場合は取扱商品数が多いため，商品ごとに個別に販売直接経費を見積ることは実務的に困難である場合があります。この場合，例えば，過去の実績や将来予算から求めた見積販売直接経費率を商品グループ別の売上価額に乗じたり，売上数に乗じたりする方法が考えられます。

2．売価還元低価法の採用

　売価還元法による棚卸資産の評価方法の算定式で，値下額が適切に反映されている場合には，売価還元低価法の原価率により算定された期末在庫帳簿価額は，収益性の低下による簿価切下額を反映しているものとみなすことができま

す（棚卸資産会計基準13ただし書き，55）。ここでいう売価還元低価法の原価率は連続意見書において，以下のように定められています。（連続意見書第四第一　二4）。

$$原価率 = \frac{期首棚卸価額 + 当期仕入高}{期首繰越商品小売価額 + 当期受入原価総額 + 原始値入額 + 値上額 - 値上取消額}$$

分子：商品のインプット側の原価

分母：商品のインプット側の売価（値下額・値下取消額を含めない）

　売価還元平均原価法の原価率と比較して，売価還元低価法の原価率においては，分母に値下額および値下取消額を含めない計算式となっています。売価還元低価法の原価率は，棚卸資産の売価から値下げによる売価の低下を排除して原価率を計算しますが，当該原価率を用いて算定された期末の棚卸資産の帳簿価額は，必ずしも正味売却価額と整合するわけではありません。

　しかしながら，値下額・値下取消額を網羅的に把握できる管理体制があり，売価合計額に値下額・値下取消額の影響額を適切に反映できている場合，売価還元低価法により算定された帳簿価額が，期末の正味売却価額とある程度近似するという前提のもと，簡便的な売価還元低価法の採用が実務上認められていると考えられます。

　なお，売価還元低価法を採用した場合，計算された期末帳簿価額が正味売却価額と大幅に乖離していないかを分析し，大幅な乖離がみられる場合には必要に応じて期末帳簿価額を修正することが望ましいと考えられます。

　売価還元低価法の具体的な計算例を図表8-4に示します。

3．売価還元低価法を採用した場合の税務の取扱い

　売価還元低価法は税務上は認められていないため，税務上は他の評価方法と同様に低価法を採用する必要があります。よって，売価還元法で算出した期末在庫帳簿価額と税務上の時価とを比較して，いずれか低い価額をもって評価額とします。すなわち，原価と時価の比較を行う方法については，他の平均法等の評価方法の場合と何ら変わりはありません。

| 図表 8-4 | 連続意見書方式による売価還元低価法 |

【前提条件】
図表8-2と同じ

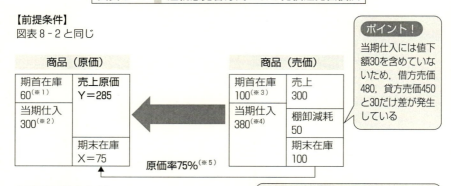

ポイント！
当期仕入には値下額30を含めていないため，借方売価480，貸方売価450と30だけ差が発生している

ポイント！
図表8-2より分母が値下額分だけ大きくなることで，原価率が80%⇒75%に下落

【原価率の算定方法】
$$原価率 = \frac{60(※1) + 300(※2)}{100(※3) + 380(※4)} = 75\% (※5)$$

（注）（※4）の計算：当期仕入売価380＝当期受入原価総額300＋原始値入額60＋値上額20

【期末在庫(原価)，売上原価の算定方法】
期末在庫(原価)＝期末在庫(売価)100×原価率75%＝75（上記表のX）
売上原価＝期首在庫(原価)60＋当期仕入(原価)300－期末在庫(原価)75＝285（上記表のY）

【簿価切下額とみなされる金額】
売価還元平均原価法による期末在庫金額　　　80 ←図表8-2参照
売価還元低価法による期末在庫金額　　　　　75 ←上記表のX参照
簿価切下額とみなされる金額　　　　　　　　 5 ←差額

第8章　業種固有の論点　*225*

Q8-4　建設業における棚卸資産

Q	建設業における棚卸資産の特徴，評価方法，および収益性の低下について教えてください。
A	工事契約に係る会計処理は工事契約会計基準，工事契約適用指針に従うことになります。 製造指図書ごとに個別原価計算が行われます。 工事契約における収益性の低下は工事損失引当金の計上により反映されます。

解　説

1．建設業における棚卸資産の特徴

　建設業の特徴として，受注・個別生産型産業であることが挙げられます。建設物の種類は多種多様であり，建設物の目的に応じて設計・仕様が異なるため，全く同一の建設物は存在しないといえます。

　建設業における棚卸資産の特徴として未成工事支出金の計上があります。通常の会社の仕掛品に当たる未成工事支出金は，製造指図書ごとに個別原価計算で算定されます。未成工事支出金には，未使用の材料貯蔵品も含める実務が多くみられます。これは，建設業において工事現場ごとの個別原価計算が行われることがありますが，特定の工事現場に直接紐付く材料貯蔵品については，材料貯蔵品勘定を通さずに直接，未成工事支出金に計上することがあるためです。

2．建設業における棚卸資産の評価方法の特徴

　未成工事支出金の評価方法は製造指図書ごとの個別原価計算によります。また，工事契約に係る収益およびその原価に関し，施工者における会計処理および開示については工事契約会計基準，工事契約適用指針において定められています。

　工事完成基準を採用した場合には，工事が完成し，目的物の引渡しを行った時点で工事収益および工事原価を損益計算書に計上しますので，工事収益を計

上するまでに発生した原価は未成工事支出金として貸借対照表に計上されることとなります（工事契約会計基準18）。一方で，工事進行基準を採用した場合には，工事進捗度に応じた当期の工事収益および工事原価を損益計算書に計上します。発生した工事原価のうち，未だ損益計算書に計上されていない部分は未成工事支出金等の適切な科目をもって貸借対照表に計上します（工事契約会計基準14）。ただし，工事進捗度に原価比例法を採用している場合は，発生した工事原価はその期のうちに損益計算書に計上されることになりますので，基本的には未成工事支出金は計上されないこととなります（未使用の材料貯蔵品を除きます）。詳細は後述のＱ8-5にて解説します。

　なお，工事契約会計基準，工事契約適用指針の適用範囲は，工事契約，すなわち仕事の完成に対して対価が支払われる請負契約のうち，土木，建築，造船や一定の機械装置の製造等，基本的な仕様や作業内容を顧客の指図に基づいて行うもの（移設や据付，試運転といった付随作業も含まれます）とされています（工事契約会計基準4）。専らサービスの提供となる請負工事，標準品の量産製造となる請負製品製造は当該基準等の適用範囲外となります。また，当事者間ですでに合意された工事契約が適用範囲であり，交渉中のものやそれ以前の段階のものは含まれません（工事契約会計基準30）。

3．建設業における棚卸資産の収益性の低下

　工事契約における未成工事支出金に係る収益性の低下については棚卸資産会計基準ではなく，工事契約会計基準，工事契約適用指針が適用されることが特徴的となります。受注工事のうち，工事損失が発生する可能性が高く，かつ，その損失見込額を合理的に見積ることが可能な場合に，工事損失引当金を計上することにより，収益性の低下を反映させることになります。詳細は後述のＱ8-7にて解説します。

第8章　業種固有の論点　　*227*

Q8-5　建設業における会計処理

Q	建設業における会計処理について教えてください。
A	工事契約の進捗について成果の確実性が認められる場合には工事進行基準を適用し，この要件を満たさない場合には工事完成基準を適用します。成果の確実性が認められるためには，①工事収益総額，②工事原価総額，③工事進捗度の各要素について，信頼性をもって見積ることができる必要があります。

解　説

1．工事契約に係る認識の単位

　工事契約に係る認識の単位は，工事収益および工事原価の認識に係る判断を行う単位をいい，工事契約において当事者間で合意された実質的な取引の単位に基づき決定されます。

　工事契約に関する契約書は，当事者間で合意された実質的な取引の単位で作成されることが一般的ですが，契約書が当事者間で合意された実質的な取引の単位を適切に反映していない場合には，工事収益および工事原価は，形式的な契約書上の取引にとらわれることなく，実質的な取引の単位を反映するように複数の契約書上の取引を結合し，または契約書上の取引の一部をもって工事契約に係る認識の単位とする必要があります（工事契約会計基準7，8）。

　また，実質的な取引の単位が有する特徴として，施工者がその範囲の工事義務を履行することによって，顧客から対価に対する確定的な請求権を獲得することと示されています（工事契約会計基準43）。

2．工事契約に係る認識基準

　工事契約に関して，工事の進行途上においても，その進捗部分について成果の確実性が認められる場合には工事進行基準を適用し，この要件を満たさない場合には工事完成基準を適用します（工事契約会計基準9）。

　また，工事契約会計基準では，工事契約に係る認識基準を識別する上で，特

に工期の長さについて言及していません（工事契約会計基準52）。よって，長期の請負工事でなくとも，会計期間（四半期を含みます）をまたぐ工事については，工事進行基準を適用するべき場合があると考えられますので，工期が短い場合であっても工事進行基準の対象となる場合があります。

しかし，工期がごく短いものは通常，金額的な重要性が乏しいばかりでなく，工事契約としての性格にも乏しい場合が多いと想定されるため，通常は工事完成基準を適用することになると考えられます（工事契約会計基準53）。

工事の進捗部分について成果の確実性が認められるか
　　　YES　➡　工事進行基準を適用
　　　NO　➡　工事完成基準を適用

3．成果の確実性

工事進行基準の適用要件である成果の確実性が認められるためには，①工事収益総額，②工事原価総額，③工事進捗度の各要素について，信頼性をもって見積ることができなければなりません（工事契約会計基準9）。当該3要素に係る前提条件，および信頼性のある見積りの要件について図表8−5にて整理しています（工事進捗度については原価比例法とします）。

なお，当該3要素以外に，進行基準の適用開始には対象となる工事契約に実態がなければいけないため留意が必要です。形式的に工事契約書が存在していても，工事契約が容易に解約されてしまう場合や解約可能性が高い場合は工事契約の実態があるとはいえません。工事契約に実態があるといえるためには，工事契約が解約される可能性が少ないこと，または，仮に工事途上で工事契約が解約される可能性があっても，解約以前に進捗した部分については，それに見合う対価を受け取ることの確実性が存在することが必要とされます（工事契約会計基準47）。

第8章　業種固有の論点　　*229*

図表8-5　　工事進行基準を適用するための3要素

	3要素	前提条件	信頼性のある見積りの要件
①	工事収益総額	• 施工者に工事を完成させるに足りる十分な能力がある，工事の完成を妨げる環境要因が存在しない等，工事の完成見込みが確実であることが必要となる（工事契約会計基準10，48）。	• 工事についての当事者間で実質的に合意された対価の額に関する定め，対価の決済条件，および決済方法に関する定めが必要となる（工事契約会計基準11）。 • 対価の額が固定額で定められている場合以外に，一部または全部が将来の不確実な事象（例えば，将来の資材価格等）に関連付けて定められている場合があるが，このような場合には，工事収益総額について合理的な見積りを行えることが要件となる（工事契約会計基準11，49）。
②	工事原価総額	• 工事契約に関する実行予算や工事原価等に関する管理体制が整備されていることが必要となる（工事契約会計基準50）。 • 工事原価総額は各段階における工事原価の詳細な積上げとして構成されている必要がある（工事契約会計基準50）。	• 実際の原価発生と対比して適時に適切な工事原価総額の見積りの見直しが行われることが必要となる（工事契約会計基準12，50）。
③	工事進捗度（原価比例法）	• 原価比例法の場合，上記②と同様になる。	• 工事原価総額が信頼性のある見積りとなっている場合，通常は，決算日における工事進捗度も信頼性をもって見積ることができると考えられる（工事契約会計基準13）。

230

　決算日における工事進捗度を見積る方法として，原価比例法が実務的に多くみられます。原価比例法とは，決算日までに発生した工事原価を見積工事原価総額で除して，工事進捗度を算出する方法です。なお，直接作業時間，施工面積，資材投入量等の比率をもって進捗の程度を把握するなど他の合理的な方法のほうがより適切な場合は，原価比例法に代えて当該見積方法を採用することも認められています（工事契約会計基準15，56，57）。また，原価比例法を採用している場合であっても，発生した工事原価が工事原価総額との関係で，決算日における工事進捗度を合理的に反映しないような場合は，これを合理的に反映するように調整する必要があります（工事契約会計基準56）。さらに，工事原価が複数の通貨で発生する場合で，通貨間の為替相場の変動により適切な工事進捗度を表さない場合は，工事契約の内容や状況に応じて，為替相場変動の影響を排除する調整が必要となります（工事契約適用指針7）。

4．工事進行基準

　工事契約に関して，その進捗部分について，成果の確実性が認められる場合は，工事進行基準が適用されます。工事進行基準を適用した場合には，工事進捗度に応じた当期の工事収益および工事原価を損益計算書に計上します。発生した工事原価のうち，未だ損益計算書に計上されていない部分は未成工事支出金等の適切な科目をもって貸借対照表に計上します（工事契約会計基準14）。

　ただし，工事進捗度に原価比例法を採用している場合は，発生した工事原価はその期のうちに損益計算書に計上されることになりますので，基本的には未成工事支出金は計上されないこととなります（未使用の材料貯蔵品を除きます）。

【工事進行基準に係る勘定科目】
- 工事収益額 ➡ 工事収益総額×工事進捗度－前期までの工事収益額
  上記計算式により計算した各期の工事収益額を損益計算書に計上します。
- 工事原価額 ➡ 工事原価総額×工事進捗度－前期までの工事原価額
  上記計算式により計算した各期の工事原価額を損益計算書に計上します。損益計算書に計上しなかった原価は未成工事支出金として貸借対照表に計上します。ただし，実務的に多く採用されている原価比例法の場合，上記計算の結果，毎期の発生原価をすべて損益計算書に計上することとなるため，基本的には未成

工事支出金は計上されません。

　また，工事進行基準が適用される場合において，見積りの変更は，事前の見積りと実績とを対比した結果として求められることが多く，こうした場合には，修正の原因は当期に起因することが多いと考えられることや，実務上の便宜も考慮して，工事収益総額，工事原価総額または決算日における工事進捗度の見積りが変更されたときには，その見積りの変更が行われた期に影響額を損益として処理します（工事契約会計基準16）。

　工事進行基準を適用した結果，工事の進捗に応じて計上される未収入額は，法的には未だ債権とはいえません。しかし，工事進行基準は，法的には対価に対する請求権を未だ獲得していない状態であっても，会計上はこれと同一視し得る程度に成果の確実性が高まった場合にこれを収益として認識するものであり，この場合の未収入額は，会計上は法的債権に準ずるものと考えることができます。このため，工事進行基準の適用により計上される未収入額は，金銭債権として取り扱います（工事契約会計基準17，59）。

5．工事完成基準

　工事契約に関して，その進捗部分について，成果の確実性が認められない場合は，工事完成基準が適用されます。工事完成基準を適用する場合には，工事が完成し，目的物の引渡しを行った時点で，工事収益および工事原価を損益計算書に計上します。工事の完成・引渡しまでに発生した工事原価は，未成工事支出金等の適切な科目をもって貸借対照表に計上します（工事契約会計基準18）。

【工事完成基準に係る勘定科目】
- 工事収益額 ➡ 工事が完成し，目的物の引渡しを行った期に，工事収益総額を損益計算書に計上します。
- 工事原価額 ➡ 工事収益が計上された期に，工事原価総額を損益計算書に計上します。それ以前の期（四半期を含みます）に発生した原価は未成工事支出金として貸借対照表に計上します。

6．成果の確実性の事後的な獲得

　建設業においては，本来は工事着工前に決定されるべき工事収益総額や仕様等といった工事契約の基本的な内容が決定されないまま工事が着工される場合があります。このような場合，当初信頼性のある見積りが行えず，工事完成基準を適用することになりますが，その後，未確定であった条件が決定し，見積りの3要素を信頼性をもって見積ることが可能になった場合，その時点より工事進行基準を適用することになります。ただし，単に工事の進捗に伴って完成が近づいたために成果の確実性が相対的に増したことのみをもって，工事進行基準に事後的に変更することは認められません（工事契約適用指針3）。

7．成果の確実性の事後的な喪失

　「6．成果の確実性の事後的な獲得」とは逆に，当初信頼性のある見積りが行えて工事進行基準を適用していたものの，事後的な状況の変化により見積りの3要素のうち1つでも信頼性をもって見積ることが困難な状況になった場合は，その後の会計処理については工事完成基準を適用することになります。この場合，過去に工事進行基準として行っていた会計処理については，修正再表示は求められていません（過去に発生した工事収益，工事原価は修正せず，成果の確実性の事後的な喪失以降の原価を未成工事支出金に計上，完成・引渡し時に残りの工事収益を計上するとともに，未成工事支出金を工事原価に振り替えます）。これは，事後的な状況変化は会計事実の変化であり，工事収益および工事原価の計上時に成果の確実性を認めていたのであれば，事後的な修正は不要と考えたためです。また，過去に工事収益とともに計上した工事未収入金については，状況変化の影響で，貸倒懸念が生じている可能性もあるため，その回収可能性に留意が必要です（工事契約適用指針4）。

8．四半期決算における取扱い

　「第7章　四半期における処理」で解説しなかった論点で，工事原価総額の見積りの簡便的な取扱いがあります。これは，四半期会計期間末における工事原価総額が，前事業年度末または直前の四半期会計期間末に見積った工事原価総額から著しく変動していると考えられる工事契約等を除き，見積工事原価総

額を見直さないことができるという簡便法です（工事契約適用指針 9 ）。

　四半期財務諸表の開示の適時性の観点から容認されている簡便法で，工事原価総額の著しい変動をもたらす要因は，例えば，重要な工事契約の変更や資材価格の高騰などが考えられます（工事契約適用指針30）。

Q8-6　収益認識会計基準の影響

Q	収益認識会計基準および収益認識適用指針が公表されたと聞きました。工事契約の会計処理においてどのような影響があるのでしょうか。
A	収益の認識を「顧客との契約の識別」，「契約における履行義務の識別」，「取引価格の算定」，「取引価格の配分」，「履行義務の充足」の 5 ステップにより行います。 重要性が乏しく，財務諸表間の比較可能性を大きく損なわせない範囲で，我が国でこれまでに行われてきた実務慣行に配慮した代替的な取扱いが定められています。

解 説

　我が国においては，企業会計原則の損益計算書原則に，「売上高は実現主義の原則に従い，商品等の販売または役務の給付によって実現したものに限る。」と定められているものの，収益認識に関する包括的な会計基準はこれまで開発されていませんでした。一方で，国際的な会計基準にはIFRS第15号等の収益認識に関する包括的な会計基準が整備されており，当該国際的な会計基準を踏まえた収益認識会計基準および収益認識適用指針が公表されました。

　当該基準等の原則適用は，令和 3 年 4 月 1 日以後開始する連結会計年度および事業年度の期首からとなっており，平成30年 4 月 1 日以後開始する連結会計年度および事業年度の期首等からの早期適用も認められています。

　工事契約の会計処理に及ぼす影響について本シリーズ第 4 巻『Q&A 研究開発費・ソフトウェアの会計実務』にて解説しているため，ここでは収益認識会計基準の基本的な論点についてのみ解説します。

1．収益認識会計基準の概要

　収益認識会計基準は，他の基準の適用を受けるものとして定められたものを除き，顧客から生じる収益に関する会計処理および開示に適用され，基本となる原則は，約束した財またはサービスの顧客への移転を，当該財またはサービスと交換に企業が権利を得ると見込む対価の額で描写するように，収益の認識を行うことです。前記の基本となる原則に従って収益を認識するために，「顧客との契約の識別」，「契約における履行義務の識別」，「取引価格の算定」，「取引価格の配分」，「履行義務の充足」の5ステップを適用しています。

　IFRS第15号の基本的な原則をすべて取り入れる一方で，これまで我が国で行われてきた実務等に配慮すべき項目がある場合には，国際的な比較可能性を損なわせない範囲で代替的な取扱いを追加しています。

　本会計基準の適用により，以下の基準が廃止されます（収益認識会計基準90）。

> ①　工事契約会計基準
> ②　工事契約適用指針
> ③　ソフトウェア取引の収益の会計処理に関する実務上の取扱い

2．収益認識の5ステップ

　収益認識のための基本となる5ステップを以下に示します。

ステップ1	収益認識の対象となる契約を識別します。契約の範囲や価格が変更された場合の会計処理の変更，および別々の契約を1つの契約として会計処理の対象とする契約の結合は，このステップ1において検討を行います。
ステップ2	収益認識の単位として履行義務を識別します。区別できる財またはサービスを提供するか，契約において財またはサービスを区別できるか，という観点で履行義務の識別がなされます。
ステップ3	収益認識の金額を決定します。変動対価または現金以外の対価の存在を考慮し，金利相当分の影響があるか，顧客に支払われる対価であるか，の観点で取引価格の算定が行われます。

ステップ4	複数の履行義務について別個の財またはサービスそれぞれの独立販売価格の比率に基づき，取引価格の配分が行われます。
ステップ5	財またはサービスを顧客に移転することにより履行義務が充足された時点で収益を認識します。

　工事契約において，顧客との契約，仕様変更，追加契約，複数の工程にまたがる工事案件が同一の契約により行われた場合の会計処理について留意が必要となります。

3．重要性が乏しい場合の代替的な取扱い

　収益認識会計基準では，重要性が乏しく，財務諸表間の比較可能性を大きく損なわせない範囲で，我が国でこれまでに行われてきた実務慣行に配慮した取扱いが定められている項目があります。なお，重要性等に関して数値基準は定められていないため，会社の規模等に応じて定量的・定性的な観点から重要性の判断を行い，適用を判断することになることに留意が必要です。

(1)　契約変更に関する代替的な取扱い

　　契約変更による財またはサービスの追加が既存の契約内容に照らして重要性が乏しい場合，既存の契約を解約して新しい契約を締結したものとして処理する方法と，既存の契約の一部として処理する方法の，いずれも認められます（収益認識適用指針92）。工事契約会計基準において，当初の契約と別の認識単位となった場合，見積りの変更として処理してきたことと整合しています。

(2)　履行義務の識別に関する代替的な取扱い

　　約束した財またはサービスが，顧客との契約の観点で重要性が乏しい場合，当該約束が履行義務であるかどうかを評価しないことができます（収益認識適用指針93）。

(3)　期間がごく短い工事契約および受注制作のソフトウェアに関する代替的な取扱い

　　受注制作のソフトウェアについて，契約における取引開始日から完全に履行義務を充足するまでの期間がごく短い場合には，一定の期間にわたり収益を認識せず，完全に履行義務を充足した時点で収益を認識することができます（収益認識適用指針95，96）。工事契約会計基準において，工期がごく短いものは通常は工事完成基準を適用することになるという考えと整合しています。

(4)　契約初期段階における原価回収基準に関する代替的な取扱い

236

　一定の期間にわたり充足される履行義務について，契約の初期段階において，履行義務の充足に係る進捗度を合理的に見積ることができない場合には，当該契約の初期段階に収益を認識せず，当該進捗度を合理的に見積ることができる時から収益を認識することができます（収益認識適用指針99）。工事契約会計基準における成果の確実性の事後的な獲得の考えと整合しています。

(5)　契約に基づく収益認識の単位および取引価格の配分に関する代替的な取扱い

　一定の要件を満たす場合には，複数の契約を結合せず，個々の契約の財またはサービスの内容を履行義務とみなし，個々の契約において定められている当該財またはサービスの金額に従って収益を認識することができます。また，独立販売価格の比率による取引価格の配分を行わないことができます（収益認識適用指針101）。

(6)　工事契約および受注制作のソフトウェアの収益認識の単位に関する代替的な取扱い

　原則的な方法との差異の重要性が乏しい場合には，複数の契約を結合し，単一の履行義務として識別することができます（収益認識適用指針102，103）。

Q8-7　工事損失引当金

Q	赤字工事の会計処理はどのように行いますか。
A	工事契約における収益性の低下の反映は，工事進行基準であるか工事完成基準であるかにかかわらず，工事損失引当金の設定により行われます。材料貯蔵品に関しては，棚卸資産会計基準の適用範囲となります。

解 説

1．工事契約に係る収益性の低下の取扱い

　工事契約における未成工事支出金に係る収益性の低下については，棚卸資産会計基準ではなく，工事契約会計基準，工事契約適用指針が適用されます。受注工事のうち，工事損失が発生する可能性が高く，かつ，その損失見込額を合理的に見積ることが可能な場合に，工事損失引当金を計上することにより，収益性の低下を反映させることになります（工事契約会計基準19）。

　工事損失は，工事原価総額等（工事原価総額のほか，販売直接経費がある場

合にはその見積額を含めた額）が工事収益総額を超過する場合の，超過見込額
となります。工事損失引当金の計上額は，工事完成基準および工事進行基準に
おいてそれぞれ以下の計算方法により算定します。

【工事完成基準】
工事損失引当金＝工事収益総額－（工事原価総額＋販売直接経費）
【工事進行基準】
工事損失引当金＝（工事収益総額－既計上収益金額）－（工事原価総額－既計上原
価金額＋販売直接経費）
※　上記算定式により算定された額がマイナスとなる場合，工事損失引当金の計
上が必要。

　工事損失引当金の取扱いは，当該工事契約について適用されている工事契約
に係る認識基準が工事進行基準であるか工事完成基準であるかにかかわらず，
また，工事の進捗の程度にかかわらず適用されます（工事契約会計基準20）。
　工事損失引当金は，工事の進捗や完成・引渡しにより，工事損失が確定した
場合または工事損失の今後の発生見込額が減少した場合には，それに対応する
額を取り崩すこととなります（工事契約会計基準64）。
　工事進行基準を適用している工事契約について工事損失引当金を計上する場
合であっても，工事進行基準適用の要件を満たしている限りは，引き続き工事
進行基準を適用することになります。また，工事進行基準が適用されている工
事契約について，工事の進捗に伴って新たな損益が計上された場合には，その
時点における工事損失引当金の残高は，今後見込まれる損失の額（工事損失の
見込額のうち，当該工事契約に関してすでに計上された損益の額を除いた残額）
となります（工事契約会計基準69）。
　工事進行基準を採用している場合と，工事完成基準を採用している場合の工
事損失引当金の計上の違いは図表8-6のとおりとなります。

2．合理的な見積データによる工事収益総額および工事原価総額

　工事損失引当金の計上の要否に関する判断や，会計処理を行うために必要な
工事収益総額および工事原価総額は，合理的な見積データを基礎とする必要が
あり，通常は受注後に作成される実行予算等は合理的な見積りとなっている場

図表8-6　工事進行基準と工事完成基準における工事損失引当金

【前提条件】
- 契約で取り決められた工事収益総額は800である。
- 工事原価総額の見積りは1,000である。
- X1年4月に工事が始まり、X2年3月末における既発生原価は500である（原価比例法による進捗度50%）。
- 工事進行基準を適用する場合はX2年3月末において、損益計算書に売上400、売上原価500が計上される。
- 工事完成基準を適用する場合はX2年3月末において、貸借対照表に未成工事支出金500が計上される。

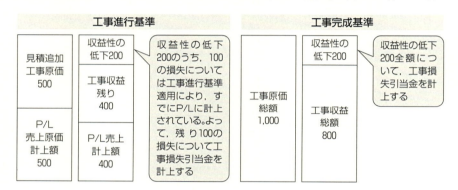

合が多いと考えられます。実行予算等が作成される前の受注時に算出されるデータは、短期間で見積金額を概括的に算定するため、金額の信頼性や合理性に欠ける場合が多いため、留意が必要になります（工事契約適用指針6、22、23）。

3．工事損失引当金の表示

　工事損失引当金の繰入額は売上原価に含め、工事損失引当金の残高は、貸借対照表に流動負債として計上します。また、同一の工事契約に関する棚卸資産と工事損失引当金がともに計上されることとなる場合には、貸借対照表の表示上、相殺して表示することができます（工事契約会計基準21）。ただし、相殺表示した場合であっても、総額で表示する場合と同じ情報が提供されるように、工事契約に係る棚卸資産が相殺後の額で表示されていることを明示したうえで、相殺表示した棚卸資産の額の注記が必要となります（工事契約会計基準22(4)、68）。また、複数の工事契約がある場合には、その工事契約ごとに相殺が認められます。注記例については後述のQ8-9を参照してください。

第8章　業種固有の論点　　*239*

4．材料貯蔵品の収益性の低下の取扱い

　建設業における材料貯蔵品は工事契約ごとに原価集計されることが多く，この場合，材料貯蔵品は工事原価総額として見込まれ，工事損失引当金の計上により収益性の低下の反映が行われることとなります。

　一方で，未だ特定の工事契約に紐付いていない材料貯蔵品については，棚卸資産会計基準に従い，再調達原価等により収益性の低下を判断することになると考えられます。

Q_{8-8}　建設業における税務上の処理との相違

Q	工事進行基準，工事完成基準および工事損失引当金の会計処理について税務上の処理と相違はありますか。
A	税務上は，長期大規模工事について工事進行基準が強制適用され，長期大規模工事以外は任意適用となります。 工事完成基準を採用している場合，税務上との相違は少なくなります。 税務上は，将来の損失見込みである工事損失引当金繰入額は損金算入できません。

解 説

1．工事進行基準に関する税務上の取扱い

　平成20年度の税制改正において，基本的には法人税法も工事契約会計基準，工事契約適用指針を尊重した改正がなされました。当該改正により，会計と税務の差異は小さくなり，税務調整が必要な項目は少なくなりました。

　会計上は工事進行基準の適用に関して，工事期間および工事収益額については具体的な数値は定められておらず，工事の進捗について成果の確実性が認められるか否かにより工事進行基準を適用するかを決定します。

　一方で，税務上は長期大規模工事については工事進行基準が強制適用され，長期大規模工事以外については継続適用を条件に，工事進行基準を任意適用することが認められています。

> **【法人税法上の長期大規模工事の要件（下記①～③をすべて満たす工事）】**
> ① 工事期間が1年以上（法法64Ⅰ）
> ② 請負対価の額が10億円以上（法令129Ⅰ）
> ③ 請負対価の2分の1以上が，引渡しの期日から1年を経過する日後に支払われることが定められていないこと（法令129Ⅱ）

　なお，工事進行基準に基づき計上された完成工事未収入金は，税務上，売上債権等に該当するとされています（法令130）。そのため，完成工事未収入金も税務上の貸倒引当金や貸倒損失の対象となります。

2．工事完成基準に関する税務上の取扱い

　会計上は実現主義に基づき，工事の目的物が完成し，引渡しが行われた時点で収益を認識することとなります。税務上も基本的には引渡しの日に益金算入できるため，税務上の調整は通常は必要ないと考えられます（部分完成基準，延払基準等の例外規定を除きます）。なお，税務においては，引渡日として以下の4つの基準が例示されています（法基通2－1－6）。

> ・作業の結了した日
> ・相手方の受入場所へ搬入した日
> ・相手方が検収を完了した日
> ・相手方において使用収益ができることとなった日

3．工事損失引当金に関する税務上の取扱い

　損失が見込まれる工事契約においても，税務上，工事進行基準の適用が認められている工事契約については，工事進行基準適用に伴う工事損失の計上は認められます。一方で，将来の損失発生見込額を会計上で保守的に手当てする工事損失引当金繰入額は，税務上は損金算入できませんので，税務調整が必要となります。

第8章　業種固有の論点　*241*

Q8-9　建設業における開示上の留意点

Q	建設業の開示で留意すべき事項について教えてください。
A	工事契約に係る注記として，1．工事契約に係る認識基準，2．決算日における工事進捗度を見積るために用いた方法，3．当期の工事損失引当金繰入額，4．同一の工事契約に関する棚卸資産と工事損失引当金がともに計上される場合の注記があります。

解　説

　工事契約に関して，次の事項について注記が求められています（工事契約会計基準22）。それぞれの注記例を以下の **1** ～ **4** に記載します。

1．工事契約に係る認識基準

（重要な会計方針）
完成工事高および完成工事原価の認識基準
　当期末までの進捗部分について成果の確実性が認められる工事契約については工事進行基準を適用し，その他の工事契約については，工事完成基準を適用している。

2．決算日における工事進捗度を見積るために用いた方法

(1)　原価比例法を適用している場合

（1の注記に続けて）
　なお，工事進行基準を適用する工事の当期末における進捗度の見積りは，原価比例法によっている。

(2)　原価比例法以外を適用している場合

（1の注記に続けて）

> なお，工事進行基準を適用する工事の当期末における進捗度の見積りは，当期までに施工が完了した面積が，契約において施工すべき総面積に占める割合により算定する方法によっている。

3．当期の工事損失引当金繰入額

> （損益計算書関係※）
> 　売上原価に含まれる工事損失引当金繰入額は，×××百万円である。

4．同一の工事契約に関する棚卸資産と工事損失引当金がともに計上される場合

⑴　未成工事支出金等の棚卸資産と工事損失引当金を両建てで表示した場合

> （連結貸借対照表関係）
> ※未成工事支出金および工事損失引当金の注記
> 　損失の発生が見込まれる工事契約に係る未成工事支出金と工事損失引当金は，相殺せずに両建てで表示している。損失の発生が見込まれる工事契約に係る未成工事支出金のうち，工事損失引当金に対応する額は×××百万円である。

⑵　棚卸資産と工事損失引当金を相殺して純額で表示した場合

> （連結貸借対照表関係）
> ※未成工事支出金および工事損失引当金の注記
> 　損失の発生が見込まれる工事契約にかかる未成工事支出金は，これに対応する工事損失引当金×××百万円を相殺して表示している。

第8章　業種固有の論点　　243

Q8-10　不動産業における棚卸資産

Q	不動産業における棚卸資産の会計処理について教えてください。
A	販売用不動産等の期末評価については，棚卸資産会計基準が適用され，他の棚卸資産と同様に正味売却価額との比較により収益性の低下を反映します。

解　説

1．不動産業における棚卸資産の特徴

　不動産はその保有目的に応じて棚卸資産，固定資産および有価証券になり得る資産であり，そこが他の資産と違う大きな特徴となっています。

　例えば，不動産販売をする会社にとって，購入した不動産を開発し，付加価値を付けたうえで分譲している場合，不動産の区分は棚卸資産となります。

　一方で，製造業の会社にとって，不動産は販売目的で保有しているわけではなく，長期間にわたり事業の用に供することを目的としていることが一般的ですので，固定資産としての保有が主となると考えられます。

　また，不動産の信託受益権や，証券化された不動産等については有価証券として計上することが考えられます。

　本章にて取り扱う不動産は，棚卸資産で計上されている販売用不動産および開発事業等支出金（以下「販売用不動産等」といいます）とします。

2．販売用不動産等の評価方法の特徴

　販売用不動産等の取得価額は，通常の固定資産と同様に，購入代価に付随費用を加えた額とすることが基本となります。また，他の棚卸資産と違い，１つひとつが高額になりやすく，個別性も高いことから，個別法による評価が行われることが通常です。

　なお，「不動産開発事業を行う場合の支払利子の監査上の取扱いについて」（日本公認会計士協会）では，各プロジェクトごとに特別の資金調達が行われ，開発工事等の支出金と支払利子の間に密接な因果関係があるという不動産開発

事業の特性から，支払利子は期間費用（営業外費用）として処理することを原則としつつ，以下の条件を満たす場合に取得価額に含めることも監査上容認できる旨を記載しています。

① 所要資金が特別の借入金によって調達されていること
② 適用される利率は一般に妥当なものであること
③ 原価算入の終期は開発の完了までとすること
④ 正常な開発期間の支払利子であること
⑤ 開発の着手から完了までに相当の長期間を要するもので，かつ，その金額の重要なものであること
⑥ 財務諸表に原価算入の処理について具体的に注記すること
⑦ 継続性を条件とし，みだりに処理方法を変更しないこと

　法人税法上も，支払利子を取得価額に含めて問題はありませんが，棚卸資産の取得または保有に関連して支出するものであっても，借入金の利子の額は取得価額に算入しないことができます（法基通5－1－1の2）。

3．販売用不動産等の収益性の低下による簿価切下げ

　固定資産として計上されている不動産の評価は減損会計基準に従い行われますが，販売用不動産等の評価については棚卸資産会計基準が適用されます。販売用不動産等が通常の営業循環過程にある場合，他の棚卸資産と同様に正味売却価額との比較により評価します。

　販売用不動産等の正味売却価額は，以下の2つの区分に分けて整理できます。詳細は「Q8-11　販売用不動産等の正味売却価額」で解説します。

① 開発後に販売する不動産
② 開発を行わない不動産または開発が完了した不動産

　販売用不動産等の正味売却価額は，一般的に見積りや主観的な判断に依拠する場合が多いことから，選択した正味売却価額の算定方法が合理的であることを社内外に説明できるように整理する必要があります。

　特に，土地の販売可能見込額の算定方法は複数ありますので，各々の土地の実態に合った合理的な販売可能見込額を選択する必要があります。当該選択に

第8章　業種固有の論点　　*245*

は主観的な判断が入る余地がありますので，合理的であると判断した根拠を整理する必要があります。

　また，開発をしたうえで販売する場合，販売公表価格や販売予定価格での販売可能性はどの程度あるか，造成・建築発生原価はいくらになるかという見積り要素が入ってきますので，こちらも合理的な見積りであることを整理しておく必要があります。

　このように，販売用不動産等は正味売却価額の算定方法の選択次第で財務諸表上の損益に大きな影響を及ぼす可能性がありますので，その選択にあたっては慎重な検討が望まれます。

Q8-11　販売用不動産等の正味売却価額

Q	販売用不動産等の正味売却価額に係る留意点を教えてください。
A	販売用不動産等の評価額の例示は「販売用不動産等の評価に関する監査上の取扱い」に記載されています。 販売可能見込額の算定方法は複数ありますので，各々の不動産の実態に合った合理的な方法を選択する必要があります。

解　説

1．正味売却価額の算定方法

　販売用不動産等の正味売却価額は，「販売用不動産等の評価に関する監査上の取扱い」（監査・保証実務委員会報告第69号）を満たした算定方法である必要があります。

　具体的には，販売用不動産等の正味売却価額は，「開発後に販売する不動産」，「開発を行わない不動産または開発が完了した不動産」の2つに分けて整理されます。

　なお，販売用不動産等の正味売却価額の算定方法は1つではなく，特に，土地については，その価格形成の特殊性を考慮すれば，複数の算定方法の中から特定の1つの方法を選択することとなり，画一的にすべての土地に対して同一

の算定方法を適用することには限界があります。

したがって，販売用不動産等の正味売却価額は，個別物件ごとに算定することが適当であり，会社は複数の算定方法の中から最も適切と判断する方法を選択して正味売却価額を合理的に算定する必要があります。

2．開発を行わない不動産または開発が完了した不動産の正味売却価額

開発を行わない不動産または開発が完了した不動産の正味売却価額の算定式は，以下のとおりになります。

> 販売用不動産等の正味売却価額＝(a)販売見込額−(b)販売経費等見込額

(a)および(b)の各項目については以下のとおり算定されます。

(a) 販売見込額

開発を行わない不動産または開発が完了した不動産の販売見込額は，販売公表価格または販売予定価格がある場合は当該価格となります。ただし，当該価格で販売できる見込みが乏しい物件，または当該価格がない物件については，以下の例示に従い，各々の物件の実態に合った合理的な販売可能見込額を選択する必要があります。

> 【販売可能見込額の例示】
> ア 「不動産鑑定評価基準」に基づいて算定した価額
> ・自社による合理的な見積額
> ・不動産鑑定士による鑑定評価額
> イ 一般に公表されている地価または取引事例価格
> ・公示価格，都道府県基準地価格から比準した価格
> ・路線価による相続税評価額
> ・固定資産税評価額を基にした倍率方式による相続税評価額
> ・近隣の取引事例から比準した価格
> 　(注) いずれの場合にも，時点修正，規模，地形，道路付等の要素を比較考量する
> 　　　　必要があります。
> ウ 収益還元価額

販売見込額として，前記のうちいずれかの方法を選択するわけですが，実務

的には販売公表価格または販売予定価格がある場合は，当該価格が採用されます（当該価格で販売できる見込みが乏しい場合を除きます）。

販売公表価格または販売予定価格がない場合は，まず，金額的に重要な販売用不動産等の評価については，不動産鑑定士の鑑定評価を取ることが考えられます。

次に，近隣での決算日に近い時点での取引事例等があれば，これに比準した価格を用いることが販売見込額の算定には適切であると考えられます。

最後に，鑑定評価を行うまでの重要性がないもので，かつ，近隣に適当な取引事例がない場合については，一般に公表されており，かつ，客観性がある評価額としての公示価格，都道府県基準地価格，路線価，固定資産税評価額等の

図表8-7　公的土地価格の概要

種　類	公示価格	都道府県基準地価格	路線価	固定資産税評価額
準拠法	地価公示法	国土利用計画法	相続税法	地方税法
価格決定機関	国土交通省土地鑑定委員会	都道府県知事	国税局長	市町村長
価格時点	毎年1月1日	毎年7月1日	毎年1月1日	3年ごとに基準年を置き，その年の1月1日
公表時期	毎年3月下旬頃	毎年9月下旬頃	毎年7月上旬頃	基準年の4月頃（縦覧毎年4月頃）
評価の目的	①一般の土地取引の指標 ②公共用地の取得価格算定の規準	①国土利用計画法による規制価格基準 ②公共用地の取得価格の算定の規準 ③公示価格を補うもの	①相続税課税 ②贈与税課税	固定資産税課税
地点数	29,100地点（平成20年）	23,749地点（平成20年）	路線価地区すべて	課税土地すべて
備考	（都市計画区域のみ）	ほぼ公示価格と同一価格水準（都市計画区域外を含む）	公示価格の80%程度	公示価格の70%程度

利用が考えられます。なお，一般に公表されている地価または取引事例価格の例示が「販売用不動産等の評価に関する監査上の取扱い　付録2」に提示されているため，参考として図表8-7に記載します。

(b)　販売経費等見込額

販売手数料，広告宣伝費および土壌汚染対策費等を過去の同種類・同地域での開発実績から見積ることになります。

また，販売手数料については，物件販売業務を外部に委託している場合，委託契約等に明記されている一定の率等により見積ることが考えられます。広告宣伝費については，販売する物件の広告宣伝費予算等を採用し，分譲マンションのように分割販売する場合は，当該予算額を販売面積や販売価格等の比率で各住戸に按分する方法が考えられます。

3．開発後に販売する不動産の正味売却価額

開発後に販売する不動産の正味売却価額の算定式は，以下のとおりになります。

正味売却価額＝(a)完成後販売見込額－((b)造成・建築工事原価今後発生見込額＋(c)販売経費等見込額)

(a)～(c)の各項目については以下のとおり算定されます。

(a)　完成後販売見込額

「2．開発を行わない不動産または開発が完了した不動産の正味売却価額」の見積方法に準じます。

(b)　造成・建築工事原価今後発生見込額

総開発コスト見込額から既支出開発コストを差し引いて算定されます。

総開発コスト見込額の算定には，見積りの要素が多く入りますので，過去の実績，工事の難易度，工法等を斟酌して，造成工事，建築工事原価の金額を見積ることが必要です。

また，工事の進捗に応じて新たに発生が見込まれる費用（例えば，作業遅延に対応するための人件費追加額）を適時に漏れなく計上する必要があります。

(c)　販売経費等見込額

「2．開発を行わない不動産または開発が完了した不動産の正味売却価額」と同様になります。

4．不動産開発計画の実現について

　開発計画が合理的でなく，実現可能性が認められない販売用不動産等については，開発利益を見込めないため，原則として開発を行わない不動産として評価することになります。ここで，開発計画の合理性を判断するためには，その客観性，具体性および採算性について検討する必要があります。また，開発計画は，開発期間中にその開発目的を変更する場合がありますが，その場合にも，変更後の開発計画の合理性を検討する必要があります。

　具体的には，以下のような開発が延期または中断に至る原因に留意して，実現可能性を判断する必要があります。実務上は，各企業において開発計画の実現可能性を判断するための一定の具体的な判断基準を定めたうえで，当該基準を継続的に使用する等の対応が考えられます。

---

① 開発事業を取り巻く経済環境の変化により，開発利益が見込めないこと
② 官公庁による転用許可，開発許可等が得られないこと
③ 買収および造成・建築等の開発資金が不足すること
④ 開発予定地域の重要な地区に地主の反対があること
⑤ 埋蔵文化財の発見による調査が必要となったこと
⑥ 開発工事に伴う近隣対策が必要となったこと

(注)　通常，①から④は，開発事業を継続する上で重要な障害要因となり，短期間でこれらの原因が解決することにより，買収の完了，開発工事の着工等が行われることは困難な場合が多いと考えられます。また，⑤および⑥は，開発工事の延期または中断の一時的な原因となり，調査の完了や近隣の同意が得られれば，開発工事に着工したり工事を再開することができる場合が多いと考えられます。

250

Q_{8-12} 販売用不動産等の評価に係る留意点

Q	販売用不動産等の評価に係る留意点を教えてください。
A	一度選択した正味売却価額の算定方法については，継続適用が求められます。 一定の範囲内で，時点修正や四半期の簡便的な処理が認められています。

解 説

1．正味売却価額の算定方法の継続適用

　特定の販売用不動産等に対する正味売却価額の算定方法は，毎期継続して適用し，評価のための前提条件に変更がない限り前年度と同一の算定方法を用いる必要があります。

　なお，販売用不動産等の評価に影響を与えるような事象または状況の変化に起因して正味売却価額の算定方法を変更したり，または，状況が変化していなくても，より正確な正味売却価額の算定を意図して不動産鑑定士による鑑定評価等を実施したりするなど，正味売却価額の算定方法を変更することに合理的な理由があると認められる場合は，合理的な理由による変更と認められます。

　一方で，販売用不動産等を取り巻く事象または状況に変化がないにもかかわらず，実質的に，正味売却価額への簿価切下げを回避することを意図して，あるいは過去に計上した簿価切下額の戻入れを意図して（洗替え法の場合），他の正味売却価額の算定方法に変更する場合は，その変更は合理的な理由による変更とは認められません。

2．正味売却価額の時点修正

　販売用不動産等についても，他の通常の販売目的で保有する棚卸資産と同様に，期末（四半期末を含みます）における正味売却価額を算定します。しかしながら，正味売却価額の算定の基礎として一般に公表されている地価を使用している場合においては，当該地価の公表が年1回であることに鑑み，当該地価の公表時の四半期末において当該地価を基礎として正味売却価額を算定し，そ

れ以降期末までに，当該地価に重要な変動を及ぼす要因が認められないときは，直近の公表時の地価を使用して期末における正味売却価額を算定することが認められます。

3．四半期の取扱い

四半期における取扱いに関しては，四半期適用指針において，棚卸資産の簿価切下げにあたっての簡便的な会計処理が認められています。すなわち，収益性が低下していることが明らかな棚卸資産についてのみ正味売却価額を見積り，簿価切下げを行うことができるとされていますが，販売用不動産等についての取扱いも同様と考えられます。この場合にもいったん採用した会計処理は，特に状況に変化がない限り，毎期継続して適用する必要があります。

4．簿価切下額の戻入れ

棚卸資産会計基準においては，簿価切下額について洗替え法と切放し法の選択適用が認められています。

洗替え法を適用した場合，販売用不動産等の建物については通常，収益性低下の要因は，物理的な劣化・経済的な劣化に求められ，かつ，いずれも経年による劣化が見込まれることから，正味売却価額が回復することはまれであると考えられます。一方で，土地については，収益性の低下はその他の要因に求められることが多いため，長期に保有する場合には，簿価切下げ後に正味売却価額が回復して簿価切下額の戻入れが生じることも想定されます。

簿価切下額の戻入れが生じる場合には販売用不動産等の正味売却価額の算定において見積りや主観的な判断に依拠する場合が多いことから，評価の妥当性について，慎重に判断することが必要になります。

5．税務上の取扱いとの相違

法人税法上，販売用不動産等に係る評価損は，原則として，災害により著しく損傷するなど物理的な損傷により価値が下落しない限り損金算入は認められません。しかし，棚卸資産に係る低価法の届出を所轄税務署に行っている場合には，評価損の損金算入が認められます。ただし，正味売却価額の算定方法の

252

合理性については，税務調査により詳細に見られる可能性があるため，十分に整理が必要となります。

Q8-13 販売用不動産等の保有目的の変更

Q	販売目的不動産と自社利用・賃貸目的保有不動産の保有目的を変更する場合の留意点を教えてください。
A	合理的な理由により保有目的を変更する場合，販売用不動産等は棚卸資産会計基準適用後，賃貸事業目的あるいは自社利用目的で保有していた不動産は減損会計基準適用後の帳簿価額で振り替えます。 税務上，保有目的の変更に関する制限はありませんが，租税回避と認定されないために，合理的な変更であることを説明できるようにする必要があります。

解 説

1．会計上の取扱い

　本章においては販売用不動産等について解説していますが，そもそも貸借対照表において不動産をどの区分に計上するかは財務諸表作成者の意思を反映したものとなります。すなわち，不動産を販売目的で保有するのであれば棚卸資産として流動資産に区分されることになり，自社利用や賃貸目的で保有するのであれば固定資産として区分されることになります。

　従来，販売目的で保有していた不動産を合理的な理由に基づいて賃貸事業目的あるいは自社利用目的で保有することに変更する場合には，保有目的の変更に該当するため，棚卸資産会計基準適用後の当該不動産の帳簿価額を棚卸資産から有形固定資産に振り替えることとなります。

　また，これとは逆に，賃貸事業目的あるいは自社利用目的で保有していた不動産を，合理的な理由に基づき販売目的で保有することに変更する場合は，保有目的の変更自体が当該固定資産の減損の兆候に該当する可能性があるので，減損会計基準に従い，減損損失の認識および測定の手続を実施した後の帳簿価

第8章 業種固有の論点　253

額により，有形固定資産から棚卸資産に振り替えることになります。また，棚卸資産への振替後は，当然に棚卸資産会計基準が適用されることに留意が必要です。

　なお，保有目的の変更が，会社の財務諸表に重要な影響を与える場合には，追加情報として，その旨，およびその金額を貸借対照表に注記することが必要となります。

２．税務上の取扱い

　税務上は保有目的の変更に関する記載がないため，特に制限されることはありません。しかしながら，棚卸資産では評価損の損金算入が，固定資産では減価償却費の損金算入が認められているため，保有目的の変更により，税負担が軽減する可能性があります。租税回避と認定されないように，保有目的の変更が合理的な理由によるものであることを説明できるようにする必要があります。

第9章

不正事例

Point

- 棚卸資産は自社管理下にあり，外部の取引先等を絡めずに不正操作をしやすいという性質があります。
- 不正を防止または発見するための内部統制の構築はコスト・ベネフィットの観点からリスクの発生可能性，影響度を考慮して検討します。
- 棚卸資産を絡めた不正には個人不正，組織不正があります。
- 第三者委員会調査報告書など具体的な不正事例を読み解くことで，構築すべき内部統制等をイメージすることができます。

Q9-1 総論① 概論

Q なぜ棚卸資産は粉飾に使われやすいのでしょうか。
また，在庫を利用した粉飾には主としてどのようなケースがありますか。

A 棚卸資産は自社の管理下にあることから，不正操作を行いやすいという性質があります。
在庫を利用した粉飾には，主に単価・数量の不正操作，評価の不正操作があります。

解説

1．不正の3つの定義

不正に対する定義，基準やガイドラインなどを出している団体は複数ありますが，その一団体として一般社団法人日本公認不正検査士協会（以下「ACFE」といいます）では不正の体系図を紹介し，不正を汚職，資産の不正流用，財務諸表不正の3つに分類しています。その中で，棚卸資産は資産の不正流用の代表例として現金預金と並べて記載されるほど，不正の手口として利用されやすいことが紹介されています。

本章では，資産の不正流用，財務諸表不正に絡んだ不正事例を紹介していきます。

図表9-1 不正の3つの分類（ACFE）

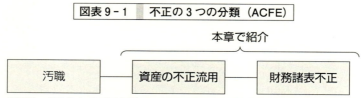

（出所）「職業上の不正と濫用に関する国民への報告書（抜粋版）」（ACFE（公認不正検査士協会））7頁「職業上の不正と濫用 不正の体系図」の一部を引用

2．なぜ，棚卸資産が粉飾に使われやすいのか

不正には現金，売上，棚卸資産，経費を利用した粉飾などさまざまな手口が

第9章　不正事例　　*257*

ありますが，棚卸資産を絡めた粉飾は他の粉飾手口よりも外部取引先を絡めずに「自社管理下」で行える余地が大きいため，粉飾に使われやすいと考えられます。

　例えば，売上は架空で計上しても長期的には対応する取引先への債権が滞留して後日，架空売上であったことが判明したり，経費は架空経費や計上時期をずらしても取引先への支払いや債権債務の相殺などで不整合が生じたりすることから，外部取引先と絡む取引であれば粉飾は実行が難しい場合が多くなります。

　一方で，棚卸資産は「自社の管理下」で数量や単価，評価などを調整することが外部取引先を絡めずに比較的容易に行えるため，粉飾に利用しやすいと考えられます。

3．在庫を利用した粉飾

　在庫を利用した主な会計不正には，以下の(1)(2)を利用した期末棚卸資産の過大計上，売上原価の過少計上があります。
(1)　在庫の単価・数量の不正操作（原価の付替えも含みます）
(2)　在庫評価の不正操作（評価損の先送り，過少計上）

(1)　在庫の単価・数量の不正操作（業種によっては原価の付替え，進行基準）

　当期の損益計算書に反映される売上原価は「売上原価＝期首棚卸資産＋当期仕入高－期末棚卸資産」の算式で算出されます。自社の管理下にある期末棚卸資産は「期末棚卸資産＝数量×単価」で算出されるため，棚卸結果の数量や在庫額計算にあたっての単価を操作して期末棚卸資産を増加させることで売上原価を減少させる（利益を増加させる）ことができます。

　建設業や情報通信業などの工事の絡む業種では，完成した工事の原価を未完成の工事に付け替えたり，工事の進捗度の見積りを操作することで売上原価を調整することが粉飾の手口としてよく行われます。

(2)　在庫評価の不正操作（評価損の先送り，過少計上）

　在庫評価について，会計基準の解釈を意図的に歪めたりすることで，評価額

を下げるべき在庫を下げないで期末棚卸資産を増加させることも考えられます。

Q9-2 総論② 内部統制

Q	在庫に関する不正を防止または発見するための内部統制を構築する際の留意点を教えてください。また，不正発覚時の留意点を教えてください。
A	会社の不正リスクのシナリオとして想定される在庫不正を適時に防止・発見できるように，内部統制をコスト・ベネフィットの観点から構築することが重要です。 不正のトライアングルの観点から内部統制を強化することで，「機会」を少なくすることのみならず，「動機」，「正当化」の不正リスクも低くすることで内部統制の効果が上がることが期待されます。 不正発覚時においては，他に同様の不正取引がないかといった類似取引の調査が必要です。

解 説

1．不正のトライアングル理論

不正は実行しようとする「動機」，実行することができる「機会」，実行することを「正当化」できること，の3つの不正リスクの条件が整った時に生じるとされており，この考えは不正のトライアングル理論といわれています。

不正のトライアングルに照らした場合，「動機」は経営者からの業績達成のプレッシャー，個人の借金苦などといった自分の望みや悩みを達成・解消するために実行するに至った心情，「正当化」は経営者からの利益達成の要求が無茶であったり，横領は一時的に借りているだけ，というように倫理観や良心の痛みを乗り越えて自分に都合の良い口実を付けて不正を働く心情であり，いずれも個人に依存する部分も大きいため封じ込めることは難しいと考えられます。

一方で，「機会」は不正を行おうと思えばいつでも行える環境であり，内部統制の整備・運用により発生可能性や影響度を抑えられると考えられます。

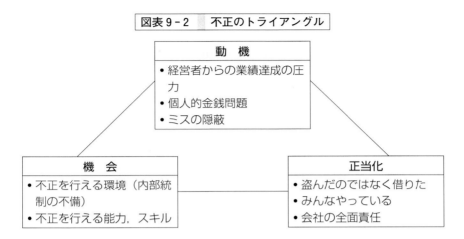

2．在庫に関する不正を防止または発見するための内部統制

　在庫に関する不正の手口はある程度パターン化されると考えられますが，内部統制の設計上，その会社に想定される不正リスクのシナリオである「機会」が生じにくくなるように内部統制が組み込まれているかどうかを確認することが重要です。

　具体的には，不正の「発生可能性」，「影響」の観点から業種上の特性やその内部統制を整備・運用することにかかるコストとそこから得られるベネフィット等を考慮して構築するべき内部統制を選定することが重要です。内部統制の構築後は内部統制の運用の実効性があるか，形骸化している内部統制がないか定期的に確認することも重要になります。内部統制に加えて内部監査による不正対応の抜き打ち検査の仕組みなども構築すると「機会」による不正リスクは低減すると考えられます。

(1) 棚卸資産の架空計上

　棚卸結果の改ざんや，システム内の数量や単価の操作といった事例があります。

　架空計上された棚卸資産の発見には現物確認をすることが最も有効と考えられますが，遠隔地で現物確認が難しかったり，業種上の専門性・複雑性（工事

現場，測量，無形の資産等）から現物を確認しても判断できないこともあります。

【内部統制の例】
- 棚卸資産の在庫推移および粗利分析を数年間並べて確認する。
- 棚卸結果の在庫集計手続をカウント担当者以外の担当者が実施する。
- システム上，在庫受払データの改ざん防止，発注担当者の入庫処理制限，検収担当者の発注処理制限のためにシステム上，アクセスを制限する。
- マスター単価の変更手続の構築，登録担当者以外のアクセスを制限する。

---

(2) 在庫の横流し，棚卸差異を利用した在庫の横領

会社の直接管理の及ばない外部倉庫や遠隔地の倉庫を利用した事例や，多品種少量の部品等を扱っていて受払いの多い会社で生じた事例があります。

【内部統制の例】
- 棚卸の在庫カウントの際に棚卸担当者以外もカウントを行う。
- 一定以上の棚卸差異や仕損じについて原因を分析，把握する。
- 定期的な外部倉庫の視察を行う（在庫証明書の入手のみに頼らない）。
- 倉庫管理担当者のローテーションを定期的に行う。
- 重要な資産への関与を制限する。

---

(3) 原価の付替え，工事進行基準の見積りの調整

上層部からの利益達成のプレッシャーがあり，完成工事の原価を未完成工事の原価に付け替えたり，工事進捗度を操作して原価を過少計上した事例があります。

【内部統制の例】
- 工事の粗利予算と実績を比較して乖離要因を分析，把握する。
- 抜き打ちで現場視察を行い，現場の工程表や作業日誌を閲覧して未成工事支出金の多寡を確認する。視察基準は予測不能性の観点も入れる。
- プロジェクト予定参加者以外の従業員の原価など予算外の人員の労務費等がついていないかを確認する。
- 工期が明らかに予算よりも早い案件がないか確認する。

第9章　不正事例　　*261*

⑷　評価の先送り

　収益性の評価の計算シートの適用単価の改ざんや在庫売却価額の虚偽の説明等により評価損を先送りした事例があります。

【内部統制の例】
- 収益性の評価の考え方が在庫の回転サイクルと整合しているか定期的に確認する。
- 計算シートの手作業についてアクセス制限をつける。
- 自動計算のマスターの変更手続の構築，アクセス制限を行う。
- 売却価額が見込めない在庫の評価額については価格算定根拠を整備することを義務付ける（専門家の評価書など）。

3．不正をなくすために内部統制以外に考慮すべき事項

　不正のトライアングルの観点では，内部統制を強化することで「機会」を少なくすることはできますが，「動機」，「正当化」についても極力不正リスクを下げる仕組みを構築することが「機会」と密接につながっている内部統制の効果を上げるために効果的です。

　「動機」は組織風土とも密接なつながりをもっており，例えば経営者が従業員に過度な業績達成のプレッシャーを与える組織風土や指示に従わざるを得ない環境であれば，不正リスクは高くなると考えられるため，外部有識者の登用等により事業計画が無理なものになっていないかの確認，定期的な報告をさせる仕組みの導入が考えられます。

　また，「正当化」は個人の倫理観の欠如でもあるため，定期的にコンプライアンス研修や人事面談を行うことで倫理観を意識させる仕組みの導入が考えられます。

4．不正発覚の際の類似取引の検討

　不正取引が発覚した際は，当該不正に類似する取引が他にないか確認する必要があります（監査・保証実務委員会研究報告第28号Ⅴ．2．⑸参照）。

　具体的には以下の3つの視点のアプローチで確認し，不正の広がりがないことを確認することが重要です。

拠点アプローチ	不正が発覚した拠点で，不正が発覚した科目以外で不正が起きていないかの検討。
手口アプローチ	発覚したのと同じ手口で，他のセグメントや構成単位等で不正が行われていないかの検討。
人アプローチ	不正関与者が管轄する他の領域の検討。

　また，不正発覚時には適切に不正情報を周知すべき部門（例：総務部，法務部，経理部等）に確実に流れるようにルートを作る必要があり，全社的な対応をとれるようにする必要があります。決算間際の不正の発生により，経理部への情報伝達が遅れ，決算遅延という状況も生じえます。

　そのため，不正が生じやすい業種では，手口ごとに対応のマニュアル化を行うと不正発覚時の対応がスムーズになります。

　不正の発覚後は要因分析を行い，再発防止として，内部統制の強化，または新たな内部統制の組み込みなどの検討が必要になります。

Q9-3 個人不正① 資産流用——在庫を利用した資金着服

Q	在庫を利用した資金着服の会計不正事例と，防止または発見するための内部統制について教えてください。
A	【事例】 • 資金着服の穴を埋めるために商品を架空計上した事例があります。 【内部統制】 • 資料間の整合性の確認や，業務内容を理解できる人を複数人作るなどのルール，定期的な人事ローテーションを運用することが有効です。

解 説

1．概　要

　製造業X社の経理部長であったAは会社名義で締結していた当座貸越契約を利用して，不正に小切手を振り出して現金に換金して着服していた。また，着

服の穴を埋めるために架空の商品や前払費用，経費を計上していた。さらに，商流の変更に伴い，在庫の取扱数量が徐々に減少した際は商品の払出しを偽装した架空取引を計上したり，商品購入代金の戻しと称した虚偽の商品の返品処理を行うことで架空在庫の圧縮を図った。最終的には当該事業が廃止されたため，架空商品を用いた資金着服額はオフバランスの借入金によって手当てされた。着服金は主にギャンブル，株取引，遊興費等に充てていた。

（仕訳のイメージ）

＜着服の穴を埋めるため，商品を架空計上＞

| （借）商　　　　品 | ×××　（貸）当　座　預　金 | ××× |

＜商品の払出し偽装および簿外借入金による補填＞

| （借）当　座　預　金 | ×××　（貸）商　　　　品 | ××× |

２．発覚の経緯

　Aが休暇の際に，会社にB銀行より認識のない当座貸越契約の更新依頼の電話があった。また，取引の認識のないC銀行より郵送があり，開封したところ返済予定表が同封されており，Aに会社の同僚が問い合わせしたところ，着服を認めた。それまで，Aは親会社からの出向ということもあり，周囲の遠慮があったため金融機関対応はすべてAが行っていた。

３．不正の発生要因等の検討

［内部統制上の不備］

- 架空商品の帳簿への記帳は経理事務に依頼するのではなく，A自らが仕訳を行っていた。
- 経理事務担当者は受払簿に入出庫記録を取っていたが，受払簿と会計帳簿の棚卸資産の照合を行っていなかった。不正を気づかれる資料はすべてAの支配下に置き，A自身は休暇を長期間取っていなかった。
- Aは経理業務に精通しており，他に部長クラスで経理財務を理解してい

る者がいなかった。そのため，ローテーション制度を運用できていなかったことはおろか，Aが不在の時でも銀行対応や郵便物について他の者が気に留めることもなかった。

- 業務人員は牽制が効く人数ではなく，必要最低人数で行われていた。
- 業務の文書化，マニュアル化を含め複数名による業務の代行ができない環境であった。

【考えられる内部統制の改善・強化】

- 帳簿間の数字の照合を定期的に行う。
- 定期的な人材のローテーションを行う。
- 強制的な有給休暇の取得を義務付ける。
- 1つの業務につき，最低限ではなく牽制が効く人数で行うこととし，必ず複数人に関与させる。
- 業務の文書化，マニュアル化を進め，業務を属人化させない。

Q9-4　個人不正②　資産流用──返品処理を利用した小口現金着服

Q	返品処理を利用した小口現金の着服による会計不正事例と，防止または発見するための内部統制について教えてください。
A	【事例】 • 店舗においてPOSレジで返品処理，売上取消処理を行い現金を着服し，架空の返品処理により商品は棚卸差損として処理していた事例があります。 【内部統制】 • 返品ルールの定期的な見直しおよび運用の確認，返品処理時の立会いを義務付けることが考えられます。

第9章　不正事例　*265*

解 説

1．概　要

　ドラッグストア店舗Aのチェッカーチーフは立場を悪用してレジの締め後にチェックと称してレジを見回り，顧客がレジ前にいないにもかかわらずレジで返品処理，売上取消処理を行いレジ売上現金を一部着服していた。

　架空の返品処理のため商品は当然返品されておらず，棚卸差損としてロスに含まれていた。

　在庫の返品処理を装った現金着服は少額かつ継続的に6か月にわたり行われていたことから，比較分析によってもなかなか発覚せず，発覚時には80万円程度の着服金額になっていた。

（仕訳のイメージ）
＜売上返品を装って現金を着服＞

| （借）　売　　　　　上 | ×××　（貸）　現　　　　　金 | ××× |
| （借）　商　　　　　品 | ×××　（貸）　売　上　原　価 | ××× |

2．発覚の経緯

　ドラッグストア店舗Aのチェッカーチーフが顧客がレジ前にいないのに返品処理をしているとパートから店長に通報があった。

　実際に返品処理したレシートNo.のジャーナルを確認すると，本来返品処理時に顧客に渡すはずの「返金分を除いたレシート（再発行分）」が発行されていなかったため，防犯カメラを確認し，チェッカーチーフを問いただしたところ，現金着服を認め不正が発覚した。また，チェッカーチーフの署名のある資料を後日すべて集めて再確認したところ，過去の不正も認めた。

3．不正の発生要因等の検討

　［内部統制上の不備］
- 返品時のルールとして担当者は立会者を呼び，確認の上サインを受領して行うことになっていたが，口頭で行ったり立会者がいなくても実施するなどルール自体が形骸化していた。

- 以前は返品処理ができる人が限定されていたが，現在は誰でも処理できる状況だった。
- 返金状況の異常値に気づけていなかった。多数の「間違って購入したため」の表示が異常値のシグナルとして出ていた。

【考えられる内部統制の改善・強化】
- 策定したルールが形骸化していないか，運用状況を定期的にチェックする（店長，内部監査，監査役監査）。
- 返品処理ができる人を限定した上で，必ず立会いの下で返品手続を行う。
- すべての返品について，返品伝票を発行し，所定の責任者の承認を得る。
- 店長などの責任者は定期的に返品数量，金額の異常な動きをモニタリングする。
  その際に，未経験の部門を含め，返品の異常値に気づくことのできる教育，勉強会の実施などを行う。

Q9-5 組織不正① 架空発注（購買）──外注費の架空発注による不正

Q 外注費の架空発注による会計不正事例と，防止または発見するための内部統制について教えてください。

A
【事例】
- 外注費の水増しまたは親密な下請業者に架空発注し，資金をキックバックさせていた事例があります。

【内部統制】
- 定期的に仕入業者との関係を見直し，外注内容の検証および承認体制の強化を図ることが考えられます。

第9章　不正事例　267

解　説

1．概　要

　X社の営業担当者Cは設備工事等を発注する際に利益が見込まれる現場において，下請業者である外部協力者に対して，外注費の水増しまたは架空発注を行い，X社から外部協力者に支払いが行われた後，手渡しまたは振込みにより営業担当者Cにキックバックをさせていた。

　具体的な手口として，Cは外注先としてX社のOBが経営する会社を利用して，当初予定していた仕様よりもダウンした変更発注を行うことでいったん粗利益を増額させ，その上で実作業を伴わない名目的な作業を発注する等の方法で，特定の1次下請業者を経由し，2次下請業者へ水増しまたは架空発注を行い，2次下請業者からキックバックを受けていた。10年程度にわたって水増しや架空の発注を100件以上繰り返し，少なくとも7,000万円を着服し，遊興費に充てていた。

仕訳のイメージ

＜外注費の水増しまたは架空発注＞

(借) 外　注　費	×××	(貸) 現　　　金	×××

2．発覚の経緯

　国税局の税務調査の過程で，社員の一部が不適切な外注費の処理を行っていた可能性があるとの指摘を受け，これを端緒として社内調査を進めたところ，Cによる水増しまたは架空発注等の不正取引の事実が発覚した。

3．不正の発生要因等の検討

[内部統制上の不備]
- 同種の工事でも現場ごとに条件が異なり，見積内容の適切な判断ができない環境であった。一式発注も認められており，承認にあたり下請業者の見積書が参照されないこともしばしばあった。
- 緊急対応を理由に担当者権限で変更が行われることが認められていた。

- 完了後に内容を検証できない配線工事，仮設工事等も多く発生し，また，深夜に行われる工事も多く，現場に常駐できないにもかかわらず，作業日報などの工事書類の事後的なチェックも行われていなかった。
- 取引上の優位性を利用し，下請業者との親密な関係が存在していた。
- 一部の重要取引業者との間で過剰な接待が行われており，資金捻出の必要性があった。

【考えられる内部統制の改善・強化】
- 購買部門の新設を図り，発注は営業部門ではなく購買部門が行う。
- 購買プロセスにおける承認にあたっては複数見積書を入手して内容を検討するとともに，検収にあたって実際のコストと見積予算を比較，管理する体制を強化する。検収にあたっての専門性が高い場合は専門家の立会いを検討する。
- 例外を極力認めないルールを周知徹底し，例外対応は別途台帳に記載し，後日合理性を検証する仕組みを設ける。
- 定期的に作業日報を提出させ，工事の進捗状況を説明させる。
- 仕入業者の担当者をローテーションさせるなど仕入業者との関係を見直す。
- 定期的なコンプライアンス研修によるコンプライアンス意識の改善を図る。

第9章　不正事例　　269

| **Q9-6** | 組織不正②　架空発注（購買）──架空のリベート契約 |

| Q | 仕入先からのリベートを用いた会計不正事例と，防止または発見するための内部統制について教えてください。 |
| A | 【事例】
• 粗利の改善のために，架空の「リベート報告書」を偽造し，架空リベートを計上した事例があります。
【内部統制】
• 外部証憑を伴う「リベート報告書」のみリベート計上できる内部統制の構築が考えられます。
• 外部仕入先への入金確認を商品部以外から直接確認することが有効な場合があります。 |

解 説

1. 概　要

　X社は経営環境の悪化に伴い，売上拡大から粗利重視の経営へ方針を転換した。経営者からの粗利改善の圧力もあり，商品部長は商品部のバイヤーにリベートの架空計上を指示し，仕入先との合意を得ていないリベート金額を記載した証憑である「リベート報告書」を仕入先の担当者名にあわせた三文判を使うなどして偽造させ，粗利の改善を行った。架空計上したリベートについては販売促進策として支払われる達成リベートを悪用し，それについて，商品部長は特別協賛の取引先やリベート計画等につき虚偽の説明を監査人に行っていた。

　未収入金は過大となり，仕入高とリベート金額の比率は大きな変動を示していたが，過大な未収入金は仕入先のリベート計算期間の相違を利用したり，役員自身の私財で入金の穴埋めをしていた。

(仕訳のイメージ)

＜架空のリベート計上時（偽造した「リベート報告書」を根拠に計上）＞

| (借) 未 収 入 金 | ×××　(貸) 売 上 原 価 | ××× |

２．発覚の経緯

　滞留している架空のリベートが多額の未収入金として積み上がり，社内において問題になるものの，役員は隠蔽のために私財を入金していた。内部通報も機能せず，最終的には監査法人に告発文書が送られ発覚に至った。

３．不正の発生要因等の検討

［内部統制上の不備］
- 役員および従業員のコンプライアンス意識が欠如しており，不正に歯止めがかからなかった。
- 「リベート報告書」には，外部証憑の添付が必要である取扱いがはっきりと明文化されていなかった。
- リベート計上の審査および決裁にあたって，商品部長以上の決裁がなされておらず，規程と異なる運用がされていた。
- 契約や覚書がなく，口頭のみで計上されるリベートもあった。

【考えられる内部統制の改善・強化】
- 組織風土の改善（コンプライアンスの強化），内部通報制度の強化を図る。
- リベート計上にあたっての取扱ルールの規程等への明文化を行う。
- 内部監査等による取扱ルールの運用を確認する。
- リベートの多い業種ではリベート事務専属者の配置を検討する。
- 外部証憑を伴うリベート報告書のみ計上できる内部統制を構築する（口頭禁止）。
- 入金されたリベートがどの計上リベートに対応するのか，リベート事務担当から商品部経由ではなく外部の仕入先にも直接確認を行う。
- リベート事務担当部署で３〜５年等中期的な趨勢分析を行い，異常を察知する仕組みを構築する。

第9章　不正事例　　*271*

| **Q9-7** | 組織不正③　引渡し偽装（販売）──引渡時期の偽装 |

Q	住宅在庫の引渡しを偽装した会計不正事例と，防止または発見するための内部統制について教えてください。
A	【事例】 • 業績達成のために，原価の付替えや受領書の偽造により売上を先行計上した事例があります。 【内部統制】 • 期末日前後の売上は竣工しているか現場視察することが有効です。 • 工事案件の進捗度をモニタリング，評価する部門により，期間や工事進捗区分と未成工事支出金の連動性を確認することが有効な場合があります。

解　説

1．概　要

　住宅販売を営むH社は経営環境の悪化に伴い，銀行借入対策からも全社的に業績の改善を求められていた。H社は経理部門を含めた全部門に営業させる文化が創業時から社内に浸透しており，経営者は各部門にノルマを指示し，業績達成を強く求めた。

　経理部長は決算に間に合うように購入者の字体をまねて竣工前に受領書を偽造して先行売上を上げたほか，別工事の原価を付け替えて利益率も適正な率に見せかけた。また，経理部長は銀行からローンの下りない購入希望者にキャンペーンと称して会社から貸付を行い，購入希望者に預金があるように銀行に見せかけて住宅ローンの審査が通るように購入希望者と結託した。

　経理部長はその月の販売棟数のトップとなり表彰されたが，案件のすべてに貸付金が紐付いており，中にはわずか1か月で竣工した住宅も含まれていた。

（仕訳のイメージ）

＜他の未成工事の原価の付替え＞

（借）売　上　原　価	×××　（貸）未成工事支出金	×××

＜引渡時期の偽装による売上の前倒計上＞

（借）預　　　　　金	×××　（貸）売　　　　　上	×××
（借）売　上　原　価	×××　（貸）未成工事支出金	×××

２．発覚の経緯

　会計監査の中で，以下のような不自然な取引が多かったことから，経理部長に質問をしたところ，不正を供述した。

- 貸付金と住宅販売売上の期末付近の急激な増加
- 住宅販売明細表で受注からわずか１か月で竣工している住宅の増加
- 販売した住宅を翌月に売価で買い戻すなど不自然な取引の発生

３．不正の発生要因等の検討

［内部統制上の不備］

- 経理部長は自己破産経験があり，これぐらい大したことはない，という感覚で不正経理を行い，コンプライアンス意識が欠如していた。
- 期末付近の売上について実際に竣工しているかの現場視察につき，社内部門の立会いがなかった。
- 経理部門以外で竣工までの期間や未成工事支出金について分析している部門がなかった。

【考えられる内部統制の改善・強化】

- 組織風土の改善（コンプライアンスの強化）を図る。
- 期末付近の竣工物件について現場視察を強化する。
- 工事案件に入力する労務時間の修正に関して早期に締め切る等，システムを強化する。

第9章　不正事例　　273

- 工事案件の進捗度をモニタリング，評価する部門を設置し，または業務を分離する。
- 期末の未成工事支出金の残高が工事の進捗区分に比べて不整合である案件の内容を確認する。
- 竣工までの期間が極端に短い案件の内容を確認する。

Q9-8　組織不正④　引渡し偽装（販売）──直送取引

Q	直送取引を利用した会計不正事例と，防止または発見するための内部統制について教えてください。
A	【事例】 • 同一グループ先の会社から仕入れ，販売を委託していた直送取引が架空取引であることが判明し，取引をすべて取り消す修正を行った事例があります。 【内部統制】 • 重要な業務委託先の内部統制を理解することが重要です。 • 物品の移動を把握できる証憑の入手，抜き打ちで業務委託先の視察を行うことが考えられます。

解　説

1．概　要

　K社は新規事業に参入し，仕入先であるA社および委託先であるB社と取引を開始した（A社はB社の親会社）。物流としては商品はA社の仕入元であるメーカーからB社に直接納品され，エンドユーザーへの販売はB社に委託しており，K社にとっては商品の直接納品を伴わない直送取引であった。

　後日，当該一連の取引は架空取引であることが判明し，K社は新規事業に関する取引をすべて取り消す修正を行うことになった。

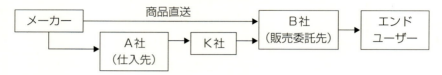

図表9-3　直送取引のイメージ

(仕訳のイメージ)

＜K社（メーカーからB社へ納品時）＞

| (借) 仕　　　入 | ××× | (貸) 買　掛　金 | ××× |

＜K社（B社からエンドユーザーへの納品時）＞

| (借) 売　掛　金 | ××× | (貸) 売　　　上 | ××× |
| (借) 販売委託手数料 | ××× | | |

2．発覚の経緯

　A社からの請求明細の確認でK社の社員がB社倉庫に在庫を確認しに行ったところ、在庫残高と請求明細に食い違いがあったことから直送取引が架空取引であることが発覚した。

3．不正の発生要因等の検討

［内部統制上の不備］
- A社とB社の取引は親子間の取引であったが、取引の合理性を確認する体制がなかった。
- 販売委託しているB社の商品受払の内部統制を理解しておらず、また、定期的にB社の倉庫の視察（棚卸立会など）に行かず、在庫証明書のみを入手して安心していた。
- 物品の移動を裏付ける証拠を入手しておらず、A社からの請求書および仕入明細、B社からのエンドユーザー間の注文書の写しと売上明細のみを入手しており、運送記録など出荷事実の記録を確認していなかった。

第9章　不正事例　　*275*

【考えられる内部統制の改善・強化】
- 重要な業務委託先の内部統制を必ず理解する。
- 在庫証明書のみに頼らず，重要拠点は棚卸立会などを通じて，定期的に業務委託先のモニタリングを行う（牽制の意味で抜き打ち視察も検討する）。
- 直送取引のように物品の移動が把握できない場合は，物品の移動を裏付ける証憑を入手する（エンドユーザーの受領書，運送会社のサイン，メーカーの納品書など）。

Q9-9　組織不正⑤　引渡し偽装（販売）──循環取引による不正

Q	循環取引による会計不正事例と，防止または発見するための内部統制について教えてください。
A	【事例】 ・親密な関係，かつ，売上の必要な取引先との間で，直送取引を利用して循環取引により架空売上を計上していた事例があります。 【内部統制】 ・売上・仕入の両面に出てくる取引先の確認，取引額の増減要因および利益率の異常性の有無を確認する体制が必要です。 ・納品完了に対する外部証憑（配送業者の配送証明書，エンドユーザーからの商品受領書）を入手する体制が必要です。 ・規程遵守の定期的な検証，定期的な人事ローテーションの実施が必要です。

解 説

1．概　要

　家具の製造販売を営むA社では成果主義が徹底されており，予算達成プレッシャーの大きい組織風土にあった。営業部長Gは予算ノルマが達成できないこ

とを危惧して他社を絡めた循環取引を行った。具体的には，商品売上の実態がないにもかかわらず，受注があったかのように偽装し，取引関係が密で，かつ，売上も必要としていたB社，C社，D社に売上取引，仕入取引を指示し，証憑を偽造させて資金を循環（一部債権債務相殺）させて各社で売上を計上していた。A社の営業部長Gは管轄下の営業事務職員に証憑の偽造と伝票の入力をさせており，また，直送取引を利用していたため，商品実物が伴わなくても社内での疑念は生じなかった。一定額を上乗せした利益金額分だけ取引金額が膨らんでくると資金決済が困難となり，さらにA社の得意先であるE社，F社も架空循環取引に組み込んだ。

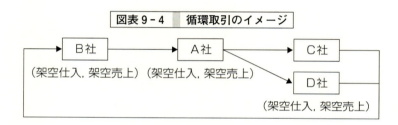

図表9-4　循環取引のイメージ

仕訳のイメージ

(1) A社（B社より架空仕入）

| （借）仕　　　　入 | ×××　（貸）買　掛　金 | ××× |

(2) A社（C社またはD社へ利益を乗せて架空売上）

| （借）売　掛　金 | ×××　（貸）売　　　　上 | ××× |
| （借）売 上 原 価 | ×××　（貸）仕　　　　入 | ××× |

(3) C社またはD社（利益を乗せてB社へ架空売上）

| （借）売　掛　金 | ×××　（貸）売　　　　上 | ××× |
| （借）売 上 原 価 | ×××　（貸）仕　　　　入 | ××× |

以降，利益をのせて(1)(2)(3)の繰り返し。

2．発覚の経緯

　一部債権債務の相殺で決済を行っていたC社より債権債務の認識が異なる問

い合わせがあり，架空循環取引が発覚した。

3．不正の発生要因等の検討

［内部統制上の不備］
- 売上・仕入の両面に出てくる取引先の確認，取引額の増減要因の把握および利益率の異常性の有無を確認する体制がなかった。
- エンドユーザーに商品が納入されたことの確認手続が不備であった。
- 仕入金額が一定以上の場合に経るべき承認手続が行われていなかった。
- 人事異動が長期間行われていなかった。

【考えられる内部統制の改善・強化】
- 売上・仕入の両面に出てくる取引先の確認，取引額の増減要因の把握および利益率の異常性の有無を確認する体制を構築する。
- 直送取引であっても納品完了に対する外部証憑（配送業者の配送証明書，エンドユーザーからの商品受領書）を入手する体制を構築する。
- 仕入決裁権限に関する規程が遵守されているか内部監査等での抜き打ち検査を行う。
- 同一業務に特定の人員が固定しないようにする定期的な人事ローテーションを行う。

Q9-10　組織不正⑥　在庫水増し（棚卸）──棚卸結果の改ざん

Q	棚卸結果の改ざん等を利用した会計不正事例と，防止または発見するための内部統制について教えてください。
A	【事例】 • 棚卸の結果を改ざんし，システムに在庫を過大に登録して在庫を水増しした事例があります。 【内部統制】 以下の統制を構築することが有効と考えられます。 • 棚卸結果の確定時は第三者の確認，上長の承認を受ける。 • 棚卸時は部門外の立会人が立ち会い，マニュアルに従った棚卸が行われているか確認する。 • 同一業務に特定の人員が固定しないようにする定期的な人事ローテーションを行う。

解　説

1．概　要

　スーパーマーケットを営むZ社は，経営環境の悪化により，粗利の改善を求められる環境にあった。また，Z社では，青果部門は継続して利益水準が高く，本部から優秀な部門と見られていた。青果バイヤーであるAは本部からの利益達成のプレッシャーから，棚卸結果を改ざん，システム入力の際にさらに改ざんを行い在庫を水増しした。

　青果を保管する倉庫では，青果部門立会の下，棚卸自体を外部に委託していたため，本部から棚卸立会人が来ておらず，また，青果部門の棚卸立会者と同一人物が棚卸結果をシステムに入力していた。

仕訳のイメージ

＜棚卸実在庫よりも多く棚卸資産を計上＞

（借）棚　卸　資　産	100	（貸）売　上　原　価	100

※　図表9-5で50と入れるべきところを100と起票。

第9章　不正事例

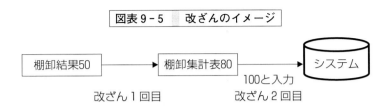

図表9-5　改ざんのイメージ

2．発覚の経緯

人事異動によりAが青果部門を離れることになったが，後任者が引継ぎの際に棚卸額を計算したところ，月末の利益が異常値となったため，前月まで在庫が架空計上されていたことが発覚した。なお，Aは青果部門長に指示されて資料の改ざんを行っていた。

3．不正の発生要因等の検討

[内部統制上の不備]
- 棚卸委託結果は委託先からAにのみ渡され，Aが受領後に集計資料に直接転記，さらにその後にシステムに数字を直接入力し，第三者がAの入力の正確性等を確認する統制がなかった。また，上長の承認はなかった。
- 青果部門の倉庫の棚卸は外部業者に委託していたという事情もあり，本部としては棚卸の正確性については安心しきっていたため，青果部門の担当者のみが監査人として立ち会っていた。
- 在庫日数が正確に把握されず，発注管理が徹底されていなかった（業務上の統制の不備）
- 青果部門の倉庫の棚卸立会のマニュアルがなかった。
- 人事異動が長期間行われていなかった。

【考えられる内部統制の改善・強化】
- 棚卸結果の確定時は第三者の確認，上長の承認を受ける。
- 棚卸時は部門外の立会人が立ち会い，マニュアルに従った棚卸が行われているか確認する。

280

- 同一業務に特定の人員が固定しないように定期的に人事ローテーションを行う。

Q9-11 組織不正⑦ 在庫水増し（棚卸）——外部倉庫の残高確認

Q	外部倉庫の残高確認を利用した会計不正事例と，防止または発見するための内部統制について教えてください。
A	【事例】 • 外部倉庫業者と結託して架空売上を計上したり，在庫の横流しに外部倉庫を利用していた事例があります。 【内部統制】 • 外部倉庫を定期的に視察することが重要です。 • 牽制のために重要な外部倉庫の実地棚卸に立ち会うことが重要です。 • 同一業務に特定の人員が固定しないように定期的な人事ローテーションを行うことが重要です。

解 説

1. 概 要

　S社は棚卸資産を外部倉庫に預けていたが，外部倉庫業者と結託し複数年にわたって架空売上を計上していた。具体的には，業績の低迷から利益捻出のために，卸会社へ過度の販売の水増しを行った結果，外部倉庫の中には現物の移動がなく出荷実態の伴わない，名義人の変更のみにより売上計上された在庫が残っていた。S社は，未出荷在庫の外部倉庫在庫保管料を引き続き負担していたため，商品のリスク負担が卸会社に移転しているといえず，売上の実態はなかった。

　また，会社の仕入担当者は在庫の一部横流しをしていたが，外部倉庫に預けていることにして，外部倉庫から虚偽の預り在庫証明書を入手していた。

第9章　不正事例　　*281*

図表9-6　　外部倉庫を利用した架空売上

```
┌─────────┐      ┌─────────┐  売上  ┌─────────┐
│   S 社   │ ───→ │  外部倉庫  │ ───→ │  卸会社   │
└─────────┘      └─────────┘      └─────────┘
                      ↖
            ┌─────────────────────────┐
            │ 商品が移動せず，名義変更により │
            │ 売上になっている在庫もあった。 │
            │ 在庫保管料はS社が負担→売上？  │
            └─────────────────────────┘
```

（仕訳のイメージ）

(1)　架空売上時（外部倉庫業者に卸会社の在庫への名義変更依頼時）

| （借） | 売　　掛　　金 | ××× | （貸） | 売　　　　　上 | ××× |
| （借） | 売　上　原　価 | ××× | （貸） | 棚　卸　資　産 | ××× |

　　引き続き名義変更した在庫の保管料も倉庫業者に支払

| （借） | 保　　管　　料 | ××× | （貸） | 未　　払　　金 | ××× |

(2)　横流ししていた在庫が外部倉庫にあるとして棚卸資産を架空計上

| （借） | 棚　卸　資　産 | ××× | （貸） | 売　上　原　価 | ××× |

2．発覚の経緯

　売掛金の滞留傾向および売上，売掛金，棚卸資産の比率が不自然であることや，内部監査で外部倉庫へ確認状を発送したところ，確認書に一部在庫が載ってこなかったことから外部倉庫へ問い合わせを行い発覚した。

3．不正の発生要因等の検討

［内部統制上の不備］
- 外部倉庫への視察，棚卸立会を行っていなかった。

【考えられる内部統制の改善・強化】
- 外部倉庫を定期的に視察し，不良品の有無や在庫保管状況を確認する。

282

- 専門性を必要とする棚卸資産については十分に知識をつけた上で外部倉庫の実地棚卸に立ち会う。
- 定期的に担当者を変更する。

Q9-12 組織不正⑧　原価付替（原価計算）──工事進行基準による不正

Q	工事進行基準の操作等を利用した会計不正事例と，防止または発見するための内部統制について教えてください。
A	【事例】 • 見積工事総原価を過少に見積り，工事収益を前倒しで認識するケースがあります。 【内部統制】 見積評価者の視点として， • 工事総原価が過少に見積られていないか，見積りの前提を確認する。 • 予測不能性を入れた現場視察，工事工程表や作業日誌と合わせた多局面からの確認を行う。

解　説

1．概　要

　建設業を営むO社は，契約工事期間が一定期間以上，かつ受注金額が一定金額以上の案件について売上計上基準として工事進行基準を採用していた。

　O社は工事進捗度の把握にあたって決算日時点で再見積りをしていたが，A工事については，対価なしで追加工事が発生し，本来工事総原価が増加するため工事進捗度が低下するにもかかわらず，これを見積工事総原価に反映せず，本来認識すべきでない工事収益を前倒しで認識していた。また，資材や人件費が高騰している環境下で根拠が不明確なコスト削減を織り込み，総原価を少なく見積ることで工事収益を前倒しで認識していた。

第9章　不正事例　　*283*

> 当期の工事収益＝工事収益総額×工事進捗度[※]－過年度工事収益計上額
> （※）　累計工事原価発生総額÷見積工事総原価

（仕訳のイメージ）総原価を過少に見積ることによる売上前倒し

▶請負金額120，当期原価発生30　総原価100で見積った場合

＜売上計上＞

| （借）　未　収　入　金 | 36 | （貸）　工　事　収　益 | [※1]36 |
| （借）　工　事　原　価 | 30 | （貸）　未成工事支出金 | 30 |

（※1）　$120 \times \dfrac{30}{100} = 36$

▶請負金額120，当期原価発生30　総原価60で見積った場合

＜売上計上＞

| （借）　未　収　入　金 | 60 | （貸）　工　事　収　益 | [※2]60 |
| （借）　工　事　原　価 | 30 | （貸）　未成工事支出金 | 30 |

（※2）　$120 \times \dfrac{30}{60} = 60$

2．発覚の経緯

　業績不振の原因を解明する社内調査委員会による調査の過程で発覚した。

3．不正の発生要因等の検討

［内部統制上の不備］
- 工事進捗に対する本社部門の十分なモニタリングが機能していなかった（総発生原価見通し，チェックするための必須情報の伝達プロセスの機能が不十分，担当者の知識不足）。
- 工事現場視察の選定基準が一定金額以上など形式的な基準で行われていた。

【考えられる内部統制の改善・強化】
- 工事進捗度を評価する専門部署（施工管理部など担当）を設置する。

- 見積工事総原価が低く見積られていないか，見積工事総原価を抑えるコスト削減策の実現可能性の検討，予算原価を裏付ける関連証憑の確認等原価の見積りの前提を確認する。
- 追加工事などの見積工事総原価見直しのための必要情報が伝達されるプロセスの強化。
- 現場視察とあわせて現場担当者への質問，現場の工事工程表や作業日誌の閲覧を行い，多面的に工事進捗度を確認する。
- 形式基準に縛られず，予測不能性を入れた現場視察を行う。

Q9-13 組織不正⑨ 原価付替（原価計算）——原価の付替えによる不正

Q	工事原価の付替えによる会計不正事例と，防止または発見するための内部統制について教えてください。
A	【事例】 ・工事案件間で原価を付け替え，損失を先延ばしするケースがあります。 【内部統制】 ・原価の日々確定の徹底により事後的な付替えをさせない体制を構築することが重要です。

解 説

1．概 要

　建設業を営むY社は，賞与の支給額の一部が四半期の各支店の営業利益予算達成率に連動していることから，各支店長は予算達成が難しい期でも可能な限り業績達成しようとするインセンティブが働く経営環境下であった。業績の悪いD支店では，期末完成・引渡し済みの物件に係る原価の一部を期末月に受注した他の工事に係る未成工事支出金に付け替えることで売上原価の過少計上を行っていた。

　さらに，D支店は，請求書，日報等の証憑の改ざんや，下請業者に協力を要

請し，完成工事物件の一部請求書の提出を遅延させて完成・引渡し済みの物件の原価を一部翌期に繰り延べ，赤字案件を黒字案件に装うなどの不正を行った。

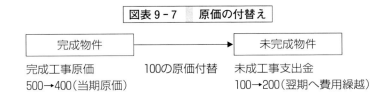

<仕訳のイメージ>
＜原価の付替え＞

（借）	未成工事支出金 （原　材　料）	36	（貸）	工　事　原　価	100
	未成工事支出金 （労　務　費）	40			
	未成工事支出金 （経　　　費）	24			

2．発覚の経緯

　未確定受注案件にも紐付けていたが，当該案件の失注により損失が多額に出たことから，精算処理が困難となり発覚に至った。

3．不正の発生要因等の検討

［内部統制上の不備］
- 現場視察が近隣の大型工事に偏り，遠隔地の現場巡回の工事管理が不十分であった。
- 工事原価管理の基本である日報等，内部および外部の証憑の改ざんが容易であり日々の原価の確定が不十分であった。工事事務担当者の人員不足により月末にまとめて処理されることも多く，付替えが容易であった。
- 社内では，本来の受注案件と別の受注に原価が付け替えられるリスクを

認識し，四半期ごとに受注先・受注案件と発注時の納品先・発注案件との比較チェックやモニタリングを行うこととしていたが，実際には十分な深度をもった検証が行われていなかった。

• 人事ローテーションが停滞しており，担当者が長期間，同一支店に滞留する傾向にあった。

【考えられる内部統制の改善・強化】

• 業務リスク部門の設置により，工事進捗のモニタリングを兼ねた定期的な現場視察，および現場からの進捗を報告させる体制を強化する。

• 工事日報の日々確定の徹底および工事統轄部による提出状況の月次支店巡回による確認を行う。

• 工事事務担当者の人数を増やし日々確定のための事務処理支援体制を強化する。

• 形式基準に縛られず，予測不能性を入れた現場視察を行う。

• ローテーション制度の運用により定期的に担当者を変更する。

Q9-14 組織不正⑩　原価付替（原価計算）——原価計算システムの操作による不正

Q	原価計算システムの操作による会計不正事例と，防止または発見するための内部統制について教えてください。
A	【事例】 • 原価計算システムの手作業の対応部分を操作して原価付替を行い，原価計上を先送りしたケースがあります。 【内部統制】 • システムのIT統制を強化して，日報の修正制限を行ったり，原価計算の手作業の対応部分を極力排除することが重要です。

解 説

1. 概 要

　ソフトウェア受託事業を営むC社は，早期に株式公開を達成するために毎期増収増益の傾向を維持する必要があった。原価計算については，各プロジェクトごとに個別原価計算を行っていたが，各プロジェクトの実際の作業時間とは異なる時間を個別原価計算システムに入力し，各プロジェクトの労務費を意図的に操作していた。また，現行システムにおいて原価計算の一部自動処理できない部分を補完するために，業務担当者がシステムのマスターや内容等を直接修正して原価の一部付替や先送りを行っていた。

図表9-8　原価の付替え

（仕訳のイメージ）
＜原価の付替え＞

（借）未成工事支出金　　100　　（貸）工　事　原　価　　100
　　　（労　務　費）

2. 発覚の経緯

　業績不振により受注案件数が減少し，付け替えるべき案件がなくなったことから，精算処理が困難となり発覚に至った。

3. 不正の発生要因等の検討

［内部統制上の不備］
- 原価計算が完全に自動化されておらず，一部手作業が入っていた。また，業務担当者が直接，計算の仕組みや時間を付け替えることが可能であり，

修正処理の承認制度がなく，修正内容も保存するシステムになっていなかった。

- 工事原価管理の基本である日報，時間チャージプロジェクトの修正が容易であり，日々の原価の確定が不十分であった。
- 操作実行者の交代が可能となる要員の育成ができていなかった。
- 開発製造本部の原価管理に対する牽制が弱かった（異常値の察知）。

【考えられる内部統制の改善・強化】

- システムの修正データは「所定様式」の帳票により管理責任者の承認を得る。また，修正データは社長所轄のプロジェクト管理室でチェック，ファイリングして保存する。原価計算システムデータも帳簿として一定期間保存する。
- 日程計画や予定原価等のプロジェクトマスタの自由な変更を制限し，変更時は上席者承認の上，変更ログを社長直轄のプロジェクト管理室で管理する。
- 一定金額以上のプロジェクトは日程計画，予定原価の入力を必須とし，第三者の発生原価の妥当性を検証可能にする。
- プロジェクトメンバー以外は当該プロジェクトの日報に時間チャージできないようにIT統制を整備するとともに，日報は本人しか登録できないようにする。
- 1週間を超えた日報登録の修正はIT統制上できないようにする。修正する場合は上席者の承認を経て，修正ログはプロジェクト管理室で管理する。
- 中期的に業務フローのIT統制に依拠する部分のリスクを洗い出し，プログラム開発によりシステム改善を図りリスクを排除する。
- 専門性の高い分野の人員の固定化を排除し，教育研修を強化する。

第9章　不正事例　　289

Q9-15　組織不正⑪　棚卸資産評価（評価）──評価の改ざん

Q	棚卸資産の評価に関する不正事例と，防止または発見するための内部統制について教えてください。
A	【事例】 • 収益性の低下に関する会計基準の解釈を歪めて評価損を先送りするケースが考えられます。 【内部統制】 • 会計マニュアルの見直し，および会計に精通した人材がモニタリングすることが考えられます。

解　説

1．概　要

　製造業を営むB社のC事業部はX部品とY部品を製造・販売していた。棚卸資産の評価のルールとして，X部品は滞留期間に応じて収益性の低下のルールに従って帳簿価額を切り下げる検討をしていたものの，Y部品については個別受注による製造であり，取引慣行により必ず引き取られ，販売時点における売価もほぼ保証されていることを前提として収益性の低下の検討対象外としていた。

　C事業部は今後工場の一部が閉鎖されることを予定していたため，個別受注以外に今後の販売見込みに従ってY部品を計画製造したが，工場の一部閉鎖の情報を聞いた販売先は競合他社からも仕入れるようになり，Y部品は滞留した。取引前提が崩れたにもかかわらず，C事業部は経理部など社内他部門に今までの販売実績に基づき販売可能である旨の説明を行い，販売先の今後の受注予定の念書を偽造し，最終的にY部品を廃棄するまで評価減を見送っていた。また，一部Y部品をX部品の倉庫に移し，評価単価を付け替えて評価額を増額させていた。

290

> ⎛仕訳のイメージ⎞

＜収益性の低下を反映せず，下記の仕訳を入れなかった＞

```
(借) 売 上 原 価        ×××  (貸) 製品（Y部品）        ×××
    (収益性の低下)
```

2．発覚の経緯

　内部通報によりY部品が滞留しているにもかかわらず，評価損が意図的に先送りされていることが発覚した。

3．不正の発生要因等の検討

［内部統制上の不備］
- Y部品自体が収益性の低下のルールから除外されていること自体が企業会計上のルールを逸脱しているものだった。
- 経理部門や内部監査によりC事業部が指摘を受けるような内部統制の牽制機能が働いていなかった。

【考えられる内部統制の改善・強化】
- 会計処理マニュアルの全般的な見直しと厳格な運用モニタリングを行う。
- 会計処理基準の理解のための教育，研修を行う。
- 内部監査部門に会計知識に精通し，監査実務にも精通した適切な人員を配置する。

第9章 不正事例 *291*

<table>
<tr><td rowspan="2">**Q9-16**</td><td colspan="2">**組織不正⑫ 棚卸資産評価（評価）——売価還元法計算の操作**</td></tr>
<tr><td></td><td></td></tr>
<tr><td>**Q**</td><td colspan="2">売価還元法計算の操作等を利用した会計不正事例と，防止または発見するための内部統制について教えてください。</td></tr>
<tr><td>**A**</td><td colspan="2">【事例】
• 売価還元計算のデータを改ざんして在庫を過大計上したケースがあります。
【内部統制】
• 複数の部署や人員が関与する棚卸資産確定プロセスの構築と実地棚卸日と決算日をあまり空けないで棚卸日を設定することが重要です。</td></tr>
</table>

解 説

1．概 要

　小売業を営むD社は取扱品目が多く単品管理が困難なため，売価還元法を採用して棚卸資産残高の計算を行っていた。期末付近の棚卸基準日における実地棚卸に基づく在庫計上額とシステムによる理論在庫の差分率であるロス率を決算日の理論在庫に乗じて期末在庫を算出していたが，実地棚卸時のロス率が10％と通常の2～3％の水準を大幅に超過しており，後日，会計監査人の指摘を受けると考えたため，役員の指示により棚卸基準日における理論在庫を改ざんし，①ロス率を3％に調整した。また，②棚卸実施時から期末時までのロールフォワード（受払い）にあたって売価変更を一部反映させず，期末時の理論在庫を過大に算出した。棚卸資産の評価額計算は表計算ソフトを利用した手作業であった。

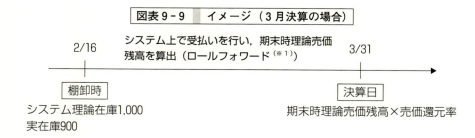

ロス率が10%から3%になるように理論在庫を修正……①
(※1) 期末時理論売価残高＝棚卸時売価＋仕入売価－売上－値引データ－廃棄データ±売変データ(※2)（棚卸時の改ざんした想定ロス率使用）……②
(※2) 売変：「店舗売変」,「期間売変（特定の期間に限定して商品売価を変更）」,「売切売変（期間の限定なしに商品の売価を変更）」があるが、在庫が過大になるように、このうち「売切売変」をロールフォワードの算式上反映しないように役員より指示があった。

(仕訳のイメージ)
＜在庫の過大計上＞

(借) 棚 卸 資 産　　×××　(貸) 売 上 原 価　　×××

2．発覚の経緯

会計監査の過程で計算が適切に行われていない可能性があるとの指摘があり、第三者委員会の調査を経て発覚した。

3．不正の発生要因等の検討

[内部統制上の不備]
- 実地棚卸結果が管理本部に報告された後は過程や結果も現場に確認されず、第三者のチェック対象外の店舗を選別して手作業により少人数で恣意的な操作をしていた。
- 実地棚卸日から期末日まで1～2か月程度空いており、ロールフォワード計算が複雑化し、恣意的な在庫計算の操作を容易にしていた。

第9章　不正事例　　*293*

- 棚卸資産の増大，在庫回転率の悪化など係数の異常の把握，手作業により作成されたデータが棚卸結果を基にシステム出力された元データと不整合であることをチェックする体制がなかった。

【考えられる内部統制の改善・強化】
- 営業担当部長，各エリア責任者，店長への損益および在庫の状況を共有し，棚卸資産の確定過程において複数の部署や人員が関与する仕組みを構築する。
- 棚卸実施日をなるべく期末日に近づけることで実地棚卸データと期末在庫の数値の変動幅が小さくなる。カウントのハンディターミナルが足りないなら，レンタルや外部の棚卸業者の導入を検討する。ハンディターミナルの入力ミスが生じにくい設計にする（例：連続数字等の誤記入については確認を求める）。

Q9-17　組織不正⑬　連結子会社──飛ばし

Q	連結子会社を利用した棚卸資産の会計不正事例と，防止または発見するための内部統制について教えてください。
A	【事例】 • 連結対象外の子会社を利用し，不良在庫の販売を偽装して損失の隠蔽を行うケースがあります。 【内部統制】 • コンプライアンスの強化および定期的な人事ローテーションが考えられます。 • 関係会社間取引の実行にあたって必要性・合理性があることを説明し，上席者の承認を受けた上で実行する体制を構築することが考えられます。

解 説
1. 概　要
　製造業を営むA社は，棚卸資産である型が古く今後売れる見込みのない実質価額０の部品Xが滞留し，会計上評価を落とさなければならないことを懸念し，簿外で銀行から借り入れた預金を連結対象外の子会社B社に預けた。子会社はその預り金で部品Xを簿価でA社より買い取り，A社は評価損のみの損失計上を回避した（「損失飛ばし」スキーム）。A社は銀行から借り入れた資金について帳簿に記帳しなかった。

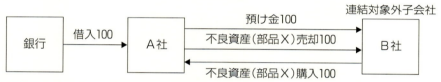

図表9-10　損失飛ばし

「損失飛ばし」：実態は含み損を抱えた資産を外部に売却したと見せかけて損失を表面化させないこと。

（仕訳のイメージ）評価減が必要な滞留部品Xを合計100円と仮定する

＜A社　銀行からの借入時（飛ばしスキームのため簿外処理）＞

　仕訳なし（（借）預金100（貸）借入金100の仕訳は起こさない）

＜A社　B社への資金拠出時（飛ばしスキームのため簿外処理）＞

　仕訳なし（A社：（借）預け金100（貸）預金100の仕訳は起こさない）
　　　　　（B社：（借）預金100（貸）預り金100の仕訳は起こさない）

＜部品Xの売買＞
　A社

| （借）預　　　金 | 100 | （貸）売　　　上 | 100 |
| （借）売 上 原 価 | 100 | （貸）棚 卸 資 産（部 品 X） | 100 |

第9章　不正事例　　*295*

B社

| (借)　棚　卸　資　産 | 100 | (貸)　預　　　　　金 | 100 |
| 　　　（部　品　X） | | | |

※　A社は取引をしなければ部品Xの収益性の低下による簿価切下げによる損失100のみを計上しなければならなかったが，B社に売却することで売上も計上できたことにより損失を計上しないで済んでいる。

2．発覚の経緯

翌期に簿価で買い戻している仕訳および内部通報で発覚した。

3．不正の発生要因等の検討

［内部統制上の不備］

• 経営者の倫理観が欠如していた。

• 人事ローテーションが機能せず，同一人物が在庫取引に関与していた。

【考えられる内部統制の改善・強化】

• 組織風土の改善（コンプライアンスの強化）を図る。

• 定期的な人材のローテーションを行う。

• 連結対象外の子会社との間の取引の重要性がないか確認する。

• 連結グループ内で重要な取引を行う際は，あらかじめ取引の必要性・合理性を説明した資料を添付し，上席者の承認を受ける。

巻末付録

1. IFRSとの差異一覧

2. Keyword

1 IFRSとの差異一覧

1．対象となる基準

日本基準
「棚卸資産の評価に関する会計基準」（企業会計基準第9号）
「原価計算基準」（企業会計審議会）
IFRS
IAS第2号「棚卸資産」

2．主要な差異

	日本基準	IFRS
棚卸資産の原価	（財規90，同ガイドライン90）仕入割引について，営業外収益として処理する。	（IAS2.11）値引き，割戻し，仕入割引およびその他の類似のものは購入原価の算定上控除される。
原価の配分方法	（棚卸資産会計基準6-2，34-4）（棚卸資産の評価方法）個別法，先入先出法，平均原価法，売価還元法。なお，一定の場合には，最終仕入原価法が容認される。	（IAS2.23〜27）個別法，先入先出法，加重平均法。
原価の測定方法	（原価計算基準42，棚卸資産会計基準6-2）標準原価は，原価管理のためにも，予算編成のためにも，また，棚卸資産価額および売上原価算定のためにも，現状に即した標準でなければならない。売価還元法は上記「棚卸資産の評価方法」の中から選択した場合に適用できるが，取扱品種の極めて多い小売業等の業種における評価に適用される。	（IAS2.21〜22）実際原価法が原則と考えられるが，標準原価法，売価還元法も例示されている。標準原価法および売価還元法はその適用結果が原価と類似する場合にのみ，簡便法として認められる。

	日本基準	IFRS
固定製造間接費の配賦（正常生産能力）	（原価計算基準4（一）2，47（一）3） 固定製造間接費の配賦に用いる操業度として，予定操業度や正常操業度等が挙げられている。 予定価格が不適当なため，比較的多額の原価差異が生ずる場合，原価差異は，売上原価と期末棚卸資産に配賦する。	（IAS2.13） 固定製造間接費の配賦は，生産設備の正常生産能力に基づいて行われる。 未配賦となる固定製造間接費の不利差異は当期の費用とし（期末残高に配賦しない），逆に生産水準が異常に高い期間にあっては，固定製造間接費の配賦額を減少させなければならない（有利差異を期末残高に配賦する）。
評価減の戻入れ	（棚卸資産会計基準14，17） 簿価切下額の戻入れを行う洗替え法および戻入れを行わない切放し法の選択適用が可能。ただし，簿価切下げが臨時の事象による場合には，洗替え法を適用していても簿価切下げの戻入れを行ってはならない。	（IAS2.33） 評価減の原因となった従前の状況がもはや存在しない場合，または経済的状況の変化により正味実現可能価額が増加したという明確な証拠がある場合には（当初の評価損の金額を上限として）評価減の戻入れを行う。

2 Keyword

あ

預り品
　得意先と売上の合意はしたものの，物品を得意先へ出荷せずに留めたままにするものである。

後入先出法
　棚卸資産の評価方法の1つで，最も新しく取得されたものから棚卸資産の払出しが行われ，期末棚卸資産は最も古く取得されたものからなるとみなして期末棚卸資産の価額を算定する方法をいう。

洗替え法
　前期に計上した簿価切下額に関して，当期に戻入れを行う方法をいう。

一斉棚卸
　すべての棚卸資産について同一の基準日で一斉に行う実地棚卸をいう。一斉棚卸は，その実施時期によって，期末日一斉棚卸と期末日前の一定日における一斉棚卸に分類される。

か

外注加工費
　部品の製造，組立などの加工作業を外部業者へ委託した場合にかかる費用をいう。

開発事業等支出金
　開発中の事業について支出した金額をいう。開発前の土地や開発造成中の土地の代金等が含まれる。

業務プロセス
　会社の業務を分類・区分する単位をいう。

切放し法
　前期に計上した簿価切下額に関して，当期に戻入れを行わない方法をいう。

継続記録法
　棚卸資産の払出しの都度，台帳に出庫数量を記録していく方法である。継続記録法は記録に手間がかかるため，在庫数量を日常的に把握，管理することが重要とされる製商品や原材料などの主要な棚卸資産について採用することが考えられる。

決算整理
　日常の会計処理での未処理事項や決算固有の事項について修正する手続をいう。

決算日における工事進捗度
　決算日における工事進捗度は，工事契約に係る認識の単位に含まれている施工者の履行義務全体のうち，決算日までに遂行した部分の割合である。したがって，施工者が工事契約の義務を履行するために，単に目的物を完成させるだけでなく，その移設や据付等，引渡しのための作業が必要となる場合には，そのような付随的な作業内容を含む施工者の履行義務全体のうち，決算日までに遂行した部分の割合をいう。

原価計算
　本書における原価計算は，製品の原価を計算して財務会計の帳簿に組み入れることにより，製品原価の計算と財務会計とが有機的に結合する計算体系のことである。

原価差異
　実際原価計算制度において，原価の一部について予定価格等をもって計算した場合における原価と実際発生額との間に生ずる差額，および標準原価計算制度において，標準原価と実際発生額との間に生ずる差額をいう。

原価比例法
　決算日における工事進捗度を見積る方法のうち，決算日までに実施した工事に関して発生した工事原価が工事原価総額に占める割合をもって決算日における工事進捗度とする方法をいう。

原価法
　取得価額をもって棚卸資産の貸借対照表価額とする方法をいう。

公示価格
　地価公示法に基づいて国土交通省が毎年公表する1月1日時点の全国の土地価格のことをいう。

工事完成基準
　工事契約に関して，工事が完成し，目的物の引渡しが完了した時点で，工事収益および工事原価を認識する方法をいう。

工事契約に係る認識基準
　工事契約に関して工事収益および工事原価を認識するための基準をいい，工事進行基準と工事完成基準とがある。

工事契約に係る「認識の単位」
　工事収益および工事原価の認識に係る判断を行う単位をいう。

工事原価総額

工事契約において定められた，施工者の義務を果たすための支出の総額をいう。工事原価には，工事契約に係る認識の単位に含まれる施工者の義務を果たすためのすべての原価が含まれる。例えば，ある工事契約により，施工者が目的物を完成し，顧客に引き渡す義務を負っている場合には，目的物の完成に必要な原価のみならず，その引渡しの作業に要する原価も含まれる。

工事原価は，原価計算基準に従って適正に算定する。

工事収益総額

工事契約において定められた，施工者が受け取る対価の総額をいう。

工事進行基準

工事契約に関して，工事の完成・引渡しより前の時点においても，工事収益総額，工事原価総額および決算日における工事進行程度を合理的に見積り，これに応じて適正な工事収益率によって合理的な収益を見積って当期の工事収益および工事原価を認識する方法をいう。

工事損失引当金

工事契約について，工事原価総額等（工事原価総額のほか，販売直接経費がある場合にはその見積額を含めた額）が工事収益総額を超過する可能性が高く，かつ，その金額を合理的に見積ることができる場合には，その超過すると見込まれる額（以下「工事損失」という）のうち，当該工事契約に関してすでに計上された損益の額を控除した残額を，工事損失が見込まれた期の損失として処理するが，この際，計上する引当金のことをいう。

工程別原価計算

総合原価計算において，製造工程が2以上の連続する工程に分けられ，工程ごとにその工程製品の総合原価を計算する原価計算をいう。

固定資産税評価額

固定資産税など土地と建物にかかる税金の基準となる価格をいう。

個別原価計算

製品ごとに個別に直接費および間接費を集計し，製品原価は，製品の生産完了時に算定する原価計算方法をいう。

個別法

棚卸資産の評価方法の1つで，同じ種類の棚卸資産でも，取得原価の異なる棚卸資産を区別して記録し，その個々の実際原価によって期末棚卸資産の価額を算定する方法をいう。

個別法を採用するためには，個々の棚卸資産が明確に区分でき，個々の資産ごとの受払いや保有状況が把握できなければならない。

個別法は，宝飾品など個別性の強い棚卸資産に適した評価方法である。

さ

在庫回転期間

在庫回転率の逆数であり，年間売上に対して在庫を何日または何か月分持っているか，または保有在庫を販売するためにかかる期間と考えられ，一般的に以下の計算式で算出する。

在庫回転期間＝在庫金額÷売上原価（年間）

在庫回転率

会社の取り扱っている在庫が一定の期間でどれくらい売れているか（回転しているか）を示す指標であり，一般的に以下の計算式で算出する。

在庫回転率＝売上原価（年間）÷平均在庫金額

在庫回転率が高いということは仕入れ，または製造してから売れるまでの期間が短いことを表す。

最終仕入原価法

最終仕入原価によって期末棚卸資産の価額を算定する方法をいう。現在も一部の企業で採用されているが，取得原価基準の考え方に合致した方法とはいえないため，棚卸資産会計基準においては評価方法として定められていない。

再調達原価

購買市場と売却市場とが区別される場合における購買市場の時価に，購入に付随する費用を加算したものをいう。当該付随費用に重要性がない場合，加算しないことも認められている。

先入先出法

棚卸資産の評価方法の1つで，最も古く取得されたものから順次払出しが行われ，期末棚卸資産は最も新しく取得されたものからなるとみなして期末棚卸資産の価額を算定する方法をいう。

時　価

公正な評価額をいい，市場価格に基づく価額をいう。市場価格が観察できない場合には合理的に算定された価額を公正な評価額とする。

時価基準

時価で棚卸資産を評価する場合の評価基準。時価が帳簿価額より高いか低いかにかかわらず，時価で評価する点が低価基準と異なる。トレーディング目的で保有する棚卸資産に適用される評価基準である。

実績主義

四半期会計期間を年度と並ぶ一会計期間とみたうえで，四半期財務諸表を原則と

して年度の財務諸表と同じ会計処理基準を適用して作成することにより，当該四半期会計期間に係る企業集団または企業の財政状態，経営成績およびキャッシュ・フローの状況に関する情報を提供するという考え方をいう。

収益還元価額

収益還元法により評価された現在の価値をいう。収益還元法とは，収益不動産を評価する際，その不動産から将来得られるべき価値を現在の価値に換算し評価する方法をいう。

取得原価基準

取得原価で棚卸資産を評価する場合の評価基準。棚卸資産の取得に際して記録された実際購入原価または実際製造原価を基礎として，原価配分方法を適用することにより，期間中の払出し棚卸原価を算定するとともに，期末棚卸原価を算定して期末評価額とする評価基準をいう。購入した棚卸資産は支出した金額（購入価格＋付随費用）が取得原価になり，自社で製造した棚卸資産は製造のために発生した金額（製造原価＋付随費用）が取得原価になる。

循環棚卸

棚卸資産をいくつかのグループに分けて，定期的な実地棚卸を行う方法をいう。実務上は製品等が多品種・多量にわたるため一斉棚卸が困難な場合に適用されることが多いと考えられる。

使用高検収

工場の製造過程等であらかじめ購買先から原材料等について預かっておき，現場での使用に応じて仕入を計上する仕入形態をいう。

正味売却価額

売価（購買市場と売却市場とが区別される場合における売却市場の時価）から見積追加製造原価および見積販売直接経費を控除したものをいう。なお，「購買市場」とは当該資産を購入する場合に企業が参加する市場をいい，「売却市場」とは当該資産を売却する場合に企業が参加する市場をいう。

棚卸資産会計基準では，連続意見書第四で用いられていた「正味実現可能価額」（予想される売価から売却までにかかると予想される諸費用（アフター・コスト）を差し引いた金額）という用語に代えて，「正味売却価額」という用語を用いている。これは，実現可能という用語は不明確であるという意見があったことや，減損会計基準において「正味売却価額」を用いていることとの整合性に配慮したものであり，これらの意味するところに相違はない。

（月次）生産計画書

製品の需要予測，販売予測，受注実績等に基づき当年度または当年度からの複数年の間にどれだけ生産すればよいかについて立てる計画。生産計画書を毎月の作業に落とし込んだものが月次生産計画書である。

巻末付録② Keyword　　*305*

正常な営業循環過程
　投下資本の回収計算を前提とすると，企業が事業活動を行い，資産項目に資金を投下して，投下した資金を上回る資金を得ることにより利潤を獲得する一連の過程のことであると考えられる。棚卸資産の場合，棚卸資産を購入もしくは製造する際に投下した資金を，販売を行うことにより回収し利潤を獲得する一連のプロセスと考えられる。

製品別計算
　原価要素を一定の製品単位に集計し，単位製品の製造原価を算定する手続をいう。

積送品
　出荷時ではなく顧客の検収時まで自社在庫であるような積送中の在庫をいう。

総合原価計算
　一原価計算期間に発生したすべての原価要素を集計して当期製造費用を求め，これに期首仕掛品原価を加え，総製造費用を集計し，完成品と期末仕掛品とに分割計算することにより，完成品総合原価を計算し，これを製品単位に均分して単位原価を計算する原価計算方法のことをいう。

相続税評価額
　相続税と贈与税，地価税を算出する際の基準となる価格をいう。土地の相続税評価額の評価方法には，路線価を基準にする「路線価方式」と，固定資産税に一定の倍率を掛けて計算する「倍率方式」がある。建物の相続税評価額は固定資産税評価額と同じである。

た

第三者委員会
　不祥事などの問題が発覚した場合に，利害を持つ当時者とは関係のない外部の第三者による有識者によって構成され，特定の調査を行う委員会をいう。

タグ方式
　実地棚卸の実施方法の1つで，在庫にタグ（棚札）を貼り付け，回収することにより在庫の実際数量の集計を行う棚卸方法をいう。

棚卸計算法
　払出しの記録は行わずに，一定時点の実地棚卸により数量を把握する方法。棚卸計算法は記録に手間がかからない一方で，在庫数量を適時に把握できないため，管理面では簡素な方法になる。

直送取引
　供給者であるメーカーなどの仕入先から販売先（納品先）である顧客に，会社への納品を経由せず直接棚卸資産が送付される取引をいう。

低価基準

帳簿価額と時価を比較し，どちらか低いほうで棚卸資産を評価する場合の評価基準。取得時の帳簿価額は取得原価になる。

帳簿価額＜時価 ➡ 帳簿価額で評価

帳簿価額＞時価 ➡ 時価で評価

通常の販売目的で保有する棚卸資産の評価基準である。

都道府県基準値価格

国土利用計画法に基づいて都道府県が毎年公表する7月1日時点の都道府県知事が選んだ基準値の標準価格をいう。

飛ばし

含み損が生じた資産を市場価格よりも高値で第三者に売却すること等によって損失を簿外に移すことをいう。

取引基本契約書

企業間で反復継続して行われる商取引について共通的に適用される事項をまとめてあらかじめ定めたものをいう。

は

売　価

売却市場における市場価格に基づく価額であり，このような市場価格が存在しないときには，合理的に算定された価額をいう。棚卸資産の種類により種々の取引形態があるが，ここでいう取引形態には，取引参加者が少なく，当該企業のみが売手となるような相対取引しか行われない場合までも含む。そのため，合理的に算定された価額には，観察可能でなくとも売手が実際に販売できると合理的に見込まれる程度の価格を含むことに留意する必要がある。

売価還元低価法

連続意見書第四に定める算定式から「値下額」および「値下取消額」を控除して計算した原価率を用いて貸借対照表価額を算定する売価還元法（連続意見書第四 第三2）をいう。

売価還元低価法の原価率

$$= \frac{\text{期首繰越商品原価} + \text{当期受入原価総額}}{\text{期首繰越商品小売価額} + \text{当期受入原価総額} + \text{原始値入額} + \text{値上額} - \text{値上取消額}}$$

売価還元法

棚卸資産の評価方法の1つで，値入率等の類似性に基づく棚卸資産のグループごとの期末の売価合計額に原価率を乗じて求めた金額を期末棚卸資産の価額とする方

法をいう。

売価還元平均原価法の原価率の算定方法は連続意見書第四において，以下のとおりに定められている。

期末商品評価額＝期末棚卸資産の売価合計額×原価率

売価還元平均原価法の原価率

$$= \frac{\text{期首繰越商品原価＋当期受入原価総額}}{\underset{\text{小売価額}}{\text{期首繰越商品}} + \underset{\text{原価総額}}{\text{当期受入}} + \text{原始値入額＋値上額－値上取消額－値下額＋値下取消額}}$$

売価還元法は，取扱品種が極めて多い小売業等の業種における棚卸資産の評価に適用される。

配賦計算
部門や製品にまたがって発生する費用を，配賦基準に従って部品や製品に費用配分する計算のことをいう。

販売用不動産
企業が販売するために保有する不動産であり，棚卸資産となる。

非原価項目
原価計算制度において，原価に算入しない項目をいう。原価計算基準においては，以下の区分により代表的な非原価項目が例示されている。
(1) 経営目的に関連しない価値の減少
(2) 異常な状態を原因とする価値の減少
(3) 税法上，特に認められている損金算入項目
(4) その他の利益剰余金に課する項目

費目別計算
一定期間における原価要素を費目別に分類測定する手続をいう。

標準原価
財貨の消費量を科学的，統計的調査に基づいて能率の尺度となるように算定し，かつ，予定価格または正常価格をもって計算した原価をいう。

不正のトライアングル理論
不正は実行しようとする「動機」，実行することができる「機会」，実行することを「正当化」できること，の3つの不正リスクの条件が整った時に生じるとする考え方をいう。

部門別計算
費目別計算において把握された原価要素を原価部門別に分類集計する手続をいう。

平均原価法

棚卸資産の評価方法の1つで，取得した棚卸資産の取得価額の平均原価を総平均法または移動平均法によって算出し，この平均原価によって期末棚卸資産の価額を算定する方法をいう。

受入れがあるたびに平均原価を計算する方法が移動平均法で，一定期間が経過した後，経過期間の平均原価をまとめて計算する方法が総平均法である。移動平均法と総平均法では，平均する時期と頻度が異なるため，計算結果が異なる。また，移動平均法では，常に平均原価が明確になっているが，総平均法では，一定期間が経過するまで平均原価がわからない。なお，総平均法で平均原価を計算する頻度は会社が決定し，継続的に適用する。

ま

未着品

輸入取引を行う際に，取引条件として FOB（Free On Board：本船渡し）やCIF（Cost, Insurance and Freight：運賃保険料込み条件）を採用している場合で，期末日において在庫が手許になく，移送中となっている在庫のことをいう。

見積追加製造原価

販売を目的とする原材料，仕掛品，半製品のうち，販売までに追加の製造原価が発生する場合における当該製造原価の見積額をいう。

見積販売直接経費

棚卸資産を販売するに際して発生が見込まれる直接経費をいう。具体的には販売に直接関わる費用であって，製品出荷の輸送費，販売手数料，倉庫料等の製品の販売に関連して発生するものが該当する。

無償支給

外注業者にある製品の製造を委託する場合，製造に必要な部品や素材を提供元企業から外注業者へ無償で引き渡す方式をいう。

や

有償支給

外注業者にある製品の製造を委託する場合，製造に必要な部品や素材を提供元企業から外注業者へ所定の価格（有償）で売却する方式をいう。

ら

リスト方式

実地棚卸の実施方法の1つで，継続的な帳簿記録により棚卸資産の一覧を出力し，当該リストに実際数量を記入する形で棚卸を実施する方法をいう。

巻末付録② Keyword　*309*

路線価

　土地の面する路線ごとに付された1平方メートル当たりの土地の価額に面積を乗じて計算した金額をいう。主として市街地的形態を形成する地域にある宅地について，路線価に面積を乗じて計算した金額により土地の課税価額を算出する評価方法を路線価方式という。

【参考文献】

小谷融編著　鈴木広樹/六川浩明著『金融商品取引法における課徴金事例の分析　Ⅰ
　　インサイダー取引編』（商事法務，2012年）

小谷融編著　鈴木広樹/平松朗/六川浩明著『金融商品取引法における課徴金事例の
　　分析　Ⅱ虚偽記載編』（商事法務，2012年）

新日本有限責任監査法人編『棚卸資産の会計・税務Q&A』（中央経済社，2010年）

新日本有限責任監査法人編『棚卸資産会計の実務』（中央経済社，2010年）

新日本有限責任監査法人編『棚卸資産の管理実務』（第一法規，2011年）

新日本有限責任監査法人編『勘定科目別　不正・誤謬を見抜く実証手続と監査実務
　　【新版】』（清文社，2015年）

関浩一郎/菅野貴弘『原価計算の本質と実務がわかる本』（中央経済社，2013年）

日本公認会計士協会　監査業務審査会『監査提言集』（2018年）

日本公認会計士協会京滋会『Q&A棚卸資産をめぐる会計と税務』（清文社，2012年）

松尾絹代『棚卸資産会計の実務』（日本実業出版社，2018年）

【執筆者紹介】

上野　弘貴

公認会計士。第1事業部に所属。
医療機器・一般産業用電機品の製造業を中心に，窯業，衣料品小売業，紙関連製品卸売業の監査・J-SOX導入支援業務に関与。

大久保　知行

公認会計士。第2事業部に所属。
これまで食品製造業・金融機関・石炭加工業・出版業等の監査業務および非監査業務に従事する一方，IPO（株式上場）準備会社に対する監査業務・上場支援業務等にも従事している。また，法人内部の研修講師を務め，後輩育成に従事している。
共著に『こんなときどうする？　連結税効果の実務詳解』（中央経済社）がある。

小島　淳

公認会計士。第2事業部に所属。
製造業，テクノロジー企業の会計監査業務に従事。会計監査に関連してIPO（株式上場）準備会社の会計アドバイザリーや内部統制構築支援等の上場支援業務に関与。共著に『業種別会計シリーズ　素材産業』（第一法規），『IPOをやさしく解説！　上場準備ガイドブック（第3版）』（同文舘出版）がある。

佐薙　貴史

公認会計士。札幌事務所に所属。
大手電気機器製造業，自動車製造・販売業の会計監査業務，IFRS対応業務を経験し，現在は小売業，卸売業，旅客自動車運送事業の会計監査業務に従事。また，IPO（株式上場）準備会社に対する会計監査業務・上場支援業務に関与。

藤本　健司

公認会計士。第2事業部に所属。
電気機器・消費財の製造業，インターネットメディア業を中心に，会計監査業務，非監査業務，J-SOX導入支援業務，および，IFRS導入支援業務に従事。

松田　晃典

公認会計士。札幌事務所に所属。

主に小売業，食品製造業等の監査業務，IPO（株式上場）準備会社への監査・業務改善アドバイザリー業務に従事。その他，サービス業，ソフトウェア業，国立大学法人，学校法人の監査や固定資産台帳整備等の非監査業務を歴任。法人内外の研修講師も務めている。

【編者紹介】

EY | Assurance | Tax | Transactions | Advisory

EY新日本有限責任監査法人について
EY新日本有限責任監査法人は，EYの日本におけるメンバーファームであり，監査および保証業務を中心に，アドバイザリーサービスなどを提供しています。詳しくは，www.shinnihon.or.jpをご覧ください。

EYについて
EYは，アシュアランス，税務，トランザクションおよびアドバイザリーなどの分野における世界的なリーダーです。私たちの深い洞察と高品質なサービスは，世界中の資本市場や経済活動に信頼をもたらします。私たちはさまざまなステークホルダーの期待に応えるチームを率いるリーダーを生み出していきます。そうすることで，構成員，クライアント，そして地域社会のために，より良い社会の構築に貢献します。

EYとは，アーンスト・アンド・ヤング・グローバル・リミテッドのグローバルネットワークであり，単体，もしくは複数のメンバーファームを指し，各メンバーファームは法的に独立した組織です。アーンスト・アンド・ヤング・グローバル・リミテッドは，英国の保証有限責任会社であり，顧客サービスは提供していません。詳しくは，ey.comをご覧ください。

本書は一般的な参考情報の提供のみを目的に作成されており，会計，税務およびその他の専門的なアドバイスを行うものではありません。EY新日本有限責任監査法人および他のEYメンバーファームは，皆様が本書を利用したことにより被ったいかなる損害についても，一切の責任を負いません。具体的なアドバイスが必要な場合は，個別に専門家にご相談ください。

現場の疑問に答える会計シリーズ・1

Q&A 棚卸資産の会計実務

2019年 8 月25日　第 1 版第 1 刷発行
2024年12月20日　第 1 版第 6 刷発行

編　者　EY新日本有限責任監査法人
発行者　山　　本　　　　継
発行所　㈱中　央　経　済　社
発売元　㈱中央経済グループ
　　　　パ ブ リ ッ シ ン グ

©2019 Ernst & Young ShinNihon LLC.
All Rights Reserved.
Printed in Japan

〒101-0051　東京都千代田区神田神保町1-35
電話　03 (3293) 3371 (編集代表)
　　　03 (3293) 3381 (営業代表)
https://www.chuokeizai.co.jp
印刷・製本／昭和情報プロセス㈱

＊頁の「欠落」や「順序違い」などがありましたらお取り替えいたしま
　すので発売元までご送付ください。(送料小社負担)

ISBN978-4-502-28011-5　C3334

JCOPY〈出版者著作権管理機構委託出版物〉本書を無断で複写複製 (コピー) す
ることは，著作権法上の例外を除き，禁じられています。本書をコピーされる場合
は事前に出版者著作権管理機構 (JCOPY) の許諾を受けてください。
　　　JCOPY〈https://www.jcopy.or.jp　e メール：info@jcopy.or.jp〉

一目でわかるビジュアルガイド

図解でざっくり会計シリーズ　全9巻

新日本有限責任監査法人［編］　　　　　　各巻1,900円＋税

本シリーズの特徴
- ■シリーズキャラクター「ざっくり君」がやさしくナビゲート
- ■コンセプトは「図とイラストで理解できる」
- ■原則，1テーマ見開き
- ■専門用語はできるだけ使わずに解説
- ■重要用語はKeywordとして解説
- ■「ちょっと難しい」プラスαな内容はOnemoreとして解説

1 税効果会計のしくみ

5つのステップでわかりやすく解説。連結納税制度や組織再編，資産除去債務など，税効果に関係する特殊論点についてもひと通り網羅。

2 退職給付会計のしくみ

特有の用語をまとめた用語集付き。改正退職給付会計基準もフォロー。

3 金融商品会計のしくみ

ますます複雑になる重要分野を「金融資産」，「金融負債」，「デリバティブ取引」に分けて解説。

4 減損会計のしくみ

減損会計の概念を携帯電話会社を例にしたケーススタディ方式でやさしく解説。

5 連結会計のしくみ

のれん・非支配株主持分・持分法などの用語アレルギーを感じさせないように，連結決算の基礎をやさしく解説。

6 キャッシュ・フロー計算書のしくみ

どこからお金が入り，何に使ったのか，「会社版お小遣い帳」ともいえる計算書のしくみを解説。

7 組織再編会計のしくみ

各章のはじめに組織再編の全体像を明示しながら解説。組織再編の類型や適用される会計基準，さらに各手法の比較まで言及。

8 リース会計のしくみ

リース取引のしくみや，資産計上するときの金額の算定方法等，わかりやすく解説。特有の用語集付。

9 決算書のしくみ

貸借対照表，損益計算書，CF計算書の構造から，決算書に表れる大小事件の読み方までわかりやすく解説。

■中央経済社■